Kathrene Pinkerton

Nordwärts

Sieben Jahre an den Küsten
Kanadas und Alaskas

Mit 8 Kunstdrucktafeln

Albert Müller Verlag
Rüschlikon-Zürich · Stuttgart · Wien

Inhaltsverzeichnis

ERSTES KAPITEL

Wie wir Seefahrer wurden

Wir waren schon auf Dampfern zur See gefahren, aber noch nie auf einem kleinen Fahrzeug, doch spielte das bei unseren Plänen keine Rolle. Schon vor uns hatten sich viele närrische Dummköpfe ein seetüchtiges Boot zugelegt und waren davongegondelt, und so sahen wir nicht ein, warum wir es nicht auch tun sollten. Was wir uns allerdings nie hätten träumen lassen, das war die Tatsache, daß wir den größten Teil der folgenden sieben Jahre auf dem Wasser zubringen würden.

Während der ersten drei Tage an Bord richtete sich unsere ganze Aufmerksamkeit darauf, die kleine «Yakima» fahrbereit zu machen. Wir lagen an einem Ankerplatz am Union Lake im Zentrum von Seattle, und inmitten des Straßenverkehrs mit allen seinen Geräuschen vermochten wir uns die vielen ruhigen Anlegeplätze nicht vorzustellen, an denen wir auf unserer Tausendmeilenfahrt nach British Columbia und dem südöstlichen Alaska ankern sollten. Der Kanal, der vom Union Lake zum Salzwasser führt, ließ nichts von den vielfach gewundenen Armen des Stillen Ozeans ahnen, die sich ins Herz dieses großartigen Küstengebiets erstrecken. Und die Wolkenkratzer von Seattle waren erst recht nicht danach angetan, uns eine Vorstellung von den Bergen zu vermitteln, deren Füße vom Meer benetzt werden.

Es war schon seltsam genug, alles für die Fahrt vorzubereiten, und wir waren vollauf damit beschäftigt, all die Dinge, die eine dreiköpfige Familie für einen ganzen Sommer benötigt, in ein Fahrzeug zu schaffen, das nur elf Meter lang war.

Als Robert und ich beschlossen, Bobs, unsere neunjährige Tochter, aufzupacken und den Sommer über der kniffligen Küstenlinie von British Columbia zu Wasser zu folgen, sah das Unternehmen verhältnismäßig einfach aus. Wir würden ein Boot kaufen, Vorräte laden und abfahren. Bobs war noch nie an Bord eines Schiffes gewesen, Robert und ich hatten weder jemals ein Wasserfahrzeug gesteuert noch in einer Kajüte geschlafen, doch gerade die Neuheit des Erlebnisses verlieh dem Unternehmen seinen besonderen Reiz.

Nachdem wir einmal den Entschluß gefaßt hatten, setzten wir ihn mit dem uns eigenen Tempo in die Tat um, denn unserer Meinung nach kommt man rascher vorwärts, wenn man einen

Plan ausprobiert, als wenn man ihn lange überlegt. Die Sommerferien standen vor der Tür. Wir lebten damals in San Francisco, doch war Seattle diejenige Stadt, von der man am einfachsten aufs Wasser gelangte, und wo man am besten ein Schiff kaufen konnte. Und da es kein besseres Mittel gibt, um etwas vom Schiffswesen zu lernen, als wenn man sein Schiff selbst kauft, begab Robert sich nach Seattle. Nachdem er sich zwei Tage lang am Wasser herumgetrieben hatte, sandte er mir ein jubelndes Telegramm, aus dem ich ersah, daß wir Eigentümer eines seetüchtigen Motorboots waren. Bobs und ich fuhren mit dem nächsten Zug nach Seattle.

Ein Taxi brachte Gepäck und Familie vom Bahnhof geradewegs zum Ankerplatz. Roberts größte Sorge war, ob wir mit seinem Einkauf zufrieden sein würden. Unsere Begeisterung freute ihn, aber irgendwelchen Wert hatte sie nicht. Da sowohl Bobs' als auch mein Urteil durch keinerlei Sachkenntnis getrübt war, betrachteten wir jedes kleine Schiff, auf dem man leben konnte, als Weltwunder. Robert verfügte entschieden über mehr Kenntnisse, denn er hatte sich ja verschiedene dieser Weltwunder angesehen, sie dann aber nicht erstanden, weil der Kaufpreis unseren bescheidenen Mitteln nicht entsprach. Er versuchte nun, uns diese Kenntnisse ebenfalls zu vermitteln, indem er uns die unmöglichen Fahrzeuge, die er verschmäht hatte, genau beschrieb.

Es entging mir nicht, daß die weiße Farbe der Kajütenwände der «Yakima» ganz frisch war. Das Schiff roch nach Seife und Putzmitteln, und Robert sah recht erschöpft aus. Aber der Eindruck, den die «Yakima» auf Bobs und mich machte, war genau so, wie er ihn sich vorgestellt hatte.

Das Boot war elf Meter lang, hatte eine Plicht und eine schmucke Kajüte. Die Plicht hatte ein Dach und konnte ringsum mit Vorhängen geschlossen werden. Das Steuerhäuschen mittschiffs war achtern offen: von hier führte eine Treppe in die Kajüte hinunter. Die Kajüte enthielt einen großen Schrank und übereinandergebaute Kojen. Nebenan lag der Maschinenraum, der gleichzeitig Kombüse war, dahinter ein winziges Badezimmer.

Der gewichtige 12 PS-Frisco-Standard-Motor stand gerade in der Mitte der Kombüse. Küchentisch und Ausguß waren auf der einen Seite, Herd und Küchenschränke auf der andern. Diese Anordnung erweckte mein Mißtrauen, denn ich befürchtete, daß der Motor meinen Kochkünsten in die Quere kommen würde. Später stellte ich fest, daß diese Vermutung richtig war. Aber eine Köchin nimmt an Bord einen viel geringeren Rang ein als der Motor, deshalb mußte ich mich bei meiner Kocherei nach seinen Bedürfnissen richten. Wenn ich am Küchentisch arbeitete, bedrohte das kreisende Schwungrad meine Kalbssteaks und die Pleuelstangen schossen unter meinem Kinn auf und nieder. Sie boten eine wunderbare Gelegenheit zu maschineller Arbeitshilfe, aber Robert verhielt sich meinem Vorschlag gegenüber, sie als Hauptmixer zu benutzen, äußerst kühl.

Unsere erste Besichtigung hatte nicht unter allzu großer Sachkenntnis zu leiden. Der winzige Baderaum, der hinter der Kombüse lag und neben einer Toilette auch ein Waschbecken enthielt, entzückte uns mit seiner seegemäßen Ausstattung. Pumpen und eine zusammenlegbare Badewanne waren etwas völlig Neues für Bobs. Und ich, die ich nicht einmal das Wort «Fallreep» jemals gehört hatte, vergegenwärtigte mir nicht, daß man auf keinem andern Weg in das Badezimmer gelangen konnte als durch die Kombüse. Später ergab sich daraus ein Verkehrsproblem.

In der Kajüte öffnete Robert den Schrank, um uns zu zeigen, wieviel Platz es für Kleidungsstücke gab, und klappte den Eßtisch herunter, der an einem Schott angebracht war. Dieser Kajütenraum war unser Wohn- und Eßzimmer, doch im nächsten Augenblick verwandelte er es in ein Schlafgemach, indem er die an den Scharnieren hängenden Kojen aufklappte. An beiden Seiten sah man jetzt je zwei übereinanderliegende gepolsterte Bretter. Die «Yakima» wurde als «Vierbetter» bezeichnet, doch wenn bei uns nicht die eine obere Koje frei geblieben wäre, hätten wir wegen Platzmangels in Kleidern schlafen müssen.

Soweit war unser Plan, ein Boot zu besitzen und damit herumzugondeln, ebenso einfach, wie wir uns vorgestellt hatten. In den folgenden drei Tagen verminderte sich unsere Abenteuerlust keineswegs, doch immerhin entdeckten wir, daß eine den ganzen Sommer über währende Seereise allerlei Rechenexempel mit sich brachte. Da wir beabsichtigten, eine Küste zu befahren, an der es nur wenige Niederlassungen gibt, mußten wir die Bedürfnisse für drei Monate vorausberechnen. Ich erwachte in der Nacht und machte mich daran, eine Liste von beträchtlicher Länge aufzusetzen.

Und alle diese unzähligen Dinge mußten in einigen wenigen Schränken verstaut werden, deren Besonderheit darin bestand, daß man nicht an die Gegenstände gelangen konnte, die zuunterst hineingelegt waren. Schachteln und viereckige Kistchen nahmen zuviel Raum in Anspruch. Die Schränke erschwerten auch unsere Lösung des Waschproblems: Ballen von papierenen Hand- und Tischtüchern mitzunehmen. Alle diese sorgfältig zusammengeschnürten Ballen mußten geöffnet und der Inhalt in alle möglichen Winkel und Spalten gestopft werden.

«Laden» nannte Robert diese Tätigkeit, womit er Bobs und mir den Beweis zu liefern versuchte, daß er sich auf die Seemannssprache verstand. Doch keine noch so fachmännischen Ausdrücke vermochten unsere verzweifelte Suche nach geeigneten Aufbewahrungsorten für Bücher, Schreibmaschine, Medikamente, Nahrungsvorräte und Kleidungsstücke zu bemänteln. Wir reduzierten unsere Besitztümer auf ein Mindestmaß, und dann wurde dieses Minimum noch um die Hälfte verkürzt. Jeder Gegenstand mußte eine strenge Prüfung über sich ergehen lassen; nur was wirklich unentbehrlich war, durfte die Reise mitmachen.

Als ich einen kleinen Berg von Sachen aufgetürmt hatte, die ich in den Schränken unserer Kajüte zu verstauen gedachte, kam Robert herunter und erstarrte in männlichem Entsetzen: «Früher waren wir mit weniger Zeug unterwegs», sagte er.

Zum dritten Mal versuchten wir einige Dinge auszuscheiden. Regenmäntel, Gummischuhe, Sweater und Wollröcke wurden geprüft. Ebenso Unterwäsche, Hosen, Boots- und Landschuhe, Bobs' Spielsachen und mein Krimskrams. Mit einigem Widerstreben bewilligte Robert als «Strandkleidung» je ein Gewand für sich selbst und für mich, für Bobs noch ein zweites, da lebhafte Kinder mit ihren Sachen nicht gerade sorgfältig umzugehen pflegen.

Bücher mußten mitgenommen werden, und wir trafen die Auswahl so, daß wir sie alle drei lesen konnten. Bobs' Malsachen ließ Robert durchgehen, nicht ohne jedoch zu fragen, ob ein Mädchen diesen Berg weißen Papiers wirklich im Laufe eines Sommers mit Farbe beschmieren könne.

«Sie muß doch etwas zu tun haben, wenn sie an Bord ist», erwiderte ich. «Sei froh, daß sie sich nicht mit richtigen Spielsachen befaßt.»

Seine Augen leuchteten auf, als er ein Segelschiff erblickte, das er ihr vor Jahren in San Francisco geschenkt hatte, damit sie einen Begriff vom Wassersport erhielt. Trotzdem fand es jetzt keine Gnade mehr bei ihm. «Das brauchst du nicht mehr», sagte er zu Bobs. «Du fährst ja nun selbst in einem Boot.»

Bobs widersprach ihm mit jener absurden Logik, die sich beim weiblichen Geschlecht schon in jungen Jahren zeigt: «Aber, Paps! Ich kann es doch viel besser vom Bootsrand aus segeln lassen als vom Ufer eines Sees.»

Roberts plötzlicher Abgang bewies die vollkommene Hilflosigkeit des Mannes solcher Logik gegenüber; dafür kehrte er eine halbe Stunde später mit einem Schiffszimmermann zurück, der die Hauptkajüte, das Badezimmer und sogar die Plicht mit Schränken ausstatten mußte. Von da an wurde das «Laden» noch durch herumliegende Bretter, Sägespäne, Lack- und Farbtöpfe erschwert.

Als das Wunder geschehen und die ganze Ladung endlich verstaut war, machten Bobs und ich es uns auf Deck in Liegestühlen bequem, während Robert mit einem Mechaniker am Motor herumbastelte. Drei Tage an Bord hatten uns dahin belehrt, daß Frauen durchaus überflüssig sind, wenn es sich um Maschinenangelegenheiten handelt, zumal wenn der Motor mitten in der Kombüse steht.

Die grollende Stimme des Mechanikers ließ uns das Schlimmste befürchten, doch endlich vernahmen wir einen Ausruf der Erleichterung. Robert zeigte eine fröhliche Miene, als er an Deck kam. Der Mechaniker mit seinem Werkzeug sah aus wie ein Arzt, der gerade seinem Patienten das Leben gerettet hat. «Jetzt ist der Motor in Ordnung», sagte er. «Ich nehme an, daß Sie darauf brennen, loszufahren.»

Robert nichte: «Alles ist an Bord.»

Ich hörte mit gelindem Schrecken zu. Ein unerfahrener Schiffer und ein noch unerfahrenerer Maat, der nicht einmal ein Ruderboot gesteuert hatte, waren im Begriff, mit einem Motorboot durch die Schleusen zum Puget Sound zu fahren und dann weiter gen Norden ins Unbekannte. Die «Yakima», die bis zu diesem Augenblick einen höchst bescheidenen Eindruck gemacht hatte, blähte sich in meinen Augen plötzlich zu einem Ozeandampfer auf.

Zum ersten Mal fragte ich mich, ob wir eigentlich an dem Tag, als wir uns so plötzlich zu einer Kreuzfahrt an der Küste von British Columbia und Alaska entschlossen hatten, ganz bei Trost gewesen waren. Zweiundzwanzig Monate ununterbrochenen Schreibens berechtigten Robert dazu, sich Ferien zu gönnen, und diese zweiundzwanzig Monate waren noch dazu der Abschluß von fünf Jahren gewesen, die wir an ein und demselben Ort verbracht hatten. Ohne es selbst zu wollen, hatten wir unser früheres ruheloses Wanderleben aufgegeben und uns unwillkürlich zu der Ansicht bekehrt, daß eine Familie «wurzeln» soll. Dafür verdienten wir jedoch kein besonderes Lob. Ganz von selbst waren wir der üblichen Bahn der Eltern gefolgt, die ihre Kinder in die Schule schicken, ihnen Tanzunterricht geben lassen, kurz, ihnen alles das zu bieten suchen, was für ihre Erziehung wichtig ist; dazu gehörten natürlich auch eine passende Umgebung und Spielgefährten. Dieses «Wurzeln» zog für uns Theater- und Konzertbesuche nach sich, Parties und sportliche Veranstaltungen, und da alle diese Dinge Geld und Zeit erforderten, blieb für das Wanderleben nichts mehr übrig.

Als wir nun die Frage der Ferien erörterten, schlug ich eine Autoreise vor, ohne sagen zu können, wohin die Fahrt gehen sollte. Fünf Jahre bürgerlichen Lebenswandels hatten meine Phantasie verkümmern lassen.

Robert war von diesem Vorschlag nicht sehr begeistert. «Wir sollten etwas ganz Neuartiges unternehmen», meinte er.

Ich fragte, was er von einer Reise auf einem Frachtdampfer halte.

Er schüttelte den Kopf: «Das ist keine Unternehmung. Wie wäre es mit einer Reise auf einem eigenen Schiff?»

Ich war entsetzt. In den Zeitungen der Westküste waren dauernd Berichte von Seeabenteuern zu lesen. Ganze Seiten gab es mit Bildern von Schatzsuchern oder seltsamen Paaren, die mit einem Boot ausgezogen waren; ein paar Wochen später tauchten die gleichen Namen in einer kurzen Notiz auf, aus der man ersah, daß man die Leute an der Küste von Südkalifornien aus Seenot gerettet hatte.

Der Anblick des Wassers in San Francisco, wo die Schiffe aus allen Häfen liegen, hatte uns bestrickt. Sehnsüchtig hatten wir immer wieder auf die Frachtdampfer geblickt, bis wir uns daran gewöhnten, die See mehr als ein Schauspiel denn als ein Gebiet für unsere eigenen Abenteuer zu betrachten. Unser Wanderleben war stets aufs Land beschränkt gewesen. Einmal in den Westen verschlagen, hatten wir haltgemacht. Exotische Länder reizten uns nicht. Uns zog es zu Kiefern und Bergen. Stets war die Nadel unseres Kompasses nach Norden gerichtet.

«Die schönste Seefahrt der Welt führt an der Küste von British Columbia entlang», sagte Robert. «Und dahinter liegt Alaska.»

«Ein Schiff kostet eine Menge Geld», sagte ich.

Robert betrachtete unser Wohnzimmer mit einem Blick, wie

ihn ein Krebstier seinem abgelegten Panzer zuwerfen mag. «Wenn wir nicht dieses ganze städtische Zeug am Halse hätten, könnten wir uns das schönste und größte Motorboot kaufen.»

Das Ergebnis dieser Unterhaltung war die «Yakima». Als Roberts Telegramm eintraf, war das ganze «städtische Zeug» im Lagerhaus eingestellt, und Bobs und ich waren bereit, für die nächsten drei Monate unser Heim irgendwoanders aufzuschlagen, welcher Art das Fahrzeug auch sein mochte, das Robert erstanden hatte.

Schon während wir alles für die Fahrt vorbereiteten, schliefen wir an Bord. Wir waren rings von der Stadt Seattle umgeben. Wir sahen die Straßenbahnen und hörten das Hupen der Autos, aber das Land und alles, was dazu gehörte, schien weit entfernt. Unser leise schaukelndes Boot gehörte zur Wasserwelt. Schiffe vom Pazifik, eindrucksvolle weiße Yachten, kleine Motorboote, deren helle Farbe fröhlich glänzte, Schlepper mit Lastkähnen, Lachsfänger, Tankdampfer und ölverschmierte Arbeitsboote – endlos fuhren sie hin und her. Auch die Küste des Union Lake stand ganz im Dienste der Schiffahrt. Es gab Landeplätze, wo man Betriebsstoff erstehen konnte, Krane zum Löschen der Ladung, riesige fabrikähnliche Werften, wo man Schiffe baute und reparierte, und lange Kais, an denen die Schiffe vertäut wurden.

Unsere engste Nachbarschaft bildeten lauter kleinere Fahrzeuge. Hinter dem langen Pier, an dem wir lagen, dem Abschluß der Straße, war ein Laden, in dem es alles für die Seefahrt Notwendige gab. Hier kauften wir und andere Bootseigentümer Farben und Tauwerk, Metallbeschläge und sonstiges Zubehör, und hier tauschten wir allerlei Wissenswertes aus über jene jährliche Epidemie, die man «Frühlingsüberholung» nennt.

Die Gespräche im Laden führten rasch zu einer Kameradschaft mit andern Seefahrern, die uns beim Zurechtfinden in unserer neuen Welt sehr half. Bobs' Kenntnisse und auch die meinen mehrten sich zusehends. Bald kannten wir die Einrichtung jedes Schiffes am Pier, und die Eigentümer dieser Schiffe kannten unser Boot. Wenn unser Heim durch die Wellen eines vorüberfahrenden Dampfers ins Schaukeln geriet, schaukelten auch die übrigen Heimstätten, und dieses gemeinsame Schaukeln ließ die Lage als durchaus natürlich erscheinen. Ein Pier als Türschwelle hatte nichts Fremdartiges, wenn andere «Hausbesitzer» genau so daran waren. Mein kleiner Küchenschrank und mein noch kleinerer Ausguß aber waren geradezu fürstlich im Vergleich zu der Ausstattung anderer Kombüsen.

Bobs verbrachte viele Stunden mit Besuchen. Wie ein neugieriges Hündchen streifte sie umher und ging an Bord, wo immer nur eine Luke offen war. Ihr bevorzugter Freund war Tommy Drake, einer jener eigenbrötlerischen Seefahrer, die den Pazifik und den Atlantik in einem selbstgebauten Fahrzeug durchkreuzt haben. Jetzt rüstete er sein drittes Boot für eine Reise nach Europa aus. Die beiden ersten hatten im Fernen Osten und an der Küste von Kuba Schiffbruch erlitten, und dem neuen sollte das gleiche Schicksal zwischen den Sandbänken vor der holländischen Küste beschieden sein. Wenn Bobs von ihren Besuchen bei Tommy Drake zurückkehrte, war sie jedesmal ganz erfüllt von langen abenteuerlichen Seegeschichten, die sie gewissermaßen aus erster Hand bezogen hatte.

Sie berichtete uns auch, daß wir, abgesehen von Tommy Drake, die einzigen Bootsbesitzer in der Gegend waren, die die Absicht hatten, «in die Fremde» zu ziehen, ein Seemannsausdruck, den man verwendete, wenn man Gewässer befuhr, die nicht zu den Vereinigten Staaten gehören, und ich begriff nun, warum viele unserer neuen Freunde uns stets mit einer gewissen Sehnsucht und Achtung begegneten.

Alle diese Gespräche über Dinge, die mit der Seefahrt zusammenhingen, gaben mir das Gefühl, schon ein richtiger Seemann geworden zu sein. Ich übersah völlig, daß die sicheren Tage im Hafen gar nichts mit Seefahrt zu tun hatten, bis ich Robert sagen hörte: «Alles ist an Bord.»

Aber meine jähe Erkenntnis, daß ich der Rolle eines Maats keineswegs gewachsen war, vermochte den Augenblick der Abfahrt nicht aufzuhalten. So hieß es denn Abschied nehmen. Robert setzte das große Schwungrad in Bewegung, und all meiner Hoffnung zum Trotz, daß der Motor versagen würde, ließ die Maschine sogleich ihr tackendes Knattern hören. Dann fuhr die «Yakima» in den Kanal hinaus, und der belebte Hafen blieb zurück.

Wir waren Neptun ausgeliefert.

ZWEITES KAPITEL

Wale und der erste Orkan

Der großartige Augenblick, in dem wir zum erstenmal in See stachen, hätte eigentlich Gelegenheit zu einer munter beschwingten Unterhaltung geboten, aber ich konnte den Captain nur fragen, ob er besorgt sei.

«Nicht mehr so sehr, wenn wir die Schleusen hinter uns haben», antwortete er.

Er irrte sich, aber damals ahnte er das nicht.

Die Schleusenanlage hatten wir noch nie gesehen. Da die Schleusen für große Dampfer bestimmt waren, wirkten sie – von der kleinen «Yakima» aus gesehen – geradezu erdrückend; noch schlimmer aber war die Massenversammlung von Zuschauern am Ufer. Sie machten aus unserer Jungfernfahrt ein öffentliches Schauspiel. Niemand hatte uns gesagt, daß dieses Spießrutenlaufen das Schicksal aller war, die die Schleusenanlage benutzten. Das Marinedepartement hatte uns zudem mit seiner gedruckten Warnungsschrift Lampenfieber eingejagt; darin stand zu lesen, daß die Tore bei fehlerhaftem Manövrieren Schaden nehmen könnten, wodurch das Schiff und somit auch Menschenleben in Gefahr gerieten. Wir wußten nichts von dem Betragen der «Yakima» in Schleusen.

Der Schleusenwärter, der unsere Taue nahm, machte einen unglaublich ruhigen und heiteren Eindruck. Er schien eine Schleusendurchfahrt als etwas ganz Nebensächliches zu betrachten. «Fahren Sie nur zum Untertor, Captain», sagte er zu Robert.

Daß ein Beamter Robert mit diesem neuen Titel anredete, geschah zum erstenmal, und Bobs war davon sehr beeindruckt. Auch mir erging es so, obwohl ich keinerlei Veranlassung hatte, zu glauben, daß eine zwanzig Minuten währende Fahrt durch eine Schleusenkammer unserem «Captain» übermäßige Weisheit verleihen würde. Robert strahlte in überraschtem Wohlgefallen.

In der Schleusenkammer hielten wir uns dicht neben einem Lachsfänger. Der enge Raum hatte etwas Beruhigendes, aber ich dachte mit Schrecken an das Kommende. Dann fuhren noch zwei Schiffe ein. Der breite Bug eines dreiundzwanzig Meter langen Heilbuttfängers türmte sich über unserem Heck auf: In dieser Nachbarschaft sah die «Yakima» wie ein kleiner Spitz aus, der es mit einer Bulldogge aufnehmen will.

Das Obertor schwang zu. Der Mann, der es bediente, überzeugte sich, daß es geschlossen war, und hob den Arm. Wir warteten auf weitere Anordnungen, aber niemand sprach ein Wort, und niemand schaute in unsere Richtung. Dann fühlten wir, wie die «Yakima» sich bewegte, während sie in dem Wasserlift abwärts glitt.

Danach benötigten wir keine Anweisungen mehr. Robert saß im Bug, ich im Heck, und beide kämpften wir um einen Kompromiß zwischen dem Nachlassen und dem Straffhalten der Taue. Die «Yakima» glitt tiefer. Eine nasse Zementwand stieg zu einer Höhe von drei Stockwerken über uns auf. Hoch über ihr verschwanden unsere Taue scheinbar im Nichts. Niemand war zu sehen. Straffhalten schien mir das Gebot der Stunde zu sein, und so klammerte ich mich derartig fest an mein Tau, als hinge das ganze Schicksal der Seefahrt davon ab. Ärgerlich mahnte mich der Captain, meine Kräfte zu sparen.

Schließlich landeten wir auf dem Grund des Schachtes. Der Schleusenwärter, der der «Yakima» zur Seite geblieben war, blickte aus unermeßlicher Höhe auf uns herab. Ich hatte ein seltsames Gefühl, als wäre ich durch ein Fernglas gesprungen, und ich war erleichtert, daß sich jemand darum kümmerte, wie es uns erging. Aber das tat er nicht. Er wollte sich nur überzeugen, wohin er unsere Taue werfen mußte, die denn auch in elegantem Schwung hinter dem Dach der Plicht landeten. Der Lärm von vier Motoren erfüllte die enge Kammer. Das Untertor, welches das süße Wasser vom salzigen trennt, öffnete sich. Der Stille Ozean lag vor uns.

Wir nahmen einen neuen Geruch wahr. Ich verspürte Kühle, und eine Brise brachte die kennzeichnenden Düfte eines Strandes zur Ebbezeit. Ich wandte mich, um den Captain zu dem guten Schleusenbetragen seines Schiffes und seiner Mannschaft zu beglückwünschen, und fand ihn in ein Verkehrsproblem verwickelt.

Das Meer war nicht weit und leer, wie wir erwartet hatten. Es war bevölkert und belebt wie eine Geschäftsstraße in einer Großstadt. Eine Fähre drohte uns in den Grund zu bohren. Ein großer Dampfer näherte sich uns von Steuerbord. Ruderboote, die auf Lachsfang ausgingen, häuften sich vor uns. Ein Tankschiff vollführte eine Schwenkung. Unsere rascheren Schleusengefährten verlangten freie Fahrt.

Ein Schiff achteraus signalisierte uns seine Absicht, mit Volldampf voraus zu fahren, und das schrille Tuten bewirkte eine

Panik an Bord der «Yakima». Ich nahm an, daß der Captain die Verkehrsregeln auswendig wußte. Er hatte ebenfalls angenommen, daß das der Fall sei, aber in plötzlichem Zweifel erbat er eine Vorlesung. Ich begann buchstäblich mit dem Anfang.

«Nicht das ganze Zeug!» schrie er. «Wie lautet die Regel beim Überholen eines Schiffes?»

Ich unternahm eine nutzlose Suche, die damit endete, daß der Captain mir das Schriftstück entriß. Irgendwie tutete er die richtige Antwort zurück, wenn sich auch das andere Schiff etwas wundern mochte.

«Wir müssen die Regeln einmal in Ruhe durchgehen», sagte der Captain.

Damit hatte er zweifellos recht. Wir konnten nicht jedesmal, wenn ein Schiff uns etwas signalisierte, eine Konferenz abhalten.

Wir hatten für diesen Tag nur eine kurze Fahrt in Aussicht genommen, und ich schaute denn auch sehr bald sehnsüchtig über den Sund zu dem freundlichen Ufer von Bainbridge Island hinüber. Dieses Umherstreifen auf dem Pazifik mit all unserem Hab und Gut bewirkte, daß ich mich heimatlos fühlte. Ich sehnte mich danach, festen Boden unter den Füßen zu haben, wieder seßhaft zu sein und Atem zu schöpfen. Aber solche Gedanken ziemten sich nicht für einen Maat, zumal Bobs mit wilder Begeisterung unter Roberts Leitung Seekarten studierte. Ich ging hinuter. Als ich kurz darauf zurückkehrte, entdeckte ich, daß nicht nur Bainbridge Island, sondern auch die Küste achteraus verschwunden war. Ein leichter Nebel hatte jegliche Landsicht abgeschnitten.

«Wir werden in Port Madison vor Anker gehen», sagte der Captain.

Die Worte «Port» und «Anker» tönten in meinen Ohren wie Musik. Schiffahrt erschien mir als eine sehr ermüdende Beschäftigung, und jetzt mußten wir auch noch nach dem Kompaß steuern. Ich beobachtete, wie der Captain mit zwei Linealen an der Karte hantierte. Das sah sehr nautisch aus, und ich war nahe daran, «Aye, aye, Sir» zu sagen, wenn er mir kurz und knapp den Kurs verkündete und mich dabei scharf ansah.

Robert war entschieden besser vorbereitet für unsere neue Unternehmung als ich. Allerdings trug er auch die größere Verantwortung. Er war in doppelter Eigenschaft tätig, als Schiffer und als Maschinist, während ich, als Maat, ihn nur am Steuerrad abzulösen und seine Befehle auszuführen hatte. Und was seine beiden Ämter betraf, so war er als Maschinist am besten vorbereitet. Ingenieure und Mechaniker lobten seine Fähigkeiten auf diesem Gebiet in den höchsten Tönen. Als er das erstemal einen Motor in die Hände bekam – es war ein äußerst temperamentvoller und launischer Motor, der eine Barkasse antrieb, die bei unserem Aufenthalt in den kanadischen Wäldern unser Eigentum gewesen war –, da hatte er das Rätsel seines niederträchtigen Benehmens rasch gelöst. Und dann hatte er auf einer Autoreise quer durch die Lande, wo es oft Hunderte von Meilen keine Reparaturwerkstätte gab, Gelegenheit gehabt, seiner natürlichen Begabung für technische Dinge wirkliches Wissen hinzuzufügen.

Seine Kenntnisse der Dinge, die mit dem Salzwasser zusammenhingen, hatte er dagegen fast ausschließlich aus Büchern geschöpft. Wir hatten beide viele Seegeschichten gelesen, und er hatte außerdem mehrere Veröffentlichungen über Motorboote und ein Handbuch der Schiffahrtskunde studiert. Auf dem Süßwasser hatten wir schon früher beträchtliche praktische Erfahrungen gesammelt. Mehrere tausend Meilen hatten wir paddelnderweise im Kanu zurückgelegt, und wenn wir auch wenig von den Gezeiten und den damit zusammenhängenden Strömungen wußten, so verstanden wir uns um so mehr auf das Wesen bewegten Wassers und bewegter Luft. Die Seeleute nennen dieses instinktive Lenken eines Fahrzeugs und die Fähigkeit, die Wirkungen von Strömungen und Wellen abzuschätzen, «Wassergewandtheit».

Aber unsere beste Verteidigung gegen Mißgeschick war psychologischer Art. Wir hatten das Salzwasserunternehmen nicht in überheblicher Verfassung in Angriff genommen. Eine heilsame Achtung vor dem Meer war unser Hauptaktivum als Seefahrer. Wir wußten, daß Einbildung und übermäßiges Selbstvertrauen zweifellos Unannehmlichkeiten herbeiführen würden.

«Es wird uns nichts geschehen, wenn wir stets vorsichtig sind», hatte Robert gesagt.

Da wir mit der Gefahr rechneten, kam sie denn auch, bevor wir auch nur eine halbe Stunde zur See gefahren waren. Ich blickte zufällig achteraus und gewahrte viele große, schwarze Flossen, die das Wasser durchschnitten. Die Flossen krümmten sich, von mir aus gesehen, rückwärts. Einige waren zwei Meter hoch, andere ragten halb so hoch aus dem Wasser. Alle aber kamen rasch auf uns zu.

Ich stieß einen lauten Schreckensschrei aus und wies mit der Hand auf die Flossen.

«Heiliger Bimbam!» rief Robert und schwang den Bug scharf herum.

Er hatte seinen Entschluß, auszuweichen, sogleich in die Tat umgesetzt, aber die Flossen holten uns rasch ein und erschienen jetzt zu beiden Seiten des Bootes. Mächtige, schwarze Körper wurden unter den gekrümmten Flossen sichtbar. Das größte der Tiere war so lang wie die «Yakima», und alle waren zehnmal beweglicher.

«Was sind das für Fische?» fragte Bobs.

Sie bekam keine Antwort, denn der Augenblick war nicht danach angetan, einem Kind naturwissenschaftlichen Unterricht zu erteilen; wichtiger war, den riesigen Tieren nicht in die Quere zu kommen.

Einer Schar quicklebendiger Wale auszuweichen, die in loser Formation in der gleichen Richtung schwimmen, erfordert große Geschicklichkeit. Die «Yakima» schoß hin und her. Jedesmal wenn wir glaubten, aus der Bahn der Tiere zu sein, rief Bobs oder ich – wir waren beide als Ausguck tätig – voll Aufregung: «Da ist schon wieder einer!» Eine große, schwarze Flosse kam dann auf uns zu, und der Captain warf das Steuerrad herum.

Bobs war weniger erschrocken als wir, denn sie war mit Seeabenteuern und Heldentaten gefüttert worden. Offenbar hielt sie diesen Zwischenfall für ganz natürlich, obwohl ihre Fragen verrieten, daß er in den ihr bekannten Seegeschichten nicht vorgekommen war.

«Müssen alle Schiffe vor den Walen ausreißen?» erkundigte sie sich.

Auch diese Frage blieb unbeantwortet, denn immer noch gab es Wale ringsum, die augenscheinlich miteinander spielten. Die Art, wie sie das taten, ließ die Lage noch bedrohlicher erscheinen: Sie stürzten sich kopfüber ins Wasser, daß es aussah, als drehten sich riesige Kugeln, und tauchten in einiger Entfernung wieder auf. So stellte jeder Fleck freien Wassers eine Gefahr dar. Nie wußten wir, ob eine dieser zehn Meter langen Zehntonnenmassen nicht gerade unter unserem Boot hochkommen würde. Ein Schlag mit dem Schwanz hätte genügt, um unsere Planken zu zertrümmern. Die «Yakima» tänzelte hin und her und hüpfte dabei auf und nieder wie ein erschreckter Hering. Das mochte nicht sehr würdevoll sein, aber darum kümmerten wir uns jetzt nicht.

Als der letzte Wal endlich vorüber war, blickten wir einander schlotternd an.

«Von all den Gefahren, die mich nicht schlafen ließen, wäre das die letzte gewesen, an die ich jemals gedacht hätte», sagte ich.

«Diese Seefahrer vom Union Lake!» schimpfte Robert. «Vor allem möglichen haben sie uns gewarnt, aber . . .»

«Da kommt wieder ein ganzer Haufen!» schrie Bobs.

Wir drehten uns um und erblickten eine zweite Schar, die auf uns zusteuerte.

Die «Yakima» begann abermals ihren Tanz, und ich fing an mir Gedanken darüber zu machen, ob wir wohl den ganzen Sommer über auf der Flucht vor Walen sein würden. Doch als dann ein riesiger Bulle auf uns zuschoß, behielt der Bug der «Yakima» seine Richtung bei.

«Ich weiche nicht mehr aus», sagte der Captain.

Der Bulle tauchte nahe beim Steuerbord auf, und wir hörten deutlich das laute «Schu-ss-ss-sch» seines Atemstoßes; dann kugelte er in die Tiefe. Das nächste Mal würde er wohl unter uns hochkommen.

Wir taten nichts, allerdings war meine Reglosigkeit auf panische Angst zurückzuführen. Ich wagte kaum zu atmen, während wir über eine Strecke unbelebten Wassers dahinglitten. Endlich sahen wir den Wal auf der Backbordseite die Oberfläche zerteilen. Ich konnte das Wunder unserer Rettung nicht glauben.

«Ich wette, daß das Geräusch der Schiffsschraube ihn warnt, wenn er hochkommt, und ihn verjagt», sagte Robert. «Sonst könnte kein Boot von der Größe der 'Yakima' jemals den Hafen verlassen, solange es derart riesige Wale gibt.»

Wir benutzten die übrigen Wale dazu, um diese Theorie über Walfischbetragen zu erproben. Da sie wirklich zu stimmen schien, behielten wir kühn unsern Kurs bei. Robert unterwies Bobs in Naturgeschichte, aber ich ließ das Wasser hinter uns nicht aus dem Auge.

Es bedurfte eines Zeitraums von vielen Wochen und mancher Versicherungen von seiten erfahrener Seeleute, bis ich überzeugt war, daß unsere erste Stunde auf dem Meer durchaus ungewöhnlich verlaufen war. Wale sind ein häufiger Anblick im nördlichen Pazifik, und wir sahen noch viele. Eine Begegnung mit diesen ungeheuren Tieren ließ mich jedesmal zittern. Aber niemals stießen wir wieder auf zwei rasch aufeinanderfolgende Schulen dieser Größe.

Augenscheinlich fand im Puget Sound eine wichtige Walfischkonferenz statt, und die Wale wußten, in welche Richtung sie zu schwimmen hatten, Nebel hin oder her. Jedenfalls waren sie bessere Seeleute als wir, denn als die Aufregung vorüber war, entdeckten wir, daß wir uns verirrt hatten. Dem Kurs und der Geschwindigkeit nach hätten wir nahe bei Port Madison sein müssen, aber es war nichts davon zu sehen. Robert stellte Berechnungen über Berechnungen an und versuchte weniger besorgt auszusehen, als er in Wirklichkeit war.

Meine Behauptung, daß ich oberhalb des Backbordbugs die verschwommenen Umrisse eines zackigen Vorgebirges sähe, machte die Sache nur noch schlimmer, denn nach der Karte hätte ich einen tiefer gelegenen Punkt erblicken müssen. Schließlich gab der Captain seine kühne Haltung auf und bekannte: «Ich weiß nicht, wo zum Kuckuck wir uns befinden.» Daß dies nur ein paar Meilen von Seattle entfernt geschah, war niederschmetternd und trug nicht gerade zu unserer Beruhigung bei. Wir konnten mit ebensoviel Erfolg nahe bei der Stadt untergehen wie tausend Meilen weit entfernt im hohen Norden.

Der Captain stellte den Motor ab. Nachdem wir eine Weile hilflos in einer grauen Welt umhergetrieben waren und darüber nachsannen, was Seefahrer wohl in einer solchen Lage zu tun pflegen, erschien ein Lachsfischer mit seinem Ruderboot im Umkreis unseres Nebelhorizonts. Er sah etwas verwirrt aus, als wir ihn fragten, ob wir uns in der Nähe von Port Madison befänden.

«Sie haben den falschen Präsidenten gewählt», sagte er. «Das ist Port Jefferson.»

Wir hatten uns nicht nur im Namen geirrt. Wir hatten statt zwei Meilen deren vier zurückgelegt, eine ganz hübsche Strecke für den Anfang.

Der Captain nahm einen Kompaß zur Hand, richtete ihn auf das Vorgebirge, stellte, wie ich annahm, irgendwelche Berechnungen an, und dann fuhren wir weiter. Offensichtlich eignete sich der Kompaß für den südlichen Kurs besser, denn wir fanden Port Madison, das sich als schmucker Hafen entpuppte. Zum erstenmal nahmen wir eine Landung im Salzwasser vor. Ich steuerte die «Yakima» geradeaus, um sie kunstgerecht in den Hafen zu bringen. Dabei erhielt ich meine erste Lektion im Bedienen des Motors und des Steuerrads, während wir Anker warfen. Ich hatte das Gefühl, daß wir viel zuviel von der Ankerkette auslaufen ließen.

«Morgen früh mußt du die Kette wieder aufwinden», warnte ich Robert, als er zu mir trat.

«Eine Länge von drei zu eins ist ein gutes Maß», erwiderte er. «Wenn man richtig vor Anker liegt, braucht man sich um nichts zu sorgen.» Er war gescheit, aber wie gescheit er gewesen war, sollten wir erst am nächsten Morgen erfahren.

Zum erstenmal, seit wir Eigentümer der «Yakima» waren, war die Ankerkette bis zum Ende draußen. Wie um diese Tatsache zu feiern, erhob sich ein Wind und fegte die Nebelschwaden fort. Wir beobachteten, wie das letzte Grau verschwand. Die kleine Bucht, in der wir lagen, war sonnenüberflutet, wohlig durchwärmt und so richtig unser eigenes Reich.

Wir gingen hinunter, um unser Taschenheim zu inspizieren. Im Hafen von Seattle hatte es ganz unmöglich geschienen, daß drei Menschen in dieser winzigen Kajüte schlafen, essen, sich anziehen und abends aufhalten könnten. Jetzt, wo wir vor Anker lagen, bewirkte das weite Meer ringsum, daß sie viel größer aussah, und die «Yakima» wurde mit einem Male zu einem festen, in jeder Weise genügenden Heim. Mein Hausfraueninstinkt regte sich, und ich machte mich daran, ein richtiges Essen zu kochen. Während der Reisevorbereitungen hatten wir nur leichte Imbisse zu uns genommen oder im Restaurant gegessen. Jetzt sollte das regelmäßige Leben wieder beginnen.

Bobs erklärte, daß sie die Gelegenheit für geeignet hielt, ein wenig zu schwimmen, streifte ihre spärlichen Kleidungsstücke in der Plicht ab und stürzte sich kopfüber ins Wasser. Wir waren der Meinung, daß unsere Berührung mit Flüssigkeit zur Feier des Augenblicks in anderer Weise stattfinden sollte.

«Glückliche Reise!» sagten wir, als die Gläser zusammenklangen. Eine Stunde früher wäre dieser Trinkspruch von meiner Seite nichts weiter als eine liebenswürdige Geste gewesen, doch in der feierlichen Ruhe unseres Hafens schienen alle Schrecken unseres ersten Reisetags in weiter Ferne zu liegen.

Jetzt bildete nur noch unser Schiffskompaß ein Problem, aber das hatten wir vorher gewußt. In Seattle hatten wir einen Kompaßfachmann zu Rate gezogen, denn der Kompaß befand sich gerade über dem Motor und einem senkrechten Wassertank, deren Eisenmassen ihn natürlich beeinflußten. Der Mann hatte diese Anordnung nicht gebilligt und gesagt, daß die Mißweisung und die dadurch bedingten Irrfahrten es uns sicher unmöglich machen würden, eine eigene Kompaßkarte anzulegen.

«Wir werden es trotzdem schaffen», hatte Robert gesagt. «Wenn wir in alle Richtungen fahren, werden wir seine schlechten Eigenschaften schon kennenlernen.»

Zwei Tage Aufenthalt in der Nähe einer Niederlassung schienen ein gutes Vorhaben zu sein. Unser rascher Aufbruch hatte außer den dringendsten Verrichtungen keine Zeit zu andern Dingen gelassen. Eine unerfahrene Mannschaft konnte sich zudem im ruhigen Wasser besser mit den Erfordernissen der neuen Umwelt vertraut machen. Auf die Gefahr hin, als Angsthase dazustehen, bekannte ich meine Freude über diese Verzögerung unserer Reise in den Norden.

Es war schon dunkel, als wir uns zu einer letzten Inspektion an Deck begaben. Bobs war in einer der unteren Kojen zur Ruhe gebettet, und unsere eigenen Kojen waren hergerichtet. Die Kabine sah wie ein Erste-Klasse-Schlafwagen aus. Ich war so müde, daß ich am liebsten in mein Bett gesunken wäre, nachdem ich es zurechtgemacht hatte, aber ich fühlte mich als Maat verpflichtet, am letzten Rundgang teilzunehmen.

«Der Wind weht etwas stärker», sagte Robert, als wir in der Plicht standen.

Unsere Augen gewöhnten sich allmählich an die Dunkelheit. Kleine Wellen schlugen gegen den Bootsrumpf, und die Flagge klatschte gegen den Mast. Das kleine Ruderboot im Schlepp lag nicht mehr ruhig auf dem Wasser, sondern schaukelte auf und nieder, und jedesmal, wenn der Bug ins Wasser tauchte, gab es ein schlappendes Geräusch, das wie eine leichte Warnung klang.

Als Robert das Barometer zu Rate zog, glaubte ich, daß mein erster nächtlicher Angsttraum Wirklichkeit werden würde. Die Nadel war im Laufe der letzten Stunde erheblich zurückgegangen.

«Das ist doch die Höhe!» sagte er. «Ich hab' schon von Schiffswachten gelesen, bei denen man in klitschnassen Pyjamas umherstreift. Und jetzt soll uns das gleich in der ersten Nacht widerfahren.»

Er sah genau so müde aus, wie ich mich fühlte. Ich besann mich auf meine Pflicht als Maat und erbot mich, ihn bei der Wache abzulösen. Zu meiner großen Erleichterung wies er diesen Vorschlag zurück.

«Mach dir keine Sorgen, wenn du mich hörst», fügte er großmütig hinzu. «Meine Güte, es wird kalt, und wir stehen hier in Pyjamas herum!»

«Ruf mich, wenn der Wind bösartig wird», sagte ich, während ich mich in meine warme Koje kuschelte.

Ich hatte vor, mit einem offenen Auge zu schlafen, und döste vor mich hin, mit Kummer an Robert denkend. Die Verantwortlichkeit eines Captains hat nie ein Ende. Das war mein letzter Gedanke.

Ich erwachte in einer Kajüte, die in Sonnenlicht gebadet war. Roberts Koje war leer, doch hatte er sie benutzt. Ich hörte ihn über das Deck schlurfen. Als ich zu ihm trat, fragte ich mit einem gewissen Schuldgefühl – obwohl er ausgeruht aussah –, ob er eine schlimme Nacht gehabt habe.

«Kein einziges Mal bin ich aufgewacht», gab er zur Antwort. «Der Wind muß sich gelegt haben.»

Nicht der geringste Windhauch war in der ruhigen Stille der Bucht zu spüren, und am blauen Himmel segelten friedlich einige kleine, faule Wolkenbäusche. Niemals hatte ich einen köstlicheren Morgen erlebt.

«Das Barometer ist also auch kein sicherer Wetterprophet», sagte ich. «Das soll uns eine Lehre sein. In Zukunft wollen wir nur noch auf unsern Verstand hören.»

Wir lachten über den Schrecken, in den uns eine kleine Nadel versetzt hatte, als wir plötzlich Ruderschläge vernahmen. Ein Mann, dem schon von weitem der Fischer anzusehen war, kam längsseits: er stand in seinem Boot und musterte unser Schiff.

«Es scheint, daß Ihnen nichts geschehen ist», sagte er.

Ich wunderte mich, daß unsere Jungfernfahrt solches Interesse erweckte, nickte jedoch lächelnd und versuchte mir ein harmloses und selbstverständliches Aussehen zu geben. Robert blickte nachdenklich drein.

«Ich sah Sie gestern hier hereinfahren», fuhr unser Besucher fort. «Und ich war gespannt, ob ich Sie heute noch vorfinden würde. Ein paar Fischerboote sind abgetrieben worden, aber Ihr Boot scheint sich nicht gerührt zu haben.»

Ich verstand den Sinn dieser Worte nicht. Roberts Antwort war die Höhe der Diplomatie: er bestätigte dem Mann, daß wir uns nicht gerührt hätten. Und dann fügte er hinzu: «Ich hatte die ganze Ankerkette ausgesteckt.»

«Sehr vernünftig», sagte der Mann. «Aber wer hätte auch gedacht, daß mitten im Sommer solch ein Orkan aufkommen würde? Um Mitternacht glaubte ich, der Wind würde die ganze Welt fortblasen.»

Er tauchte seine Riemen ins Wasser und entfernte sich. Ich wußte nicht recht, ob ich lachen sollte oder nicht. Vielleicht tat ich es, denn der Captain verzog keine Miene.

DRITTES KAPITEL

Unsere Wassergewandtheit wächst

Als die «Yakima» ihren Bug endgültig nach Norden richtete, waren wir nicht nur im Besitz einer tadellosen Seekarte, wir hatten auch den wiegenden Seemannsgang und fühlten uns in jeder Weise als alte Seeleute. Alle Voraussetzungen waren also gegeben, daß wir richtige Seefahrer werden könnten, zumal wir schon die nötigen Titel hatten.

Bobs hatte den ihren nach langem Nachdenken aus einem Seeroman gewählt. «Steward» hatte ihr nicht gefallen. Ein allzu weiter Abgrund zwischen ihrem Rang und dem unseren erfüllte sie mit Mißtrauen, und die Erfahrungen ihres neunjährigen Lebens hatten sie dahin belehrt, daß dieser Titel vielleicht nichts anderes sein könnte als eine höfliche Umschreibung für Reinmachefrau. Ihre Wahl fiel schließlich auf den Titel «Bootsmann», der ihr zugleich vollziehende Gewalt verlieh. Allerdings hatte sie keinerlei Untergebene, die ihre Befehle ausführen konnten, aber wir hatten ebenfalls keine. Die Bootsarbeit bot keine großen Schwierigkeiten, da wir alle drei miteinander das Deck scheuerten, die Holzteile wuschen und das Messing putzten.

Wir hatten die überraschende Entdeckung gemacht, daß das Bootsleben dauernde Abwechslung bot: Stets mußte man eifrig am Steuerruder hantieren, in der Kombüse wirtschaften oder irgendwelche andere merkwürdige Dinge tun, die mit dem Schiff zusammenhingen, während die Szenerie an Deck in stetem Wechsel begriffen war und eine Welt der Bewegung und interessanter Einzelheiten bot. Nie war das Meer unbelebt, bald gab es eine neue Vogelart zu sehen, bald Möwen, die das Schiff, in Erwartung einer Beute, kreischend umflogen, bald eine kleine Ansiedlung am Ufer, für deren Dasein kein ersichtlicher Grund zu bestehen schien, und ununterbrochen vorüberfahrende Schiffe. Begegnungen bei Reisen an Land sind eintönig, denn die Landstraße zieht rasch vorbei, und alle Autos gleichen sich. Aber Schiffe sind ganz verschieden voneinander und bleiben lange in Sicht. Taucht eines vor dem Bug auf, so hat es Zeit genug, seine Eigenart dem Geist des Beschauers einzuprägen, bevor es achtern verschwindet. Manche Schiffe bleiben unvergeßlich.

Dieses wechselvolle Leben ließ das Steuerhäuschen zu einem beliebten Aufenthaltsort werden. Während der Fahrt wurde es unser gesellschaftlicher Mittelpunkt. Seit Bobs zur Schule ging, hatten wir sie nicht mehr so oft zu Gesicht bekommen. Wir beide – sie und ich – begaben uns zum Captain, sobald die Morgenarbeit unter Deck getan war. Während wir fuhren, nahmen wir unser Mittagessen auf der «Brücke» ein, wie wir zu sagen pflegten, das heißt auf einer langen Bank, die hinter dem Steuerhäuschen stand; der Oberteil der Kajüte diente uns als Tisch. Da Brücke und Kombüse nahe beieinander lagen, konnte der Schiffskoch alle Ereignisse oberhalb des Decks verfolgen. Zum erstenmal fanden wir bei einem Freiluftunternehmen, daß Reise und Alltagsleben gleichzeitig verlaufen konnten. Immer wieder blickte ich zwischen meiner Kocherei auf, um, bewaffnet mit einem Schlagbesen oder einem Hackmesser, einen Wal oder einen vorüberziehenden Schleppdampfer zu begrüßen.

Die wenigen Tage auf dem Wasser waren eine Zeit der Entdeckungen. «Schiffsdisziplin» gilt von jeher als ein Lob für eine Gruppe besonders wertvoller Menschen, die sich musterhaft benommen hat, und ich war gespannt, ob uns dieses Zeugnis auszustellen wäre. Aber wir fanden heraus, daß dieses eindrucksvolle Wort nur eine Bezeichnung für durchaus folgerichtiges Benehmen darstellt. Verdienstliches Betragen erwächst mehr aus der jeweiligen Lage als aus dem Einzelwesen.

Wenn keiner der Familie sich anziehen, sich bewegen oder frühstücken kann, bevor das Bettzeug versorgt ist und die Kojen in Sitzgelegenheiten verwandelt sind, erfordert die öffentliche Meinung unverzügliches Aufstehen. Und wenn eine plötzlich einsetzende Nachmittagsbrise alle herumliegenden Gegenstände fortweht, so läßt niemand seine kostbaren Besitztümer herumliegen. Der Captain und ich waren aller Ermahnungen zur Ordnung enthoben. Das Meer sprach statt unser, und sein erster Tadel war äußerst wirksam. Wir waren alle auf der Brücke und freuten uns an dem sanften Wiegen des Schiffes, als ein krachendes Geräusch in der Kajüte Bobs fortstürzen ließ. Wir blickten hinunter und sahen, wie sie verzweifelt zwischen Zeichenpapier, Farbkästen und Schälchen, die Wasser enthalten hatten, herumfuhrwerkte.

Die gleiche Unerbittlichkeit beherrschte alle Schiffspflichten. Ich mußte frei sein, um das Steuerruder zu übernehmen, wenn wir vor Anker gingen oder den Anker lichteten; dann hatte ich zu manövrieren, während der Captain auf dem Vorderdeck tätig war. Bobs mußte das nachschleppende Ruderboot anziehen, damit die Leine sich nicht verwickelte, wenn wir rückwärts fuhren.

Die geringste Vernachlässigung dieser Aufgaben konnte ernste Folgen haben. Bobs und ich unterstanden in Wirklichkeit nicht der Gewalt des Captains, sondern der Gewalt des Meeres, und sowie das Tacken des Motors langsamer wurde, eilten wir an unsere Posten. Da die Seefahrt keine persönliche Angelegenheit war, fühlten wir uns bei unserem Stolz gepackt, und wir wären sehr in unserer Ehre gekränkt gewesen, hätte man uns jemals bei einer Unzuverlässigkeit ertappt.

Die Tatsache, daß wir auf einem kleinen Schiff mit nur einem Rettungsboot fuhren, und daß dieses Dasein uns allen dreien neu war, bewirkte, daß wir alle gleichgestellt waren. Die Kluft, die sonst den Erwachsenen vom Kind trennt, bestand nicht mehr, da wir alles gemeinsam unternahmen. Diese Ordnung in der Stadt einzuführen, wo Schule, Spielkameraden und die Interessen der Erwachsenen auf ganz verschiedenen Ebenen liegen, wäre verkehrt, denn das würde Verdrießlichkeiten nach sich ziehen. Aber in einem Heim, das ringsum von Wasser begrenzt ist, ergibt sich solch eine Gleichberechtigung ganz von selbst.

Alles war für uns in gleichem Maße neu und fesselnd wie für Bobs. Unsere körperlich wahrnehmbare Welt war von Grund auf verändert. Wir hatten das Land mit dem Wasser vertauscht, ein feststehendes Heim mit einem in dauernder Bewegung begriffenen: Wir schritten nicht mehr zu einer Haustür hinaus, sondern stiegen in ein Boot und ruderten. Dadurch, daß wir alle diese neuen Erfahrungen gemeinsam machten, waren wir ebenso zusammengepfercht wie eine Gruppe Menschen, die von einem Autobus aus die Sehenswürdigkeiten einer Stadt betrachtet.

Auch die Gefahr hielt uns als Mannschaftsfamilie zusammen. Wir lernten ganz automatisch Vorsichtsmaßnahmen zu treffen. Wir besprachen die Dinge, die uns drohen konnten, und machten uns für die Zukunft darauf gefaßt. Jetzt, als wir nordwärts fuhren, dachten wir an das, was vor uns lag, an unsere erste Begegnung mit einer Stromschnelle, der Deception Passage.

In Seattle hatten alle Ratschläge mit einer Warnung vor der Deception Passage begonnen und auch aufgehört. Schon ihr Name, der ihr von ihrem Entdecker Vancouver verliehen wurde, ließ auf verräterisches Wasser schließen.

Der «Küstenführer» war gleicherweise pessimistisch. Im allgemeinen versuchte ich mich über die düsteren Mahnungen zur Vorsicht dieses trefflichen Buches hinwegzusetzen, weil sonst mein Verlangen nach Seefahrt vollständig erstorben wäre. Aus der Lektüre des «Küstenführers» erfuhr man vorweg, daß die

Küstenstrecke, die wir befahren wollten, eine lange Folge von felsenbesäten Kanälen, schmalen Passagen und Stellen mit rascher Strömung aufwies, und daß ein Captain ohne Ortskenntnis besser daran tat, den Umweg über das offene Meer zu nehmen. Im Hinblick auf die Deception Passage schlug dieser amtliche Führer für Seefahrer einen sehr entschiedenen Ton an. Zuerst wurde der schmale Kanal zwischen dem einen Arm des Puget Sounds und der Strait of Juan de Fuca beschrieben und dann hinzugefügt: «Die Durchfahrt ist nur jenen Booten und Dampfern anzuraten, deren Führer mit der Örtlichkeit wohlvertraut sind. Die Strömung ist hier besonders stark.» Da wir noch nie eine Stromschnelle erblickt hatten, lasen wir den Satz mit großer Besorgnis.

Die sichtbaren Tatsachen waren auch ohne alle Warnungen erschreckend. Die Passage lag zwischen steil abfallenden Felswänden, und die Flut strömte mit einer Schnelligkeit von zehn Knoten hindurch. Man hatte uns dringend geraten, die Stromschnelle nur in der Zeit zwischen Ebbe und Flut zu durchfahren, wenn das Wasser aufhörte in der einen Richtung zu fließen, um dann in der andern zurückzufluten. Das Stillwasser unterschied sich vom Gezeitenwechsel an der Küste, da das Wasser, das sich in der tief eingekerbten Enge hob und senkte, durch diesen Flaschenhals fließen mußte. Dieser Prozeß erforderte hier ebensoviel mehr Zeit, wie eine große Flasche langsamer zu füllen oder zu leeren ist als ein Eimer mit weiter Öffnung.

Im amtlichen Gezeitenverzeichnis waren die Stunden des Stillwassers angegeben, und da unsere erste Stromschnellenfahrt die frischen Kräfte des frühen Morgens zu erfordern schien, warfen wir eines Nachmittags nicht weit von der Passage entfernt Anker. Mit einem ausgesprochenen Kurz-vor-der-Schlacht-Gefühl gingen wir zu Bett, und in aller Frühe holten wir unseren Anker wieder ein. Wir wollten es auf keinen Fall darauf ankommen lassen, unnötige Zeit zu versäumen, denn wir beabsichtigten, die ganze Durchfahrt, wenn möglich, bei Stillwasser zu vollziehen. Wir kamen sogar viel zu früh hin.

Ein Schlepper, der einige mit Holzstämmen beladene Kähne im Schlepptau hatte, lag im Schutz eines Landvorsprungs, seine Holzkähne mit mehr Sorgfalt gegen die Küste zu haltend, als eine aufgeregte Bruthenne ihre Küken schützen könnte. Wir fuhren längsseits, um uns Unterweisung und Rat zu holen. Wir gestanden zwar nicht, daß dies unsere erste Stromschnellenfahrt war, doch mochte es dem Captain ein leichtes sein, diese Tatsache aus unserem Benehmen zu folgern. Er brachte alle unsere sorgfältig ausgetüftelten Vorbereitungen in Unordnung. Seiner Überzeugung nach stimmte das amtliche Gezeitenverzeichnis überhaupt nicht. Er benutzte sein eigenes, höchst sorgfältig durchgearbeitetes Verfahren, um die Stunde des Gezeitenwechsels zu bestimmen.

Wir hörten seinen Erklärungen aufmerksam zu und steuerten dann die «Yakima» zurück, um das neue System zu durchdenken. Ich stand am Ruder, während Robert sich mit Begriffen wie fieren, Gezeitenunterschiede, Unveränderlichkeit und Umfangsverhältnis herumschlug. Mir kamen alle diese Dinge äußerst spanisch vor, vielleicht weil ich nie eine Leuchte in Arithmetik gewesen bin. Aber ich begriff zum erstenmal, daß mathematische Probleme nicht nur dazu erfunden sind, Schulkindern das Leben schwerzumachen. Alle diese Dinge waren jetzt bedeutsam für unsere Sicherheit.

Robert hatte mir gerade auseinandergesetzt, daß wir noch eine Stunde warten müßten, als wir den Schlepper hinter dem Landvorsprung hervorkommen sahen. Wir ahnten nicht, daß der Captain eines Schleppers, der mehrere mit Holzstämmen beladene Kähne im Schlepptau führt, ein Schlauberger sein muß. Dieser hier manövrierte nur, um den vorteilhaftesten Startplatz für seinen Schlangenzug einzunehmen, aber wir nahmen an, daß der Zeitpunkt des Stillwassers gekommen sei.

Robert ließ den Motor auf Touren laufen. «Ich lasse es nicht drauf ankommen, in dem engen Kanal mit einem Holzschleppzug zusammenzugeraten», sagte er.

Wir waren schon hübsch draußen in der Strömung, als uns unser Irrtum klar wurde. Der Captain des Schleppers muß sich über unseren plötzlichen Mut gewundert haben. Im sicheren Schutz der Küste blickte er aus seinem Steuerhaus auf die Seefahrer, die noch vor zehn Minuten so überängstlich gewesen waren und nun frohgemut losfuhren, während die Flut dahinströmte.

Wir sausten durch einen Mahlstrom.

«Jetzt sind wir in der Patsche!» schrie Robert. «Haltet euch fest!»

Das Wasser klatschte von allen Seiten gegen den Bootsrumpf und riß und zerrte daran. Ein Strudel zerrte uns auf die Seite, ein anderer warf uns gegen die Felswand. Das Deck neigte sich bedrohlich. Dann schleuderte uns ein neuer Strudel in die Mitte des Kanals. Robert hielt das Steuerruder umklammert und beobachtete die Wasseroberfläche. Er wußte nichts von Strudeln zur Flutzeit, aber er besaß Wassergewandtheit. Die «Yakima» war von einer Reihe kleiner Strudel umgeben, die das Ende des hinter uns liegenden großen Strudels bezeichneten. Die Bootsschraube arbeitete sich durch hochgehendes Wasser und drehte sich dann wie toll in der Luft, als wir mit der Flut dahintrieben. Im nächsten Augenblick befanden wir uns in einem weiten Kanal.

Leicht betäubt blickte ich zurück. Es war alles so geschwind vor sich gegangen, und ich konnte es kaum fassen, daß die Deception Passage hinter uns lag.

«Das war ja ganz leicht», sagte Robert. «Jetzt würde ich mich jederzeit hindurch getrauen.»

«Aber dein Maat hat Angst gehabt», erklärte Bobs.

Das stimmte, und ich hatte noch immer Angst. Ich nahm auch an, daß der Captain einige schlimme Augenblicke erlebt hatte, aber ich sprach meine Gedanken nicht aus. Selbst ein Familiencaptain hat das Recht, geheime Zweifel und Befürchtungen zu hegen.

Wir hielten jetzt auf die Rosario Narrows zu. Glitzernd, blau und einladend breitete sich die Enge vor unserem Bug aus. Hinter uns ragte der Mount Baker empor. Zur Rechten waren die weißen Gipfel der Olympic Mountains; zur Linken führte die Strait of Juan de Fuca ins offene Meer. Die Deception Passage bildete das Tor zur wirklichen Seefahrt.

Ich erbot mich, meine Lehrzeit damit zu beginnen, nach dem Kompaß zu steuern, obwohl das eine durchaus überflüssige nautische Maßnahme zu sein schien, da wir ganz leicht auf jedweden Landvorsprung zuhalten konnten. Aber bei Nacht oder Nebel und auch auf breiten Wasserstraßen wäre es nicht möglich gewesen, das Schiff von einem Landvorsprung zum andern zu steuern. Ich glaubte ein leichtes Schmunzeln auf dem Gesicht des Captains zu bemerken, als er mir das Steuerrad übergab. Fünf Minuten später, als ich mit einer kreiselnden Kompaßnadel kämpfte, zweifelte ich nicht mehr, daß er geschmunzelt hatte. Die «Yakima» hüpfte hin und her, so daß unser Kielwasser aussah, als wollte es sich über mich lustig machen. Wie alle Anfänger versuchte ich den Kompaß auf mich einzustellen statt mich nach dem Kompaß zu richten, und erst nach Wochen überzeugte ich mich davon, daß die Nadel sich nicht bewegte.

Der Captain und der Bootsmann stimmten ein Siegesgeheul

an. Als ich schließlich entdeckte, daß wir ostwärts fuhren, während der Kurs, den ich zu nehmen gedachte, hartnäckig am unteren Teil des Kompasses auf der Lauer lag, drohte ihr Gelächter meinen Rang als Maat zu vernichten. Ich schlug vor, daß der Bootsmann einmal seine Fertigkeit am Steuerrad zeigen sollte.

Bobs ging in die Falle, aber sie war so klein und ihrer Sache so sicher, daß sie mir leid tat. Ihre Nasenspitze reichte kaum bis zum Rad. Sie war jetzt jeder Zoll ein Steuermannsmaat. Auch ihr Benehmen war so, bis sie zum erstenmal vor Schreck erstarrte, als die Kompaßnadel einen verrückten Hüpfer tat.

Nachdem die Gleichheit im Nichtskönnen wiederhergestellt war, fuhr ich mit meinen Übungen in Ruhe und Frieden fort, das heißt, in Frieden, soweit die starke Strömung es zuließ. Es gab kein Gekicher mehr, als ich mich in der Stromkabbelung verirrte.

«Wo hast du eigentlich gelernt, nach dem Kompaß zu steuern?» fragte ich Robert, als ich schließlich wieder Herr der Lage war.

«Auf unserer Zickzackflucht vor den Walen am ersten Nachmittag», erwiderte er.

Kurze Zeit später machte ich – als ich wieder einmal über den Bug äugte – unsere Landkennung aus, einen Vorsprung an einem der San Juan Islands. Die ganze Gruppe war bezaubernd, ein Märchenland mit Nordwäldern, das aus dem Meer aufstieg. Kiefern wuchsen aus der Flut. In schmalen Kanälen erhaschten wir den einladenden Anblick kleiner Buchten und vielfach gewundener Wasserarme. Sie alle zu erforschen, würde Tage und Wochen in Anspruch nehmen. Es war ganz undenkbar, an so viel Schönheit vorbeizufahren, einfach durch die Strait of Georgia zu steuern.

«Und wir können vielleicht lange fahren, bis wir etwas Besseres finden», meinte der Captain, eine Bemerkung, an die wir uns ein paar Tage später erinnern sollten.

Aber unsere Erforschung der San Juan Islands begann und endete an jenem Nachmittag in der Stadt Friday Harbor. Als Bobs und ich mit einigen spärlichen Einkäufen – Schaffleisch, grünen Erbsen und frischen Erdbeeren – zum Hafen zurückkehrten, fanden wir einen Besucher an Bord vor. Er trug Fischertracht, sein Hemd war hinten zu einem Knoten zusammengedreht, und seine Stulpenstiefel waren oberhalb der Knie umgeschlagen wie bei einem mittelalterlichen Söldner.

«Mr. Willis hat mir von der Küste erzählt», sagte Robert. «Er ist ganz British Columbia hinaufgefahren und war auch in Alaska.»

«Und ich würde die Fahrt gerne noch einmal machen», fügte Mr. Willis hinzu. «Sie haben sich da eine weite Reise vorgenommen.»

Als ich unsere Einkäufe in der Kombüse verstaute, hörte ich, wie unser Besucher Robert einen andern Ankerplatz vorschlug. Ein bewegliches Heim ist eine große Annehmlichkeit, denn wir verankerten das Boot gerade vor Mr. Willis' kleinem, weißem Haus und gingen zu einem Nachmittagsbesuch an Land. Er begrüßte uns auf seinem «Vorderdeck», wie er den Vorraum nannte, und die mit einem Geländer umgebene Terrasse, die den Blick über das Wasser freigab, tat das ihrige dazu, daß man sich bei ihm durchaus «an Bord» fühlte. Er erklärte uns die nautische Atmosphäre seines Hauses auf sehr einfache Weise: «Auf einem Schiff kann ich's aushalten, aber ein Haus würde mich auf die Dauer anöden.»

Mochte Mr. Willis auch an Land leben, in Wirklichkeit hatte er das Meer nie verlassen. Er war auf der Inselgruppe geboren, und als junger Bursche hatte er mit seinem Bruder mitten im Winter ganz Vancouver Island umrudert, Hunderte von Meilen im offenen Meer an einer der schlimmsten Küsten der Welt entlang! Seine einzige Bemerkung darüber war, daß es «eine sehr hübsche Reise» gewesen sei. Er war auch der erste Fischer gewesen, der in den Stromkabbelungen am Cape Flattery Lachse gefischt hatte. «Ich habe mir mein Boot selbst gebaut», fügte er hinzu. «Dort draußen muß man wissen, was man unter den Füßen hat.»

Ich betrachtete den Pionier der berühmten Flattery-Fischer und dann sein kleines Boot. Es war das letzte einer langen Reihe selbsterbauter Fahrzeuge, und er war stolz darauf. Ich fragte ihn, warum er an Land lebe.

«Das tu ich wegen meiner Schwestern», erwiderte er ein wenig beschämt. «Sie finden, daß das Leben an Land anständiger ist. Deshalb habe ich ihnen versprochen, mir ein Haus zu bauen. Wollen Sie sich's einmal ansehen?»

Wir folgten ihm durch sein Anständigkeits-Beschwichtigungsmittel. Er vertraute darauf, daß man sein Opfer zu würdigen wußte, aber ich fragte mich doch, ob sein Landheim seine Schwestern wohl von ihrer Sorge befreit hätte. Die «Hauptkajüte» war ganz schmal, hatte eingebaute Schränke und zwei einander gegenüberliegende Kojen. Der Tisch war fein säuberlich an der Wand aufgehängt. Die Küche muß die Schwestern vollends aus der Fassung gebracht haben. Das Geschirr war in Gestelle eingespannt, und der kleine Schiffsherd war seitlich von einem Geländer umgeben. Die Kajüte wurde ebenfalls allen nautischen Ansprüchen gerecht. Als ich sah, daß die Lampe eine kardanische Aufhängung hatte, war ich beruhigt. Das einzige seemännische Ausstattungsstück, das nach Mr. Willis' Meinung einer Erklärung bedurfte, waren die Kojen: «Nachdem ich so viele Jahre auf See gewesen war, hab' ich geglaubt, ich könne an Land in einem Bett nicht schlafen», sagte er.

Am frühen Abend ruderte Mr. Willis uns zur «Yakima»; später kam er dann zum Kaffee zu uns. Wir holten die Seekarten hervor, doch hätten wir sie wahrscheinlich gar nicht gebraucht, denn ich glaube, er hätte sie für uns zeichnen können. Sein Gedächtnis war wie ein Film. Er beschrieb uns lange, gewundene, enge Fjorde, die in hohe Berge einschneiden, Wasserfälle, die so steil herabstürzen, daß man darunter mit Schlauch und Trichter einen Schiffstank füllen kann. Er erzählte uns von kleinen, verborgenen Häfen mit allen Einzelheiten. Er berichtete von Stromschnellen, wo die Strömung mit zwölf und sogar zwanzig Knoten dahintost. Seine Schilderungen waren lebendig und farbig, denn er hatte die Schönheit dieser langen Küstenstrecke gen Norden nicht nur wahrgenommen, sondern wirklich erlebt.

Als wir ihm von unserer ersten Begegnung mit den beiden Walschulen erzählten, bestätigte er Roberts Schlußfolgerung mit der Schiffsschraube. «Manchmal bringt so ein dicker Kerl einen Menschen in eine schwierige Situation», meinte er. «Ich habe mich schon immer gefragt, was man machen soll, wenn man einem tauben Wal begegnet.»

Es war schon längst dunkel, als Mr. Willis sein Ruderboot bestieg und sich verabschiedete.

Wir waren danach ganz aufgeregt und konnten es gar nicht erwarten, die weißbemützten Berge mit ihren Wasserfällen und die blauglitzernden Gletscher zu sehen, die vielfach gewundenen Fjorde zwischen kühnen Klippen und bewaldeten Berghängen zu durchfahren. Mr. Willis hatte uns ein wenig in die Wetterkunde eingeführt und uns über die Grundregeln der Winde und Strömungen aufgeklärt. Er hatte uns auch beschrieben, wie es einzig möglich war, in den tiefen Inlets, den schmalen Buchten und Meerengen, an Landvorsprüngen vor Anker zu gehen. Der freundliche Fischer ahnte nicht, wie wertvoll das alles für unsere Reise in den Norden war: er hatte uns damit erst befähigt, sie überhaupt zu machen.

VIERTES KAPITEL

«Man bricht einer Flasche den Hals»

Eine feierliche Handlung kennzeichnete unseren Grenzübertritt nach British Columbia. Der Bootsmann war ein hartnäckiger Verfechter der Schiffsetikette geworden: Er hatte unter anderem die Verpflichtung übernommen, dafür zu sorgen, daß unsere Flagge am Heck jeden Morgen gehißt und bei Sonnenuntergang eingeholt wurde. Bobs' Anerbieten hatte großmütig geklungen, aber ein Glitzern in ihren Augen ließ uns vermuten, daß sie mit Vergnügen daran dachte, wie oft die Offiziere diese nautische Gepflogenheit vernachlässigt hatten.

«Paps hat gestern die Flagge bis zur Schlafenszeit draußen gelassen», erklärte sie.

Jetzt wartete sie darauf, uns dabei zu ertappen, daß wir die üblichen Förmlichkeiten außer acht ließen, wenn wir Gäste des Britischen Weltreichs wurden. Aber der Captain schlug ihr ein Schnippchen. Er holte die rote Flagge hervor und befestigte sie am Flaggenmast. Als wir die Grenze passierten, durfte der Bootsmann sie hissen.

Jetzt zogen wir wirklich «in die Fremde».

Mr. Willis hatte uns ans Herz gelegt, ja nicht die Inseln der Strait of Georgia zu versäumen, die gerade jenseits der Grenze liegen. Sie waren so schmuck und gepflegt, wie er versichert hatte. Die große Vancouver-Insel neben dem kleinen Archipel wirkte wie ein Bollwerk englischer Provinzfamilien, die die Ordentlichkeit ihres Heimatlandes mitgebracht hatten. Die Küsten waren mit kleinen Häusern gesprenkelt, die alle ganz gleich angelegt waren: Haus, Kieswege, Blumengarten, ein Steg, an dem ein weißes Ruderboot vertäut war, ein Segelboot mit einer Ankerboje und in irgendeiner Lichtung ein sauberer Tennisplatz. Kein Wunder, daß die Teestunde auf dem Tennisplatz einen so breiten Raum in englischen Romanen einnimmt! Tadellos geschnittene Hecken geboten den Kiefernwäldern Einhalt, und sogar die Felsenküste sah blitzblank gewaschen und gebürstet aus.

In einer lieblichen Bucht gingen wir vor Anker. Ein einsamer Winkel hinter einem Landvorsprung, den wir erspäht hatten, lud zum Baden ein, und Bobs und ich beschlossen, aus dem Bad ein größeres Ereignis zu machen, da unser Zweihundertsechzig-

Liter-Tank vom Captain eifersüchtig bewacht wurde. Wenn er uns das Wasser auch nicht gerade mit dem Tropfenzähler zumaß, so behauptete er doch, daß der Inhalt des Tanks nur zum Zähneputzen reiche, und eine Halbliterpfütze galt schon als Vollbad.

So fuhren Bobs und ich, ausgerüstet mit Handtüchern und Seife, im Ruderboot hinüber. Die kleine Bucht war so einsam und abgelegen, wie wir gehofft hatten, und wir nahmen von ihr Besitz. Der vorspringende Teil einer Felswand hatte die hereinströmende Flut gewärmt. Zackige Klippen ließen unser Vorhaben etwas schwierig erscheinen, und wir suchten nach einer geeigneten Stelle, als wir plötzlich eine herrliche natürliche Badewanne entdeckten.

Neptun selbst mochte diese breite Vertiefung für seine Lieblingsmeerjungfrau ausgehauen und die Felswand im Hintergrund aufgebaut haben. Glatte, saubere Seitenwände führten stufenweise in die Tiefe. Nicht einmal eine Muschel bedrohte die Haut, und die Flut hatte die Wanne mit klarem, lauem Wasser gefüllt. Wir seiften uns ein, schrubbten uns und schwatzten. Als wir sauber waren, machten wir den Versuch, einen Waschtag in Salzwasser abzuhalten. Die Schiffsseife, die in Seewasser schäumte, vollbrachte zwar an meinem Hemd kein Säuberungswunder, aber an Bobs und mir hatte sie immerhin allerlei getan. Wir glaubten allein zu sein, bis wir zu unserer Überraschung Stimmen von dem Felsen über uns vernahmen. Wir blickten auf und sahen in die fassungslosen Gesichter eines Engländers und seiner drei kleinen Töchter, die wie Orgelpfeifen aufgereiht waren. Sackartige, schwarze Badekostüme, sichtlich auf Zuwachs gekauft, und weiße Handtücher, die über ihre Schultern hingen, ließen sie wie eine Schar aufgebrachter Pinguine aussehen.

Das rötliche Gesicht des Mannes wurde vor Zorn purpurfarben, und sein rotblonder Schnurrbart bebte. Ich fürchtete, er würde einen Schlaganfall erleiden, und auch die drei Mädchen blickten angsterfüllt von ihm zu uns. Augenscheinlich vermochten sie es nicht zu fassen, daß jemand ihm so etwas antat, ohne mit dem Leben dafür zu büßen.

Bobs winkte den Mädchen freundlich einladend zu, und ich versuchte ein höfliches Gespräch anzuknüpfen. Beide begegneten wir eisigem Schweigen.

Die Entweihung der Familienwanne war entschieden nicht leicht zu überwinden. Der Vorfall versprach die Bedeutung eines internationalen Zwischenfalls anzunehmen, und wir schlugen den einzigen diplomatischen Ausweg ein, der uns schändlicherweise offenblieb, indem wir unter den frostigen Blicken der Orgelpfeifen Handtücher, nasse Wäsche und Schiffsseife zusammenlasen. Ich versuchte meinem Rückzug zum Ruderboot Würde zu verleihen, aber ich bin sicher, daß dieses Vorhaben mißlang. Als wir um den Landvorsprung fuhren, standen die vier noch immer da und starrten uns nach, ein Bild britischer Gekränktheit und Entrüstung.

«Glaubst du, daß sie jemals wieder in der Wanne baden werden?» fragte Bobs in einem Ton, aus dem scheue Ehrfurcht klang.

Ich bezweifelte es. Ebbe und Flut würden alle Spuren unserer Schiffsseife fortspülen, aber keine Welle konnte die Bucht von der Verunreinigung durch unsere Anwesenheit säubern. Selbst vor dem Hafen mußte ihnen grausen, solange wir dort vor Anker lagen. Davon wurde ich mehr und mehr überzeugt.

«Wir müssen von hier fort», sagte ich zu Robert, als wir an Bord der «Yakima» kletterten. «Ich habe mein Hemd in der Badewanne eines Engländers gewaschen.»

Der Captain erstarrte. Er weiß aus Erfahrung, daß ich zu allerlei seltsamen Dingen fähig bin, aber diese Angelegenheit erforderte eine Erklärung.

Nachdem er sich ausgelacht hatte, spottete er über meinen Entschluß, den Hafen zu verlassen. Verdruß mit Nachbarn, erklärte er, gebe es nicht im Seemannsleben.

«Weil es so leicht ist, die Nachbarschaft zu wechseln», sagte ich.

Schließlich taten wir das denn auch. Wir nahmen den Anker auf und fuhren weiter, bis wir eine Bucht ohne Haus an der Küste fanden. Dunkelheit herrschte, wir waren müde, es wurde spät mit dem Essen, und der Captain fand den Vorfall durchaus nicht mehr so lustig.

«Hoffentlich wirst du trotzdem gut schlafen», sagte er.

Diese Bemerkung war das Stichwort für die Neuigkeit, die er mir kurz nach Mitternacht mitteilte, nachdem er mich wachgerüttelt hatte.

«Wir sind auf Grund geraten», berichtete er.

Die rasche Entdeckung dieses Unglücks bewies jedenfalls, daß er das Gewissen eines Captains bekommen hatte. Sogar im Schlaf hatte er dieses erste Starrwerden eines Bootes, dessen Kiel auf einer festen Grundlage ruht, verspürt. Bei seinem jähen Sprung aus der Koje hatte sich das Boot um einige Zentimeter geneigt, um dann nicht mehr zurückzuschwingen. Das Gleichgewicht des für das Wasser geschaffenen Fahrzeugs war dahin.

Binnen zwei Sekunden war ich mit ihm an Deck, wo er sich sofort daran machte, das Schiff mittels einer langen Stange abzustoßen. Ich beteiligte mich an dieser Unternehmung, indem ich mich mit einem Riemen abmühte, aber wir waren weit davon entfernt, auch nur den geringsten Erfolg zu verzeichnen. Die «Yakima» rührte sich nicht.

«Könnte der Motor nicht vielleicht helfen?» fragte ich.

«Möglich», antwortete er. «Aber ich muß mich erst vergewissern, daß es achtern kein Hindernis gibt.»

Von seiner Erkundungsfahrt im Ruderboot brachte er die Nachricht mit, daß wir in eine Untiefe aufgelaufen waren, jedoch nur vorn festsaßen.

«Es wäre besser, Bobs zu wecken», meinte er, als er hinunterging, um den Motor anzulassen.

Bobs saß aufrecht in ihrer Koje und betrachtete uns mit erstaunt aufgerissenen Augen. Der Motor half nicht. Wir saßen tüchtig fest, und es wurde mit jeder Minute schlimmer, da Ebbe herrschte. Robert stellte den Motor ab.

«Wir ziehen uns besser an», sagte er. «Wir wollen im Ruderboot hinausfahren.»

Bobs und ich folgten dieser Anordnung. Die Tatsache, daß wir mitten in der Nacht ein kleines Rettungsboot besteigen sollten, stimmte so vollkommen mit der Vorstellung von einem Schiffbruch überein, daß wir uns unwillkürlich aufs äußerste beeilten. Ich ergriff die ersten Kleidungsstücke, die mir in die Hände fielen. Bobs zog ebenfalls eine merkwürdige Zusammenstellung an.

«Nehmt warme Kleider», riet der Captain. «Ihr müßt vielleicht durch meterhohes Wasser waten.»

Er wollte uns damit nur an unvorhergesehene Zwischenfälle erinnern, aber die Wirkung seiner Worte auf Bobs war geradezu erschütternd. Schweigend beendete sie ihre Toilette. Als sie dann fertig ausgerüstet dastand, in Stiefeln, wasserdichten Überhosen und Regenmantel, sagte sie plötzlich: «Ihr könnt beide durch meterhohes Wasser waten. Aber was tu ich darin?»

Diese durchaus vernünftige Frage gab uns wieder Mut. Wir lachten fröhlich, als wir ins Boot stiegen, aber dann sah die Sache plötzlich gar nicht mehr so spaßig aus. Ich machte mir Gedanken, ob wir nun unser Schiff verloren hätten, und erkundigte mich bei Robert, was wir eigentlich mit uns führten.

«Geld, Reiseschecks und eine Taschenlampe», lautete die Auskunft.

Das klang ernst. Mir fielen verschiedene Dinge ein, die wir vielleicht benötigen würden. Dazu gehörten auch Nahrungsmittel, aber Robert lehnte meinen Vorschlag, umzukehren, ab. «Unser eigenes Gewicht genügt», meinte er.

Wir ruderten um unser aufgelaufenes Schiff herum. In der Dunkelheit konnten wir nicht viel sehen, aber wir wußten, daß die «Yakima» vorn und mittschiffs festsaß. Da das Wasser auf der Backbordseite tiefer war, schlossen wir daraus, daß die Untiefe schräg verlief. Mit schweren Balken würde sich das Boot wohl abstoßen lassen. Das Ufer, an dem wir auf die Suche gingen, versprach nicht viel, doch fanden wir teils gefühlsmäßig, teils mit der Taschenlampe einige Stücke Treibholz. Sie waren von verschiedener Länge, und Robert hielt sie für zu zerbrechlich, als daß sie irgendwelche Dienste leisten könnten. Für mich bedeutete allein die Tatsache, daß wir sie überhaupt fanden, einen Trost. Wir taten etwas, um unser Schiff zu retten.

Wir trugen das Treibholz zum Rettungsboot. Ich flehte Robert an, sich zu beeilen, als wir plötzlich ein fürchterliches Gepolter vernahmen.

Die «Yakima» hatte sich auf die Seite gelegt. Konservenbüchsen, Geschirr, Töpfe, kleine und große Gegenstände rasselten, klapperten und klirrten im Innern des Schiffes. Sämtliche Schränke schienen aufgesprungen zu sein. Nach einem Augenblick der Stille hörten wir einen schweren Schlag, gefolgt von einem metallischen Klirren.

«Was ist da wohl noch umgestürzt?» fragte Bobs.

Es hatte geklungen, als wäre es der Herd oder sogar der Motor gewesen. Wir ließen das Treibholz im Stich und ruderten wieder hinaus. Im Schein der Taschenlampe betrachteten wir die «Yakima», wie sie da auf der schrägen Untiefe lag, die jetzt nicht mehr vom Wasser bedeckt war. Alle Hoffnung, daß wir noch helfen könnten, war vergangen. Sie mußte selbst eine Gelegenheit wahrnehmen.

Es ist eine große Frage, wie sich ein Schiff benehmen wird, wenn es gestrandet ist. Es gibt Schiffe, die einfach untätig und faul daliegen und sich mit Wasser füllen. Andere richten sich mit der steigenden Flut wieder auf. Die «Yakima» hatte einen Tiefgang von fast einem Meter. Dadurch war ihre gute Lage im Wasser bedingt, die einen ihrer größten Vorzüge bedeutete, sich jetzt aber als schwere Hemmung erwies. Das gleiche galt für die lange Plicht, die sehr verwundbar aussah, als das Schiff auf der Seite lag.

Ich fragte Robert, ob die «Yakima» seiner Meinung nach irgendwelche Aussichten habe, mit der Flut wieder freizukommen. Aber er war sich darüber auch nicht im klaren.

«Und wenn sie sich mit Wasser füllt?» fuhr ich fort.

«Dann sackt sie ab», erwiderte er.

Noch immer herrschte Ebbe. Es würde noch mehrere Stunden dauern, bis die Flut kam und wir sehen konnten, was sie ausrichtete. So begaben wir uns wieder an Land und entzündeten ein Feuer, das ebenso verzagt war wie wir selbst. Ich brach ein langes Schweigen mit der Frage, ob wir versichert wären.

«Das ist der geeignete Augenblick, um an so was zu denken», antwortete der Captain.

Auf diese Weise erfuhr ich, daß das Boot nicht versichert war.

Mit dem Takt des Untergebenen hatte ich es vermieden, nach der Ursache unseres Mißgeschicks zu forschen. Ich vermutete, daß ein Berechnungsfehler in der Frage des Gezeitenwechsels vorlag. In meinen Augen war ein mathematischer Irrtum ebenso unabwendbar wie jedwede Schicksalsfügung und enthob den Captain aller Schuld.

Aber Robert suchte offensichtlich nach einer andern Erklärung, denn beim ersten Tagesgrauen unternahm er mit dem Ruderboot eine Erkundungsfahrt. Als er zurückkehrte, fragte ich ihn, warum wir auf Grund geraten wären.

«Weil du dein Hemd in der Badewanne eines Engländers gewaschen hast», lautete seine Antwort.

«Nein», sagte ich, «ich meine, was wirklich geschehen ist?»

«Du hast es ja gehört», beharrte er. «Nachdem wir endlich diesen Hafen gefunden hatten, wurde ich – müde wie ich war – nachlässig, ließ die Ankerkette zu weit auslaufen und irrte mich in der Schätzung der Entfernung unseres Ankerplatzes von der Untiefe. Dann kam der Wind auf und blies uns in die Untiefe hinein. Alles wegen deines Hemdes.»

«Und dabei ist es nicht einmal sauber geworden», sagte ich betrübt.

Einige Tage früher, als ich mich mit rätselhaften Gezeitentabellen herumschlug, hatte ich ihn gefragt, wie er eigentlich mit den Gezeitenproblemen fertigwerden wolle. Er hatte geantwortet, daß er beabsichtige, Mathematik, gesunden Menschenverstand, Versuche und Irrtümer zu mischen, und daß er diese Nuß schon knacken werde.

MUIR INLET
MUIR GLACIER
TAKU RIVER
TAKU GLACIER
JUNEAU INLET
ALASKA
ADMIRALTY ISLAND
CHICHAGOF ISLAND
BARANOF ISLAND
SITKA
LE CONTE GLACIER
WRANGELL
KETCHIKAN
BRI
ALASKA
BRITISH COLUMBIA
DIXON ENTRANCE
MILBAN
PACIFIC OCEAN

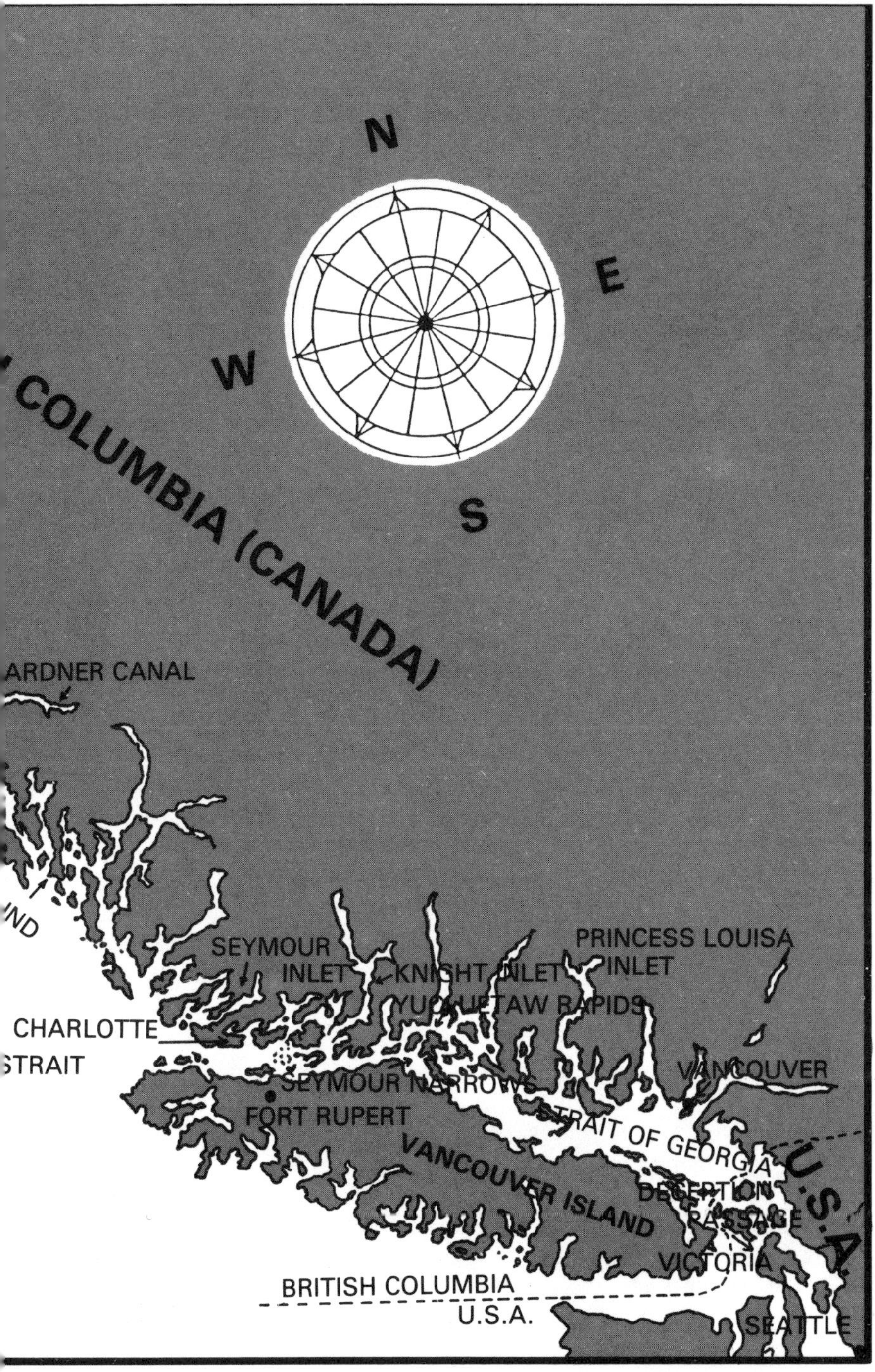

N
E
W
S
COLUMBIA (CANADA)
ARDNER CANAL
ND
SEYMOUR
INLET
KNIGHT INLET
PRINCESS LOUISA
INLET
YUCULTAW RAPIDS
CHARLOTTE
STRAIT
SEYMOUR NARROWS
FORT RUPERT
VANCOUVER
STRAIT OF GEORGIA
VANCOUVER ISLAND
U.S.A.
DESERTION
PASSAGE
VICTORIA
BRITISH COLUMBIA
U.S.A.
SEATTLE

Auf diese Bemerkung bezog sich mein Versuch zu scherzen: «Nun haben wir eine Nuß zu knacken.»

«Wir haben aber wenig Aussicht, daß es gelingt.»

Sein Ton war trocken. Ich wußte, daß nicht nur der finanzielle Verlust zählte. Er war schlimm genug, aber auch gefühlsmäßige Werte wurden in Mitleidenschaft gezogen. Wir hatten schon den Plan gefaßt, später ein größeres Boot zu erwerben und wirklich im Norden umherzustreifen. Jetzt dachte ich mit einiger Besorgnis daran, was wohl aus diesem größeren Wagnis werden würde, wenn schon diese erste Fahrt so bald und so unheilvoll endete – mit der Demütigung eines Captains, der sein Schiff verloren hatte.

Mit dem ersten rosenroten Schimmer des Sonnenaufgangs begann die Flut die Untiefe, auf der die «Yakima» lag, zu belecken. Robert meinte, daß wir vom Rettungsboot aus besser zuschauen könnten, und so ruderten wir hinaus. Unsere Anstrengungen, ein Gespräch in Gang zu bringen, vermochten unsere Spannung nicht zu verbergen. Jeder wußte, daß der andere bloß sprach, weil das Schweigen die Minuten der Angst nur noch verlängerte. Bobs saß im Bug. Erst als wir ihre gefaßte Miene sahen, wurde uns bewußt, was dieser Sommer ihr bedeutet hatte. Keiner von uns war sich klar darüber gewesen, wieviel wir uns von der Fahrt versprochen hatten, bis das Ende drohte. Ein sehr trauriges Trio saß da und blickte auf die Plicht, während die Flut höherstieg.

Als das Wasser nur noch wenige Zentimeter vom Rand des Schiffsrumpfes entfernt war, schaute ich fort. Ich wollte nicht sehen, wie die Flut unser Schiff überspülte. Ich malte mir den Augenblick aus, wenn die «Yakima» abtreiben und absacken würde, und ich war sicher, diesen Anblick nicht ertragen zu können. Da plötzlich drang Roberts frohlockender Schrei an mein Ohr: «Sie richtet sich auf!»

Die Backbordseite hob sich, langsam aber unablässig. Wir ruderten näher heran und feuerten die «Yakima» mit ermutigenden Worten an. Eine neue Zärtlichkeit schwang in unserem Ton. Robert vergab ihr die lange Plicht. Er erinnerte sie daran, daß sie von einem erstklassigen Schiffsbauer konstruiert worden war, und nannte sie mehrere Male ein gutes Mädchen. Das half der «Yakima» nicht im geringsten, aber es war eine Erleichterung für unsere Spannung, während wir beobachteten, wie sie darum kämpfte, ihren Kiel aufzurichten und frei zu schwimmen.

Als wir endlich wieder an Bord waren, fanden wir ein wahres

Schlachtfeld vor. Zwar hatte sich weder der Herd noch der Motor vom Platz gerührt, doch hatten sich alle übrigen Ausstattungsstücke dafür um so toller aufgeführt. Wir entschieden, daß der letzte dumpfe Schlag von der Herdtür hervorgerufen worden war. Sie war auf einem Haufen Blechgeschirr gelandet.

Die Kombüse zeigte uns, was geschieht, wenn ein vollgestopftes Schiff umkippt. Die Lektion war immerhin billig, denn sie wirkte viele Jahre hindurch nach und rettete zahlreiche Dinge vor der Vernichtung, wenn wir schweren Seegang hatten. Der Küchenschrank sah aus, als hätte ein Riese ohne jegliche Hemmung sich ein Mahl zusammengesucht. Eine Ölkanne hatte ihren Inhalt mit dem eines Honigtopfs gemischt, um dann mit getrockneten Früchten, Essiggurken, Seifenpulver und Gewürzen einen appetitlichen Brei zu bilden. Eine Flasche Kapern fügte die letzte pikante Note hinzu. Ein Topf mit eingelegten Eiern, der sich fessellos hatte treiben lassen, war dem Mehl nicht sehr gut bekommen: der Omelettenteig tropfte langsam zu Boden.

Wir drei versammelten uns auf der Brücke.

«Was tut man», fragte der Captain, unsere Autorität in Sachen Schiffsetikette, «wenn auf See ein Unglück passiert ist?»

Und Bobs, die einen kleinen Privatvorrat an Ingwerbier besaß, erwiderte ohne zu zögern: «Man bricht einer Flasche den Hals.»

FÜNFTES KAPITEL

Wir sind keine Holzschlepper

Da unser Schiff im ersten Hafen von British Columbia beim Zoll deklariert werden mußte, vertäuten wir es am Anlegeplatz des Hafens Nanaimo, worauf sich die gesamte Mannschaft zum Verwaltungsgebäude begab. Das war – wie uns bedeutet wurde – gesetzwidrig, denn die Mannschaft darf ein undeklariertes Schiff nicht verlassen. Ich hatte Zeit, diesen Formfehler zu bedauern, weil die Beamten die Schiffspapiere, die der Captain zaghaft auf das Pult gelegt hatte, lasen und wieder lasen und nochmals lasen. Ich staunte darüber, daß ein Sechs-Tonnen-Boot der Zollbehörde so viel Kopfzerbrechen bereitete. Schließlich verlangte Großbritannien den Zweck unserer Fahrt zu wissen.

Der Captain zögerte, da er die Frage für eine Falle hielt, doch ich war gleich bereit, erschöpfende Auskunft über unsere Vergangenheit und unsere Zukunftspläne zu geben. Ich war gerade im besten Zug, als der Beamte rasch: «Hals- und Beinbruch!» sagte, das Schriftstück stempelte und es uns hinschob.

Jetzt durften wir uns rechtsgültig an Land ergehen. Wir kauften neues Geschirr und neue Vorräte ein, um die in der Kombüse verursachte Verwüstung zu ersetzen, dazu einen kleinen Vorrat an Alkohol für den Sommer. Der Captain war der Meinung, daß eine Fünfliterflasche Rum uns sehr helfen würde, Küstenfreundschaften zu untermauern, und ich gedachte unsere Rückkehr nach Kanada mit schottischem Whisky zu feiern.

Kaum waren wir zum Empfang von Gästen ausgerüstet, da tauchte auch schon der erste Besucher auf. Der Kopf eines mittelgroßen, weißen Hundes erschien in einem Kajütenfenster und beäugte uns. Ein schwarzer Fleck über dem einen Auge gab ihm eine heitere Note. Lustig schien er zu fragen: «Nun, wie wär's?»

Unser Gelächter ließ ihn blindlings in die Kajüte springen, wo er sich sogleich zum Küchenschrank begab und offenherzig um eine Gabe bat. Er sprach es zwar nicht gerade aus, daß er seit Monaten vergebens Arbeit zu finden versucht hatte, doch deutete sein klagender Blick solch eine Geschichte an.

«Vielleicht ist er herrenlos», meinte der Bootsmann hoffnungsvoll.

Obwohl der Hund den Rest des San Juan-Schaffleischs mit freudigem Schwanzwedeln in Empfang nahm, fraß er es nicht etwa wie ein ausgehungertes Tier, und ich hegte schon den Verdacht, daß er kein lohnendes Objekt für Wohltätigkeit wäre, als wir plötzlich das Geräusch eines herannahenden Bootes hörten. Unser Besucher spitzte die Ohren, beendete seine Mahlzeit mit plötzlicher Hast, sprang davon, hielt auf der Kajütentreppe einen Augenblick an, um nochmals einen kurzen Dank mit dem Schwanz zu wedeln, und verschwand. Ganz offensichtlich hatte er eine Verabredung.

Als wir den Landungssteg erreichten, kümmerte er sich überhaupt nicht um uns, sondern blickte nur dem näherkommenden Boot entgegen. Noch bevor es vertäut war, verschwand er schon im Steuerhäuschen.

«Natürlich hatte er es eilig», sagte Robert. «Er erkannte das Schiff seines Herrn.»

Dieses Zeugnis hündischer Ergebenheit wurde augenblicklich zerstört, als unser weißer Hund mit einem Knochen wiederauftauchte. Er schnitt uns völlig, während er dem Ufer zutrottete. Ein Mann steckte den Kopf zum Steuerhäuschen heraus und lachte. «Das ist der Hafenbettler», sagte er. «Seit Jahren betreibt er sein Geschäft auf den Schiffen.»

Bobs machte den Vorschlag, den Hund zu adoptieren, aber sie gab diesen Plan gleich wieder auf, als sie erfuhr, daß schon manch ein Bootsbesitzer versucht hatte, ihm ein Heim zu bieten, und ihn mitgenommen hatte. Stets war er früher oder später wieder zum Landungssteg zurückgekehrt, um sein Bettelleben weiterzuführen, und jetzt wurde er als das hingenommen, was er wirklich war: der reizendste Lumpenhund, der jemals auf Grund seiner unwiderstehlichen Persönlichkeit sein Leben verdiente. Die Schiffer hoben Knochen und Reste für ihn auf, und diese Gaben wurden gewissermaßen als Zoll aufgefaßt.

«Sie können mir glauben», sagte der Captain des neu angekommenen Bootes, «dieser Hund weiß ganz genau, wo es das beste Essen gibt. Wenn er nicht zu uns an Bord gekommen wäre, hätte die Mannschaft über die Verpflegung zu murren angefangen.»

Am frühen Nachmittag fuhren wir in die Strait of Georgia hinein. Da aber ein starker Nordwind blies, wollte der Captain die vor uns liegende Fünfstundenfahrt nicht beginnen, denn niemand wußte, was mit dem Wind werden würde, bevor wir einen schützenden Hafen erreichten. Mein Einwand, daß es sich nur um den gewöhnlichen Nachmittagsnordwest handelte, stellte nicht etwa einen Versuch dar, als Wetterprophet aufzutreten, sondern ich brachte ihn nur vor, weil ich von jeher eine tiefe Abneigung gegen jegliche Umkehr hatte.

«Wenn Vancouver drüben in der Departure Bay warten konnte, können wir es auch», sagte Robert, indem er den Bug der «Yakima» zurück zum Hafen wendete.

Ich fühlte, daß meine Kühnheit schwand, als wir zwei große Schlepper vor Anker fanden, die ihre Baumstämme hüteten. Aufsteigender Rauch war außer weißbeschürzten chinesischen Köchen, die ab und zu mit Küchenabfällen an Deck erschienen, das einzige Lebenszeichen an Bord. Ich hätte mich gern über die Wetteraussichten unterhalten, doch mußte ich mich bis zum Abend gedulden, da erst dann ein Mitglied der Mannschaft auftauchte.

Wir ruderten im Rettungsboot hinüber. Der Mann, der an der Reling lehnte, beantwortete unsere Fragen. Der Nordwest, so belehrte er uns, konnte sich in der Nacht legen, aber auch drei Tage andauern. Im übrigen interessierte er sich für den Wind ebensowenig wie für uns. Seine ganze Art und Weise ließ uns vermuten, daß wir keinerlei Möglichkeit hatten, die Wetteraussichten zu beurteilen, und alles Kommende hinnehmen mußten.

Schließlich entriß Robert dem Mann das Zugeständnis, daß die Strait of Georgia an diesem Tag kein geeigneter Aufenthaltsort für uns wäre, und als wir zurückruderten, schmunzelte er still vor sich hin. Ich konnte mir die Bemerkung nicht versagen, daß das Holzschleppen offenbar recht träge mache.

«Sogar du würdest an Bord eines Schleppers gelassen sein», gab Robert mir zur Antwort. «Wenn du bei zwei Meilen Reisegeschwindigkeit in der Stunde den ganzen Tag hindurch immer denselben Punkt vor der Nase hast, mußt du die nötige Ruhe in dir haben, sonst wirst du verrückt.»

Der Wind legte sich in der Nacht nicht und auch nicht am nächsten Tag. Die Schleppermannschaft erteilte uns eine Lektion in Geduld: sie kam nicht einmal an Deck, um nach dem Wetter zu sehen. Diese verschlafenen Kerle wurden mir immer unsympathischer, denn Robert hielt sie mir immer wieder als Musterbeispiel für tadelloses Benehmen an Bord vor.

Zum erstenmal waren wir drei an die «Yakima» gefesselt, ohne daß die Lust am Fahren die Stunden würzte. Ich verbrachte den ersten Tag unserer Gefangenschaft in einer wahren Arbeitsorgie.

Die langen Kästen unter den Kojen waren mir als ein äußerst günstiger Aufbewahrungsort für Lebensmittel erschienen, bis ich entdeckte, daß wir die Kajüte beinahe auseinandernehmen mußten, um einen plötzlich benötigten Vorrat zu finden. Nun ordnete ich um. Eingesottene Butter, Grapefruits, Öl und Fett und alles, was besser an einem kühlen Ort aufbewahrt wird, wurde unterhalb der Luken verstaut. Die großen Schränke in der Kombüse wurden in einen Tag-für-Tag-Laden verwandelt, dessen Inhalt jeweils aus dem Hauptlager unter den Kojen ergänzt werden sollte.

Ich schrieb genau auf, wo jedes Stück untergebracht war, voll Stolz, daß ich dabei meine Kenntnis nautischer Bezeichnungen zur Anwendung bringen konnte: Backbord, Steuerbord, Vorderdeck, achtern, mittschiffs. Den ganzen Tag war ich auf diese Weise beschäftigt, aber dafür würde ich nun nie mehr dazu verdammt sein, den Eßtisch abzuschrauben, ihn am Schott zu befestigen, die oberen Kojen höher anzuketten, die unteren hochzuheben und in einer vielfältigen Sammlung von Tüten und Behältern herumzusuchen, nur weil uns zur Unzeit der Zucker ausgegangen war.

Den zweiten Tag unserer Gefangenschaft verbrachte ich in der Hauptsache damit, in die Wasserstraße hineinzustarren, während der Bootsmann und der Captain sich über mich lustig machten.

«Mutter glaubt, sie könne den Wind bannen, wenn sie ihn anschaut», raunte Bobs ihrem Vater zu.

Das Betragen der beiden war ebenso verdrießlich wie das der Schleppermannschaft. Sie wickelten ein Fenderseil um das Dollbord des Ruderboots, dann übte Bobs sich im Rudern, während Robert im Heck saß und ihr Ratschläge erteilte. Sie brachten das Segelschiff in die Kajüte und ergingen sich in langen Gesprächen über die Takelung. Sie streckten sich in den Kojen aus und lasen. Und sie redeten stundenlang. Ihr ganzes Benehmen verriet, daß der Nordwest auf sie keine Rücksicht zu nehmen brauchte, mochte es ihm nun gefallen, einen Tag oder sieben Tage zu blasen.

Ich begann mir schon Gedanken darüber zu machen, ob ich überhaupt zu dieser Familie paßte, als der Wind sich am dritten Tag plötzlich legte. Darüber geriet ich in freudig erregte Stimmung. Der Captain aber blickte zu den Schleppern hinüber, die durch keinerlei Anzeichen verrieten, daß sie in See zu stechen gedachten. «Ich möchte wissen, warum sie nicht losfahren», sagte er, als ob ihre Gründe für uns bestimmend wären.

«Sind wir Seefahrer oder Holzschlepper?» fragte ich.

«Du wirst schon sehen, wie sehr wir Seefahrer sind, wenn wir uns erst in der Strait of Georgia befinden», antwortete er.

Er ließ den Motor an und lichtete den Anker in jener Wart's-nur-ab-Art, die Männer anzunehmen pflegen, wenn sie ihre Meinung über weibliche Logik äußern wollen. Wir fuhren ab. Nach drei Stunden begann er mir fast leid zu tun. Außer einer sogar höchst beglückenden Grundsee war das Meer ruhig.

Plötzlich kam der Wind aus Südosten, nach der kurzen Ruhe noch heftiger blasend. Kein Wunder, daß die Schlepper vor Anker geblieben waren. Ich wünschte mir, ich wäre ein Holzschlepper und kein Seefahrer.

«Ich sagte dir ja, daß die Wasserstraße eklig werden kann», bemerkte der Captain. «Es wird eine Stunde dauern, bis wir einen Schlupfwinkel finden.»

Der Nordwest hatte heftig und stetig und anständig geblasen. Dieser Wind aber kam stoßweise und wirbelte das Meer auf. Es war zu gefährlich, bei diesem Wellengang eine Schwenkung zu vollführen, und wir nahmen geraden Kurs.

Sehnsuchtsvoll blickte ich zur Küste hinüber. In einem Boot kann man nichts anderes tun als fahren.

«Schiffe sollten Flügel haben», meinte ich.

«Bevor wir das Festland erreichen, wirst du glauben, daß dies der Fall ist», gab Robert zur Antwort.

Als wir auf einen Wellenberg gehoben wurden, sah ich, wie sich die Brandung an dem steilen Landvorsprung einer Insel brach. Der Gischt benäßte die verkümmerten Tannen, die oben aus dem rissigen Felsgestein wuchsen. Der unablässige Anprall des Meeres an diesen Felsen sagte mir deutlich, in was wir da geraten waren.

Unsere Geschwindigkeit steigerte sich, und der Captain hatte am Steuerrad hart zu kämpfen. Unser Kurs war nach Backbord, aber wir konnten uns nur zwischen den höheren Wellen seitwärts bewegen. Sie wurden so hoch, daß wir ihnen von vorn und mit halber Motorkraft begegnen mußten. Der Captain hatte keinen Augenblick Ruhe, und ich beobachtete, daß er dieselbe Technik anwendete, die er mir beigebracht hatte, wenn es sich darum handelte, im Kanu einer Gegensee zu widerstehen.

Bobs und ich saßen in der Plicht, beide ein Opfer jener seltsamen Hypnose, der man verfällt, wenn man beobachtet, wie die schäumenden Wellenberge am Rumpf entlangzischen und achtern niederfallen. Ich fing gerade an, den Anblick zu genießen, als Robert mich zu sich rief. «Nimm das Rad», befahl er. Ich machte nicht einmal den Versuch, Eifer zu zeigen.

«Schau zu, daß das Schiff langsam geht», sagte er, «solange ich noch hier bin und dir helfen kann.»

Bis jetzt hatte ich gar nicht daran gedacht, daß ein Zweimannboot große Nachteile haben kann. Jede Schwierigkeit mit dem Motor würde mich von selbst allein ans Steuerrad bannen. Und was geschah inzwischen mit Bobs? Eine große Welle konnte die kleine Gestalt mit Leichtigkeit über Bord spülen. Ich sagte das Robert.

«Bobs!» rief er. «Komm auf die Brücke.»

Ich steuerte nach den Anweisungen meines Lehrmeisters.

«Langsam», mahnte er. «Paß auf die große Welle da auf! Geh sie quer an!»

Allmählich begriff ich, glücklicherweise, denn kaum war ich mit meiner Aufgabe etwas vertraut, als der Motor zu stottern anfing. Der Captain verschwand. Einen Augenblick später tauchte sein Kopf wieder auf. «Wenn ich den Motor stoppen muß, beginnt ein schöner Tanz», sagte er. «Aber hab keine Angst!»

Ich hatte weder Zeit noch Kraft, Angst zu haben. Es gibt kein besseres Mittel gegen Furcht als eine wirkliche Schwierigkeit, und mir wurde klar, woher es unter anderem kommt, daß sich die Passagiere eines Schiffes bei einem Sturm so viel mehr ängstigen als die Mannschaft.

An der Zahl der Wellen gemessen, mit denen ich mich auseinanderzusetzen hatte, blieb Robert sehr lange fort. In Wirklichkeit waren es nur ein paar Minuten.

«Die Sache hat sich von selbst erledigt», berichtete er. «Hast du genug?»

«Mehr als genug!» erwiderte ich.

Immerhin war es gut zu wissen, daß ich das Boot bei schwerer See zu steuern vermochte, und nachdem der Captain mich gelobt hatte, wurde ich überheblich. «Nach einer Weile kannst du mich wieder ans Steuer lassen», sagte ich leichthin. «Ruf mich, wenn du müde bist.»

Dann saß ich mit Bobs in der Plicht und hoffte inbrünstig, Robert möge nicht müde werden. Der Wind nahm mit jeder Minute zu. Die «Yakima» war für ein solches Dasein nicht geschaffen; sie wurde hochgeschleudert, um dann in einen Abgrund zu fallen. Das Ruderboot im Schlepp folgte verbissen. Wenn wir auf einen Kamm gehoben wurden, lag es tief unter uns, den grünen Wasserhügel wie ein erschöpftes Pferd erklimmend. Wenn wir in die Tiefe geschleudert wurden, ritt es hoch über unseren Häuptern. Bobs und ich lachten über seine Kapriolen, aber da drehte sich der Captain nach uns um. Nur einen Blick warf er auf das kleine Boot, das gerade über uns hing, und schrie: «Macht, daß ihr da fortkommt! Wollt ihr, daß das Boot auf euren Köpfen landet?»

Maat und Bootsmann waren traurig, daß der kleine Spaßmacher in Gefahr war und noch dazu eine Gefahr bedeutete. Wir setzten uns neben den Captain und beobachteten, wie die graugrüne See rollte. Der Wind trug den weißen Schaum mit Gelächter davon. Es klang boshaft, dieses Gelächter.

Doch als die «Yakima» dann um einen Landvorsprung fuhr, hörte plötzlich alles auf: der Lärm, die Verwirrung, der ganze Wirbel. Ich blickte nach achtern, um festzustellen, ob der Wind überhaupt noch wehte. Jenseits des Landvorsprungs rollten die schaumgekrönten Wellenberge noch immer nordwärts.

«Von nun an werde ich mich wie ein Holzschlepper verhalten», bekannte ich.

Robert war erschöpft, aber er sah glücklich aus. «Das war gar nichts», erklärte er. «Ein Schiff, das nicht durchgeschüttelt worden ist, war überhaupt noch nicht auf See.»

Die «Yakima» war entschieden auf See gewesen. Und ihre Mannschaft hatte immerhin bewiesen, daß sie aus Seefahrern und nicht aus Holzschleppern bestand.

SECHSTES KAPITEL

Auch von Krähen kann man lernen

Norwegische Fischer hatten uns gesagt, daß die Inlets von British Columbia noch schöner seien als die Fjorde ihrer Heimat. Nur wenige Menschen können diesen Ausspruch bestreiten, da außer unseren Fischerfreunden nur wenige sowohl die Inlets als auch die Fjorde erblickt haben. Die norwegischen Fjorde sind fern, und die Küste von British Columbia nahe dem nordwestlichen Winkel der Vereinigten Staaten ist eine der sehenswertesten Küstenlinien der Welt. Doch wir waren in Inlets, die noch nie von Reisenden besucht worden sind.

Die Geologen haben festgestellt, daß sich diese Küste einst viel weiter in den Stillen Ozean hinaus erstreckte: Wahrscheinlich verlief die Küstenlinie damals etwa tausend Meilen nördlich vom Puget Sound. Ihre Berge waren zu jener Zeit viel höher als heute. Ganz außen erhob sich vermutlich eine Kette hoher Gebirge aus dem Meer. Dahinter lag eine tief eingeschnittene Tallandschaft und hinter dieser eine zweite noch höhere Gebirgskette mit tiefen, engen Schluchten, die von alten Flüssen in die Felsen gefressen worden waren. Vor der letzten Eiszeit sank dann die ganze Küste ins Meer, und das Wasser flutete in die Täler und Schluchten. Die äußere Gebirgskette wurde ein großer Archipel, der vom Puget Sound bis nach Südost-Alaska reicht, und die frühere Tallandschaft ist heute die Inside Passage. Die hohen Berge sind zu Inseln geworden, und der Raum zwischen den Gipfeln bildet ein bezauberndes Netzwerk von Wasserstraßen, Kanälen, Sunden, Buchten und Meeresarmen.

Auch die zweite große Gebirgskette im Innern des Landes sank, aber die Berge erlaubten dem Meer nur, die schroffwandigen Schluchten der alten Flüsse an sich zu nehmen. Heute sind diese Schluchten lange Inlets. Das Meer ist hereingeflutet, doch die Berge sind geblieben. Sie erheben sich heute senkrecht aus der See, so daß man ein Schiff an den Felsen wie an einem Kai vertäuen kann. Man verläßt das Deck und beginnt sogleich zu klettern.

Als wir durch das schmale, gewundene Jervis Inlet fuhren, schien das Meer die Berge vor uns zu teilen. Sie erhoben sich geradeswegs aus dem Wasser, bewaldet, mit schroffen Felswänden, die mit bronzefarbenem Moos bewachsen waren. Über ihre glitzernden Schneegipfel zogen dunkle Wolkenschatten. Die näheren Gipfel verschmolzen mit den ferneren, meist höheren Bergen, doch war ihr uns zugewandtes Antlitz vollkommen. Scharfe Spitzen und Zacken stachen in die Wolken, und von dort aus führten ungeheure Steilabfälle bis zum Meeresspiegel, in langen, abschüssigen Flächen, die unsere Augen von Anfang bis zu Ende verfolgen konnten.

Noch nie hatte ich bis dahin einen Berg in seiner Gänze gesehen. Angesichts solch überwältigender Majestät mußte meiner Meinung nach selbst der «Küstenführer» klein beigeben und in Tönen des Überschwangs sprechen. In der Hoffnung, ihn einmal bei etwas weniger pessimistisch klingenden Sätzen zu erwischen, öffnete ich das Buch und stellte fest, daß es das Jervis Inlet als «remarkable», als bemerkenswert bezeichnete. Das war immerhin ein Triumph, bis Robert mich darüber aufklärte, daß der «Küstenführer» damit nur sagen wolle, das Jervis Inlet sei nicht zu übersehen.

Als wir weiterfuhren, beherrschten die hohen Berge das Bild immer mehr. Wir blickten zurück und sahen, daß die Strecke, die wir durchfahren hatten, nicht mehr sichtbar war. Das Gebirge hatte sich hinter uns zusammengeschlossen. Das bißchen Meer war von inneren Bergen umgeben, abgeschnitten vom weiten Ozean, jedoch noch ein Teil von ihm. Der Geruch des Salzwassers lag in der Luft. Die Flut hatte ihre Spuren an den Felswänden zurückgelassen und verlieh ihnen etwas Bewegtes. Das blaue Meer lag da, ein siegreicher Eindringling, doch ein Gefangener. «Das . . . das . . .» Ich versuchte Worte zu finden, aber dann wurde ich ebenso wortarm wie der «Küstenführer».

«Du wirst noch mehr staunen», sagte Robert. «Wir haben noch einen ganzen Sommer vor uns, dies ist erst der Anfang.»

Wir befanden uns auf dem Weg nach Princess Louisa, einem Inlet, das mit dem Jervis Inlet durch eine Bergschlucht verbunden ist, die am äußeren Ende von Felsen und Inseln verstopft wird. Der «Küstenführer» gab die Geschwindigkeit der Strömung am Eingang mit neun Knoten an und erwähnte nichts von einer scharfen Krümmung.

Man hatte uns von der Schönheit des Princess Louisa Inlets vorgeschwärmt, aber ich war überzeugt, daß es nicht mit dem, was wir verließen, zu vergleichen wäre.

Die Stromschnellen am Eingang stellten einige Anforderungen an die Schiffsmannschaft. Wir waren so stark damit beschäftigt, die Biegung mit der reißenden Strömung zu nehmen, daß wir erst nach einer Weile aufblickten, und da war es, als hätte sich ein Vorhang gehoben, um eine erstaunliche Naturverwandlung zu enthüllen. Das Yosemite Valley von San Francisco schien vor uns zu liegen, nur daß es mit Wasser bedeckt war.

Wir fuhren durch einen schmalen Spalt zwischen den hohen Bergen, die immer höher wurden; zugleich wurden die steilen Felswände kühner und schroffer, bis die Schneekappen beiderseits auf etwa dreitausend Meter Meereshöhe lagen. Doch die Höhe ging unter dem Eindruck der Nähe verloren. Es klingt vielleicht lächerlich, in Verbindung mit Bergen von Vertraulichkeit zu sprechen, aber die himmelanstrebenden Massen hatten wirklich durch ihre unmittelbare Nachbarschaft etwas von ihrer Strenge und Herausforderung eingebüßt. Sie waren uns nahe gekommen und beinahe freundlich geworden. Die granitenen Wände schienen fast in Reichweite zu sein. Die bronzefarbenen und altgoldenen Töne des moosbedeckten Gesteins wiederholten sich im Wasser. Das junge Grün des frischen Pflanzenwuchses, der in den Spalten Fuß gefaßt hatte, vertiefte sich durch die Rückstrahlung. Man konnte kaum feststellen, wo das Meer aufhörte und wo die Berge begannen.

Hoch über uns lagen Schneefelder. Zu allen Seiten stürzten Wasserfälle über die schroffen Hänge herab. Einige dieser Fälle erschienen als lange weiße Pfeile auf dem dunklen Hintergrund, andere stäubten in schäumenden Kaskaden von Klippe zu Klippe, aber alle suchten sie das Meer. Hier und da verließ ein blitzender Strahl den Berg, zerstreute sich und wurde vom Sonnenlicht in regenbogenfarbenen Nebel verwandelt, halb Wirklichkeit, halb Traum.

Bobs und ich kletterten in unserer Begeisterung auf das Steuerhäuschen. Dort oben hatten wir eine neue, ruhige Welt um uns. Das Tacken des Motors war viel leiser, und wir vernahmen wie aus der Ferne das Plätschern der Bugwelle. Wir zählten die Wasserfälle, nicht weil wir von Natur Statistiker sind, sondern weil wir die Überfülle gar nicht zu fassen vermochten. Während der letzten zwei Meilen sahen wir zweiundfünfzig.

Wir ankerten am oberen Ende des Inlets bei einem Fluß, der dem Brauch gemäß als Wasserfall in einem triumphalen Absturz von siebzehn Metern Höhe ins Meer mündete. Wir wollten in Sicht- und Hörweite dieses großartigen weißen Vorhangs rasten. Das Inlet ist so tief, daß selbst große Schiffe im Fahrwasser nicht Anker werfen können: Die von dem Fluß abgelagerte Schlammbank bietet den einzigen Grund, den ein Anker erreichen kann.

Diese Bank fällt in einem Winkel von fünfundvierzig Grad ab, und kein senkrecht fallender Anker vermag sich darin festzuhaken. Mr. Willis hatte uns erläutert, wie man das Boot trotzdem sicher verankern konnte, und wir folgten seinen Anweisungen. Robert ließ den Anker fünfzehn Meter tief fallen, und ich steuerte die «Yakima» rasch auf die Küste zu, bis er faßte. Dann befestigte Robert achtern ein Tau, nahm den andern Anker, ruderte das Rettungsboot der Küste zu, verankerte es dort und machte es mit dem Tau an unserem Bug fest.

Jetzt waren wir am Bug und am Heck verankert. Wir konnten nicht an die Küste getrieben werden, denn der schwere Anker hätte dann die steile Bank hinaufgeschleppt werden müssen. Und in die Tiefe vermochte er auch nicht zu sinken, weil das verankerte Rettungsboot dafür sorgte, daß wir nicht von der Bank abgetrieben werden konnten.

So waren wir in Sicherheit und freuten uns an dem Wasserfall. Nach dem Abendessen saßen wir an Deck und sahen zu, wie unsere Welt sich von Helle zu Dunkelheit wandelte. Die Sonne war in unserem tiefen Wassertal schon längst untergegangen. Ihr Licht bildete nur noch eine rosige Krone auf den weißbemützten Gipfeln über einem breiten Band von dunkelblauen Schatten.

«Berge, das Privatschauspiel eines Wasserfalls und ein Boot vor Anker», sagte ich. «Was können wir mehr verlangen?»

«Wenn wir ein Schiff hätten, das groß genug ist, um dauernd darin zu leben, könnte es immer so weitergehen», meinte Robert. «Dann würden wir mit unserem Heim von einem Schauspiel zum andern fahren.» Er schwieg einen Augenblick, dann fügte er hinzu: «Es müßte siebzehn Meter lang sein. Es braucht gar nicht soviel dazu – Geld, Reisen und Arbeit.»

Damit war das Ei ausgebrütet.

*

Wir hatten schon entdeckt, daß an Bord eines Elf-Meter-Bootes regelmäßig Ruhetage eingeschaltet werden mußten. Deshalb wurde der nächste Tag als Ruhetag erklärt. Der Motor verlangte eine Überprüfung, Wäsche mußte gewaschen werden, und wir wollten den Fluß erforschen. Ein neues sportliches Ereignis wurde durch die Krähen angekündigt.

Sie begannen sich kurz nach dem Frühstück zu versammeln. Eine große Abordnung saß in den nächsten Bäumen und unterhielt sich geräuschvoll über eine Frage von öffentlichem Interesse. Andere Krähen kamen dazu, sie flogen geradeswegs zu dem Versammlungsort, stellten augenscheinlich Fragen und erhielten in rauhem Chor Auskunft. Auf jedem Zweig hockten mehrere schwarze Gestalten, und ich wurde ob dieses Schwatzens und Versäumens ganz ungeduldig.

«Wenn sie schon hier sind, warum tun sie dann nicht irgend etwas?» erkundigte ich mich.

Neugier hielt uns an Deck zurück. Wir glaubten schon fast, daß sie nur zur Unterhaltung zusammengekommen waren, als eine Krähe plötzlich einen aufgeregten Schrei ausstieß und zum Ufer flog. Zwei Sekunden später waren ihr alle andern gefolgt. Das Ufer an der Flußmündung war mit Krähen besät.

«Muscheln!» schrie Robert. «Und wir sitzen da und zerbrechen uns den Kopf, worauf die Krähen warten!»

Bewaffnet mit Eimer und Spaten eilten wir den Krähen nach. Am Ufer brachen überall feine Wasserstrahlen aus dem Boden, und als ich begriff, daß jeder Wasserstrahl eine Muschel bedeutete, wurde ich ebenso aufgeregt und zungengewandt wie die Krähen. Robert drehte den Spaten herum. Nicht *eine* Muschel, sondern ein halbes Dutzend Muscheln lag in dem gelockerten Schlamm.

Ich hatte mich für das Muschelsammeln zweckmäßig angezogen: Ich trug Handschuhe und schleppte einen Scheuerlappen mit, um darauf zu knien. Doch beim ersten Blick auf diese Meeresernte geriet ich völlig aus dem Häuschen. Der Scheuerlappen lag vergessen da, ich riß die Handschuhe ab und begann zu buddeln und zu kratzen. Vielleicht krächzte ich auch.

Die Krähen sammelten mit uns Muscheln ein. Robert ruhte seinen Rücken aus und beobachtete sie. «Schaut mal, was diese klugen Vögel tun!» rief er.

Bobs und ich hielten das, was wir sahen, zuerst für einen Zufall, bis eine zweite und dann eine dritte Krähe über einen Felsen flog und eine Muschel fallen ließ. Sobald die Beute aufschlug, stürzte sich der Vogel auf seine Mahlzeit. Wie jedes gute System hatte auch dieses Verfahren einen Fehler. Gangsterkrähen saßen auf den Felsen und warteten. Eine vertrauensvolle Krähe verlor drei aufgebrochene Muscheln an Beutemacher, bevor sie entschied, daß es ihr keinen Vorteil brachte, wenn sie sich als fliegender Kellner betätigte.

Weder die Krähen noch wir verließen das Ufer, bevor die hereinkommende Flut die feinen Wasserstrahlen der Muscheln bedeckte. Dann flogen die Krähen davon, um ihre Orgie auszuschlafen. Wir ließen unsere Muscheln im Eimer, damit der Sand im Wasser zu Boden fiel, und ich vertiefte mich in Rezepte.

*

Am Nachmittag erforschten Bobs und ich die Küste, während der Captain am Motor herumbastelte. Am Fuß des Wasserfalls fand ich einen Waschplatz, der so hübsch war, daß ich in wahre Begeisterung geriet, obwohl ich von Natur keine leidenschaftliche Wäscherin bin. Er lag zwischen lauter Laubwerk. Das Sonnenlicht sickerte durch das zarte Grün der breitblättrigen Ahornbäume, die ein Spitzenwerk über uns bildeten. Die glatten Granitwände, die das Wasser umschlossen, waren mit Moos bedeckt und mit Blumen geschmückt. Glitzernde Libellen schwirrten umher oder ließen sich nieder, um ein Blatt zu zieren. In solch einer Umgebung wird selbst die schwierigste Wäsche zum Vergnügen. Das Ufer sah höchst spaßig aus, als Bettücher, Hemden und Hosen zum Trocknen an den Zweigen hingen.

Nach beendeter Arbeit schwammen Bobs und ich in dem eisigen Wasser unter dem Wasserfall. Heidelbeeren ließen den Entschluß in mir reifen, einen Auflauf zum Nachtessen zu bereiten, aber ich mußte die Ernte allein einheimsen, denn Bobs ließ mich im Stich, um eine Grotte auszukundschaften. Das war der erste in der langen Reihe von moosbewachsenen Schlupfwinkeln, die sie in vielen Häfen fand. Hohe Farnkräuter verbargen den Eingang zu einem Märchenraum, der unter einer großen Zeder versteckt lag. Der Boden hatte einen Nadelteppich, und Dämmerung und Kühle herrschten in der Höhle. Im Hintergrund bildete eine breite Zedernwurzel, die dick mit Moos gepolstert war, ein Lager, von dem man eine Waldnymphe aufspringen zu sehen glaubte.

«Schau nur», flüsterte Bobs, «eine Zwergenhöhle.»

Da begriff ich, daß ich in die Kinderwelt eingedrungen war. Heidelbeeren und Wäscheteiche gehörten zu meinem Alter. Ich kehrte zu ihnen zurück, und als ich mich umschaute, sah ich Bobs die Farnkrauttür hinter sich schließen.

Am späten Nachmittag trommelte der Captain uns zu einem Ausflug zusammen. Er wollte ergründen, was der Fluß tat, bevor er sich ins Meer stürzte, und wir brachen alle drei mit dem lobenswerten Ehrgeiz auf, die Felsen neben dem Fluß zu erklettern. Bei dieser Gelegenheit machten wir unsere erste Bekanntschaft mit dem dichten Pflanzenwuchs der Berge British

Columbias. Nachdem wir eine halbe Stunde mit einer schier undurchdringlichen Schranke von Kiefern, Zedern, lebenden und abgestorbenen Baumstämmen, großen Felsblöcken und Buschwerk gekämpft hatten, ließen wir von dem Vorhaben ab.

Dieser mißglückte Versuch hatte uns Appetit zu unserer Muschelmahlzeit gemacht. Die Muscheln waren saftig und zart. Ich bewunderte die Krähen wegen ihres Scharfsinns, aber Robert weigerte sich, sie für Feinschmecker zu halten.

«Du glaubst also nicht, daß sie weit übers Land geflogen sind, um gerade diesen Strand aufzusuchen?» fragte ich.

«Das können wir leicht feststellen. Wir brauchen nur zu warten, bis morgen wieder Ebbe ist.»

Als wir dann am nächsten Morgen an Deck saßen und zu einem leeren Himmel hinaufstarrten, kam ich mir ein wenig blöd vor. Aus reiner Redelust vertrat ich die Theorie, daß Krähen Uhren und Gezeitentabellen mit sich herumtragen.

«Keine einzige Krähe», sagte der Captain.

Kaum war der Satz gesprochen, da kam ein Dutzend schwarzer Vögel über das Inlet geflogen und ließ sich auf den Bäumen nieder. Andere folgten ihnen nach. Dasselbe Frage-und-Antwort-Gekrächze hob an wie am Tag vorher, und dann flog, ebenfalls wie am vergangenen Tag, eine einzelne Krähe mit einem lauten Schrei auf, um damit das Zeichen zum Muschelgraben für die ganze Gesellschaft zu geben.

«Verflixt und zugenäht!» sagte Robert.

Die Tatsache, daß die Krähen sich auf den Gezeitenwechsel verstanden, verwirrte ihn. Er entschied schließlich, daß sie die Küstenlinie beobachteten. Ich entschloß mich jedoch zu der Annahme, daß sie Mathematiker seien und sich mit großer Fertigkeit aufs Addieren und Subtrahieren verstünden.

Bobs fand dieses Einfinden nach der Uhr nicht weiter merkwürdig. Offenbar erwartete sie von jedermann Verständnis für den Gezeitenwechsel, und ich fragte mich im stillen, ob sie wohl wegen des Auflaufens der «Yakima» an unseren Fähigkeiten zweifelte. Wahrscheinlich hätte sie uns eine bei weitem schlechtere Note als den Krähen erteilt, aber wohlweislich erkundigten wir uns nicht danach.

SIEBTES KAPITEL

Die Ehre der Familie steht auf dem Spiel

Great Point war stundenlang in Sicht gewesen, erst vor uns, dann zur Seite und schließlich lange, lange Zeit hinter uns. Den ganzen Tag waren wir die Strait of Georgia hinaufgefahren. Langsam legten wir Meile um Meile zurück. Die Luft war gläsern. Der Glanz des Sonnenlichts auf dem Wasser machte mich schläfrig. Bobs war hinuntergegangen, um zu lesen, womit sie auf ihre Art das Problem des ereignislosen Nachmittags gelöst hatte. Ich gähnte und studierte die Karte.

Sarah Point lag gerade vor uns. Jenseits war der Desolation Sound. Beide Namen versprachen viel. Ich hätte gern gewußt, wieso Captain Vancouver bei der ersten Fahrt durch die Inside Passage auf diese beiden Namen gekommen war. Geographische Bezeichnungen lassen allerhand psychologische Schlüsse zu, die ich Robert auseinandersetzte. Aber er antwortete nicht. Die Sonne, die glatte See, das regelmäßige Tuckern des Motors und die Eintönigkeit einer niedrigen Küstenlinie hatten auch auf ihn einschläfernd gewirkt. Er kümmerte sich nicht einmal darum, ob er am Steuerrad abgelöst wurde.

Ich hatte mich in die Kombüse begeben und war gerade dabei, mit aller Sorgfalt einen guten Pudding herzustellen, als ich ihn rufen hörte: «Alle Mann an Deck!»

Als wir oben waren, stellten wir fest, daß Sarah Point hinter uns lag: die ganze Pracht und großartige Schönheit des Desolation Sounds türmte sich vor uns auf. Jenseits des spiegelnden Meeres dehnten sich Reihen und Reihen schneebedeckter Gipfel, die sich direkt aus dem Wasser erhoben. Hinter ihnen erblickten wir höhere Gipfelreihen. Es war eine mächtige Versammlung von Bergen. Nach dem niedrigen Küstengelände wirkte dieser großartige Damm um so überwältigender.

«Und das nannte Vancouver Desolation Sound», sagte ich.

«Vielleicht hängt das mit deiner Sarah-Theorie zusammen», erwiderte Robert. «Ihr Frauen solltet jetzt lieber oben bleiben.»

Bobs vergaß ihr Buch, und ich ließ den Pudding Pudding sein, aber wir hatten das Finale vor der Oper gehört. Die hohen Gipfel des Toba Inlets und der Reiz der Redonda Islands vermochten uns nicht mehr zu beeindrucken.

Wir machten unsere längste Tagesfahrt, die halbe Länge der Strait of Georgia, denn wir wollten abends am Anlegeplatz

Henry Maurins sein, der gleich bei der Mündung der Yucluetaw Rapids wohnte.

Das bevorstehende Eindringen in eine der beiden großen Nordpassagen verlieh uns das Gefühl, tollkühne Seeleute zu sein. Die Seymour Narrows und die Yucluetaw Rapids sind flaschenhalsartige Wasserstraßen, durch die das Meerwasser vom Norden zur Strait of Georgia strömt. Zweimal im Verlauf von vierundzwanzig Stunden hebt sich der Wasserspiegel, um alle ihre Kanäle, Engen, Inlets, Arme und Buchten ein bis sieben Meter hoch zu bedecken. Zweimal täglich muß diese gewaltige Menge Wasser zum offenen Meer zurückfließen. Dieses ganze Anschwellen und Abebben, dieses dauernde Füllen und Leeren eines riesigen, stark verzweigten Gebiets vollzieht sich durch die beiden Flaschenhälse. Die Größe und Unerbittlichkeit dieser Gezeitenbewegung reizte meine Einbildungskraft, aber nichts, das ich jemals kennengelernt hatte, half mir dazu, mir ein Bild von der Gewalt und Stärke zu machen, mit der das Meer durch die beiden engen Kanäle donnert.

Die Seymour Narrows beeindrucken durch ihre Macht und Stärke, denn sie verlaufen fast gerade, und das Wasser strömt in ungestümem Schwall hindurch. Die Yucluetaw Rapids sind vier Meilen lange Stromschnellen, vollgestopft mit Inseln und Klippen, und krümmen sich zweimal scharf. Dadurch entstehen riesige Strudel, Wirbel und Wasserfälle, die über verborgene Felsen stürzen. Viermal täglich tobt hier das Wasser in steigender Raserei, während das dumpfe Brüllen von den Bergen widerhallt. Dann tritt der Gezeitenwechsel ein: Das donnernde Tosen läßt nach, und die Geschwindigkeit vermindert sich, bis das Wasser sich einigermaßen beruhigt hat, worauf es sich darauf vorbereitet, sich erneut seinen Weg durch die Enge zu bahnen.

Wir hatten die östliche Passage, die Yucluetaws, gewählt, weil sie auf der Festland- oder Inletseite liegt, und auch weil Stewart Edward White uns vorgeschlagen hatte, ihn und seine Frau Betty bei Henry Maurin zu treffen. Robert hatte Stewart einmal kennengelernt, und ich wollte mit ihm ebenfalls bekannt werden, seit ich während unseres Aufenthalts in den Nordwäldern sein Buch «The Forest» gelesen hatte. Betty und Stewart White waren schon die beiden vorhergehenden Sommer auf Fahrt gewesen und hatten Seattle verlassen, bevor wir Besitzer der «Yakima» geworden waren.

Wir erreichten die Yucluetaws gerade, als der Rest der Flut herausströmte und sich durch die Öffnung zwängte. Wir nutzten einen Strudel aus und fuhren an der Küste entlang bis zu einer kleinen Bucht in den Felsen, wo Henry Maurin Pfähle eingerammt und einen Landungssteg gebaut hatte.

Das Wasser war still. Mehrere Boote lagen am Landungssteg, darunter ein siebzehn Meter langes Fahrzeug. Robert konnte gerade noch bemerken, er hoffe, daß es Stewarts Boot sei, als wir auch schon das Landungsmanöver vollführen mußten.

Ein Mann kam aus dem großen Boot, um uns beim Vertäuen zu helfen. Robert steuerte die «Yakima» vorsichtig näher, während ich auf dem Vorderdeck stand, dazu verurteilt, ein Tau zu schleudern. In meiner Aufregung, daß ich das Ziel verfehlen könnte, beförderte ich unseren freundlichen Helfer mit dem kräftig geworfenen Tau beinahe ins Wasser. Er war noch damit beschäftigt, sein Gleichgewicht zurückzuerlangen, als Robert den Kopf aus dem Steuerhäuschen steckte und «Hallo, Stewart!» schrie.

Der Mann, auf den ich einen guten Eindruck machen wollte, blickte in meine Richtung. Ich glaubte, er wolle die Identität seines Angreifers feststellen. Aber er lachte. «Heiliger Petrus, wo habt ihr nur das Tau her?» fragte er. «Von einem Schlachtschiff gestohlen?»

Stewart White war von unserer Ankunft keineswegs überrascht, denn er hatte Robert schon im Verdacht gehabt, daß ihm der Sinn nach Seefahrt stand. Auf Stewarts Ruf hin erschien Betty White auf dem Achterdeck der «Dawn», um zu erfahren, wer die neuen Nachbarn waren. Da ich schon viele Geschichten von ihren Afrikareisen gehört hatte, erwartete ich, eine Frau von geradezu heroischer Statur kennenzulernen. Statt dessen erschien eine kleine, zierliche Gestalt in Hosen, die außerordentlich mädchenhaft wirkte. Doch als wir dann an Bord der «Yakima» ihre Stimme hörten und ihren festen Blick auf uns ruhen fühlten, spürten wir sogleich ihren erstaunlichen Durch-dick-und-dünn-Geist. Während wir uns unterhielten, kam ein dicker Mann auf einem langen Floß von der Küste. Seine dunkelbraune Hautfarbe und sein kohlschwarzes Haar ließen sein weißes Hemd noch weißer erscheinen. Er trug bis zu den Hüften reichende Stiefel und bewegte sich auf dem fast untergetauchten Floß, als ob er über Straßenpflaster schritte.

Stewart machte «die Pinks» mit unserem Gastgeber, Henry Maurin, bekannt.

Wir hatten schon einiges von Henrys Lebensgeschichte gehört. Er war Ochsentreiber in Colorado gewesen, bevor er sich zur

Küste begab, wo er Indianer beim Lachsfang sah, und sich an den Yucluetaw Rapids niederließ. Da er Geld verdienen mußte, machte er den Vorschlag, einer Holzfirma lebende Fische zu liefern. Dieses Angebot fand freudigen Widerhall, denn die Firma hatte bis dahin noch keinen Fischer gefunden, der verläßlich genug war, um ihre Holzfäller regelmäßig jede Woche mit seiner Ware zu versorgen.

Als Henry die erste Bootsladung Silberlachse gefangen hatte, ließ er die Fische im Meer, aufgehängt an einer durch ihre Kiemen gezogenen Schnur. Als er mit einer zweiten Ladung zurückkam, fand er nur noch die Köpfe vor: eine Robbe hatte seinem Laden einen Besuch abgestattet. Nach diesem Überfall bewahrte Henry seine lebende Ware in einem Waschzuber in seinem Ruderboot auf.

Inzwischen hatte ein Motorboot mit einem riesigen Fischkasten das Ruderboot mit dem Waschzuber verdrängt. Winters und sommers lieferte Henry allwöchentlich der Holzfirma eine Ladung frischer Fische. Nur ein einziges Mal im Verlauf von siebzehn Jahren hatte er seine Pflicht versäumt, ein eindrucksvoller Rekord angesichts der vielfältigen Schwierigkeiten, die er jeweils zu überwinden hatte, denn jede Fahrt zu dem Lager der Firma bedeutete eine zweimalige Bezwingung der Yucluetaws, und im Winter hatte Henry dazu noch gegen Schneestürme zu kämpfen.

Auch Henrys erstes Heim, ein Zelt, hatte sich verwandelt. Jetzt stand ein Sechszimmerhaus am Ufer, von dessen Fenstern aus man die Stromschnellen überblickte, umgeben von Obstbäumen, einem Gemüsegarten und Blumenbeeten. Obst und Gemüse wurden von Henrys Frau betreut, und im Herbst floß das Haus von Marmelade und Gelee nur so über, von Büchsen mit Fleisch und Gemüse, von Gläsern mit Birnen und Äpfeln, von Töpfen mit Sauerkraut und Heringen. Die Maurins konnten einer Belagerung standhalten, ohne jemals eine Mahlzeit auszulassen. Es war ein Pionier-Haushalt, der mir das Wasser im Munde zusammenlaufen ließ.

Während wir beim Nachtessen saßen, kam Henry nochmals an Bord der «Yakima». Als er fragte, ob wir bereit seien, diesen Abend «auszugehen», hatte ich nicht die geringste Ahnung, was er damit meinte. Der Captain ebensowenig.

«Wer ist der Fischer der Familie?» erkundigte sich Henry.

Robert deutete auf mich.

«Dann sollten Sie Ihr Gerät zurechtmachen», sagte Henry.

Jetzt begriff ich ein kleines Erlebnis, das wir am späten Nachmittag gehabt hatten.

Bobs und ich waren an Bord der «Dawn» gewesen, dann hatte Betty White uns auf der «Yakima» einen Besuch abgestattet. Sie hatte auf unserem kleinen Schiff Dinge entdeckt, die ihre Bewunderung hervorriefen. «Das ist ja kaum zu glauben!» erklärte sie. «Sie haben ein Waschbecken in Ihrem Badezimmer, und wir nicht! Und wenn bei Ihnen jemand ins Badezimmer muß, kann der Koch sich in eine Ecke drücken. Ich bin gezwungen, meine Kombüse zu verlassen und die heiße Pfanne mitzuschleppen.»

Bobs und ich strahlten, da wir nun wußten, daß andere Schiffsköche noch mehr zu leiden hatten als wir. Doch die Besichtigung wurde plötzlich unterbrochen, denn Betty stürzte nach einem Blick auf ihre Uhr ohne Abschied von dannen. Wie wir später erfuhren, war der abendliche Fischfang so sehr ein Teil ihres Yucluetaws-Lebens, daß es ihr überhaupt nicht in den Sinn kam, eine andere Frau könnte nichts davon wissen. Zwanzig Minuten später rief sie Stewart zum Nachtessen.

Wir nahmen unser Mahl nur deshalb so früh ein, weil jedermann es hier so zu halten schien. Jetzt ließen wir das Geschirr unabgewaschen zurück und fuhren mit Henrys Floß an Land. Ein Fischer machte Köder und Gerät bereit. Wir traten zu ihm, um ein wenig mit ihm zu plaudern, und Henry stelle ihn uns als Mr. Blair vor.

Henry und Mr. Blair rüsteten mich zum Lachsfang aus. Binnen zehn Minuten war ich im Besitz eines beweglichen Löffels, der einen Hering vortäuschen sollte, eines schweren Fischhakens und einer mit einem halbpfündigen Bleistück belasteten Leine, die aus farbigen Schnüren gedreht war. Mr. Blair machte uns vor, wie man diese Dinge handhaben mußte. Ich begann eine Menge Fragen zu stellen. Der größte Fisch, den ich bis dahin jemals gefangen hatte, war ein Barsch gewesen.

«Achten Sie nur auf die andern, wenn das Rennen anfängt», sagte Henry.

«Aber wie soll ich denn wissen, wann es anfängt?» beharrte ich.

Henry blickte mich verwundert an, dann lachte er und sagte: «Das werden Sie schon merken.»

Wir fuhren in unserem Ruderboot los und folgten den andern um einen Landvorsprung, wo wir etwa zwanzig Ruderboote trafen, die langsam über das ruhige Wasser fuhren, erst vorwärts und dann wieder zurück. Das Ganze wirkte sehr friedlich und hatte etwas Geselliges. Jeder Ruderer nickte den andern zu, wenn sie ihm ins Blickfeld gerieten. Im Vorbeifahren wechselten sie einige Worte miteinander. Nichts von Spannung oder Ungeduld war zu spüren. Was sie auch für ein Ereignis erwarteten, sie schienen sicher zu sein, daß es eintreten würde. Wären nicht die nachschleppenden Leinen gewesen, so hätte man den Eindruck gehabt, der Wunsch, einen ruhigen Abend auf dem Wasser zu verbringen, habe eine seltsam zusammengewürfelte Gruppe von Leuten vereinigt.

Wer nur ein Fahrzeug und eine Leine sein eigen nannte, war erschienen. Indianer von Church House in geflickten Booten und Kanus, Yachtbesitzer in schmucken Fahrzeugen, die von bezahlten Seeleuten gerudert wurden, Berufsfischer mit ihren Frauen, die steif im Heck saßen, und Fischer, die ganz allein ruderten.

In der ersten halben Stunde geschah nichts. Der letzte rosige Schimmer auf den Schneefeldern des ebenmäßigen Mount Estero-Gipfels verblaßte. Der steil aufragende hohe Berg jenseits des Kanals war in dunkle Schatten gehüllt. Die See schimmerte wie Perlmutter. Ich hatte den Zweck unseres Kommens völlig vergessen und trank die Schönheit und den Frieden des Abends, als ich plötzlich ein scharfes Klatschen vernahm. Ein einzelner Fischer sprang auf, ergriff seine Leine, riß sie rasch hin und her und begann sie dann stehend einzuziehen, während das Boot, von einer unsichtbaren Kraft gezogen, rasch gegen die Strömung fuhr.

«Hast du gesehen, wie er sich den Fisch geschnappt hat?» fragte Robert aufgeregt.

Ich hatte es gesehen und verspürte das brennende Verlangen, es ihm gleichzutun. Wir hörten das Ende der Schlacht mehr, als daß wir es sahen. Ein scharfes Klatschen hallte über das Wasser, als ein großer Fisch auf die losen Bodenbretter des Bootes fiel. Dann folgte ein Bumsen und Dröhnen von einer schweren Keule, die ebenso oft die Bootswände traf wie den Fisch.

«Glaubst du, daß du es schaffst?» erkundigte sich Robert.

«Was?» fragte ich zurück. «Den Fisch hereinholen oder ihn totschlagen?»

Der Fang des ersten Lachses verursachte eine Veränderung. Plötzlich waren die Ruderer wie elektrisiert, und ihre Bewegungen wurden zweckmäßiger. Sie ruderten nicht etwa rascher, aber sie hantierten eifriger. Bald ertönte von überallher das Klatschen um sich schlagender Lachse und das dumpfe Dröhnen schwerer Keulenschläge.

Ich machte mir gerade Gedanken, daß ich eine Niederlage erleiden könnte, als von allen Seiten lautes Gelächter erscholl. Alle Fischer blickten zu einem Boot hinüber, dessen Besitzer gerade ein langes, weißes schlangenähnliches Tier aus dem Wasser zog.

«Der hat Pech gehabt», sagte Mr. Blair im Vorbeifahren. «Wie geht es Ihnen, Missus? Sie würden besser weiter oben fischen. Es wird dunkler.»

Mir ging es gar nicht gut. Und zu meiner Sorge, daß ich eine Niederlage erleiden würde, kam jetzt auch noch die Angst hinzu, es könnte mir wie dem Pechvogel ergehen, so daß alle mich auslachten. Ich würde vor Scham in den Boden versinken.

Meine Mannschaft war nur durch den Gedanken an eine mögliche Niederlage beunruhigt. Rings um uns wurden die silberglänzenden Körper großer Lachse über die Schandeckel gehoben. Bobs und Robert begannen sich schon zu erkundigen, woran es wohl läge, daß bei mir nichts geschah, als ich plötzlich einen mächtigen Ruck verspürte. Etwas zerrte an meinem Köder, und die Tatsache, daß meine Hand sich dem Zug entgegenstemmte, war mehr auf eine instinktive Reaktion auf die Heftigkeit des Angriffs als auf kühle Überlegung zurückzuführen.

«Hast du ihn fest?» fragte Robert.

Entweder hatte ich ihn fest oder er uns. Der Lachs riß aus und nahm ein ganzes Boot und drei Leute mit sich. Robert schrie mir zu, ihm die Fischleine zu geben und ihn die Beute herausziehen zu lassen. Ich schüttelte nur den Kopf. Der Lachs legte eine lange Strecke zurück. Es schien geradezu unwahrscheinlich, daß wir mit einem Ding, das so weit fort war, überhaupt Verbindung hatten. Nachdem wir ein halbes Dutzend Boote überholt hatten, tauchte draußen in der Strömung ein Fisch aus dem Wasser.

«Ist das meiner?» fragte ich. – «Noch nicht», erwiderte Robert.

Es ging noch eine ganze Weile, bis es mein Fisch war. Auf einmal machte er einen wilden Vorstoß gegen uns; als die Leine trotz meinem wahnsinnig raschen Einholen schlaff wurde, glaubte ich schon voll Kummer, ihn verloren zu haben. Dann tauchte er, und ich sah mich im Geist auf dem Grund des Ozeans liegen. Zweimal war er längsseits des Bootes, und ich konnte den schimmernden Leib sehen und sogar das halbpfündige Blei hochziehen. Aber nachdem er scheinbar freundlich und friedlich dagelegen hatte, sauste er mit einem Schwanzschlag, der das Boot beinahe zum Kentern brachte, auf und davon.

«Das ist ein Wal!» schrie Robert. «Laß ihn nicht los!»

Zum dritten Mal lag der Fisch neben dem Boot, das Blei kam herein und blieb. Robert meinte, der Fisch sei müde. Er hätte es sein müssen. Jedenfalls war ich erschöpft. Und unser Publikum machte mir Lampenfieber. Das einzig sichere Verfahren, diesen Fisch an Bord zu bringen, schien ein Sprung ins Wasser und ein Handgemenge zu sein. Ich war dazu bereit, denn die Ehre der Familie stand auf dem Spiel. Robert streckte mit einem «Laß mich lieber . . .» die Hand nach dem Fischhaken aus.

Aber ich riß den Fischhaken an mich. «Entweder zieh' ich diesen Fisch selbst aus dem Wasser oder verlier' ihn selbst», rief ich.

Er lachte und trat zurück. «Also los!»

Inzwischen war mein erster Lachs zu einer öffentlichen Angelegenheit geworden. Mit lauten Rufen beteiligte sich das Publikum an dem Schauspiel. «Hoch damit! Hoch! Hoch!»

Ich hob den Lachs nicht sehr hoch, und es gelang mir auch nicht, den schönen freien Schwung der andern Fischer zu vollführen. Aber ich brachte ihn an Bord.

Als er auf die Bodenbretter klatschte, blickte Robert mich an. «Wie steht's mit dem Rest?» fragter er.

Ich schüttelte den Kopf. «Von jetzt ab bin ich nur noch ein armes schwaches Weib.»

Nachdem ich von der Furcht vor einer Niederlage befreit war, fühlte ich mich als fertiger Fischer. Als ich einen großen Fisch, so lang wie unser Boot, an die Oberfläche kommen sah, flehte ich Robert an: «Fahr dorthin! Rasch!»

Robert aber hatte nichts Eiligeres zu tun, als in die entgegengesetzte Richtung zu steuern. Auch er hatte den dicken Fischleib sich überkugeln sehen, wie es ein Tümmler tut.

«Laß ihn anbeißen, und ich schneide die Leine durch», sagte er, und dann fügte er hinzu, er beabsichtige nicht, seine ganze Familie ertrinken zu lassen, nur um einen Fischerrekord aufzustellen.

Wir hatten noch drei Lachse gefangen, nicht ganz so groß wie der erste, als das Klatschen der um ihr Leben kämpfenden Fische nur noch hin und wieder die Stille unterbrach. Die Boote waren dunkle Schatten auf silbernem Wasser, und der Lewis Channel war ein glänzendes Band zwischen schwarzen Ufern. Ein unheimlicher Ton erklang im Brausen des Wassers.

«Zeit, aufzuhören», sagte Robert. «Wir haben noch eine tolle Fahrt vor uns.»

Die Fahrt war dann auch wirklich toll, und wir waren froh, als wir uns Henrys Anlegeplatz näherten. Das gelbe Licht einer Laterne ließ mehrere Ölmäntel am Steg aufglänzen.

«Wie viele?» fragte eine Stimme aus der Dunkelheit.

Ich versuchte einen sachlichen Ton anzuschlagen, als ich antwortete: «Vier».

Wir legten unsere Fische zu der Reihe glänzender Lachse auf dem Steg. Gemessen an den andern schienen meine zusammenzuschrumpfen. Und ich war sehr enttäuscht, als Robert mir das Gewicht nannte: Im ganzen fünfundneunzig Pfund, wovon knapp dreißig auf den größten Fisch entfielen.

«Was erwartest du denn als Anfänger?» fragte Robert.

«Anfänger!» entrüstete sich Mr. Blair. «Das ist ein guter Witz! In allen Booten hat man gelacht, als sie Ihnen zurief, sie wolle den Fisch selbst herausziehen.»

Nachdem Mr. Blair die Lachse ausgenommen hatte, klopfte er mit dem Beil auf den Boden, woraufhin eine Schar Klippfische die Nase aus dem Wasser streckte. Ihre Gesichter schienen leichtes Erstaunen auszudrücken. «Da, schauen Sie!» sagte Mr. Blair stolz. «Sie verstehen es ganz genau, wenn ich sie zum Essen rufe.»

Seine Zöglinge mochten den Essensgong kennen, aber den Unterschied zwischen einem Nachtmahl und einem Haken mit Köder kannten sie nicht. Bobs fing eine Menge, bevor Betty White uns zurief, daß eine Kanne heiße Schokolade auf der «Dawn» bereitstehe.

Fischfang muß, genau wie eine Gesellschaft, von allen Seiten erörtert werden. Es war kurz vor Mitternacht, als das Thema einigermaßen erschöpft war. Ich hatte einen glänzenden Abend, und Stewart machte das Maß voll, indem er mir anbot, mir eine Lachsrute zu leihen. Ich widersprach, daß ich sie zerbrechen könnte, und er stimmte mir zu, daß das aller Wahrscheinlichkeit nach der Fall sein werde. Es war seine Gastrute, die mit einer Ersatzspitze versehen war.

«Jedem, der sich so fürs Fischen mit der Handleine begeistern kann, sollte man eine Gelegenheit geben, mit einem Lachs an der Rute zu spielen», sagte er.

ACHTES KAPITEL

Im Banne der Wasser

Henrys kleiner Schlupfhafen lag am Ende der Yucluetaw Rapids, deren Brüllen alle sechs Stunden ihren Höhepunkt erreichte und dann langsam erstarb. Die Strömung kochte und schäumte, und Strudel zerrten an unseren Tauen, gurgelten den Schiffsrumpf entlang und brachten die Ketten zum Klirren.

Obwohl das wilde Meer um uns zu toben schien, hatte das Leben bei Henry den Frieden und die Ruhe eines ländlichen Sonntags. Niemand übte eine so wichtige Tätigkeit aus, als daß er sie nicht für eine Stunde hätte im Stich lassen können, um zu plaudern. Wenn ich aus dem Fenster schaute und ein halbes Dutzend Männer auf dem Landungssteg in der Sonne sitzen sah, brauchte ich gar nicht erst hinzuhören, um zu wissen, daß sie sich über den Fischfang unterhielten, oder daß Henry eine Geschichte aus seiner abenteuerlichen Vergangenheit erzählte, oder daß Mr. Blair erklärte, wie Lachse sich gegenüber Heringen verhalten. An den Yucluetaws galt es als feststehende Tatsache, daß Mr. Blair alles wußte, was in der Seele der Fische vorgeht.

Betty und ich kamen entweder mit den Herren der Schöpfung zusammen oder setzten irgendeine jener unbedeutenden Tätigkeiten fort, die Frauen ans Haus fesseln. Betty fuhr schon das dritte Jahr zur See, und von ihr lernte ich viel, was ich sehr nötig hatte, da meine Beine sich auf festem Boden immer noch besser zurechtfanden als auf dem Wasser. Es gibt einen Haufen Dinge, die Schiffe und Schiffsausstattung betreffen, von denen die Kapitäne keine Ahnung haben. Bobs gesellte sich stets zu den Männern und verbrachte Stunden damit, Henrys Tiergeschichten anzuhören, die er spannend erzählte, da er Tiere liebte.

An den neben uns vorbeibrausenden Stromschnellen herrschte stets reges Leben. Adler, Möwen und Seeschwalben schossen auf die Fische zu, die infolge der heftigen Strömung an die Oberfläche geschleudert wurden. Kleine Seeschwalben in schwarzweißem Gewand tauchten furchtlos bis auf den Grund eines Strudels nach einer Mahlzeit. In das Toben des Wassers mischte sich das schrille Gekreisch der Möwen. Und fast jeder Baumstamm, der mit der Strömung dahergeschwommen kam, trug eine Reihe der weißen Vögel als Passagiere. Sie fuhren dahin, bis ihr Fahrzeug das ruhige Wasser erreichte, und flogen dann zurück, um die Fahrt zu wiederholen.

Auch unter uns war eine Welt der Bewegung und des Lebens, und wir benötigten kein Wasserteleskop, um sie zu beobachten, denn durch das kristallklare Wasser konnten wir die Strömung in zehn Meter Tiefe den Sand aufwühlen sehen. Lange braune Tangwimpel kräuselten sich in den Fluten. Heringsschulen zogen vorbei. Klippfische schwammen gemächlich durch den Tangwald. Muscheln ließen ihre Spuren im Sand zurück. Gelegentlich kam ein großer, rosa, grau und hellorange gefärbter Tintenfisch in Sicht, der aus schwarzen Augen zu uns emporstarrte.

Dann wurden Henry und Mr. Blair gerufen, um ihn zu fangen. Henry benutzte die zerhackten Arme eines Tintenfischs als Köder; gewöhnlich befand sich eines dieser Tiere in seinem Köderkasten, neben vielen andern Geschöpfen des Meeres, die alle in verdrossener Laune darauf warteten, bis die Reihe an sie kam.

Bobs setzte uns alle in Trab, als sie einen über halbmeterlangen Katzenwels entdeckte. Dieser seltene Vertreter seiner Art erregte sogar das Interesse der alten Fischer, und wir lagen auf dem Landungssteg, das Gesicht beinahe im Wasser, während das Tier sich langsam von einer Muschel zur andern bewegte und ein endloser Strom von zermalmten Muschelschalen zu beiden Seiten seines mächtigen Maules hinabtropfte.

Es war friedlich und ruhig und sehr beschaulich bei Henry, aber die Stromschnellen ließen uns niemals ihre Anwesenheit vergessen. Sie beherrschten unser Leben, unser Kommen und Gehen. Bei jeder Flut blieben die Ruderboote vier Stunden und länger fest am Ufer. Wenn «Bootstag» war und wir Post erwarteten oder etwas aus dem jenseits der Stromschnellen gelegenen Laden brauchten, mußten wir auf Stillwasser warten. Dann aber beeilten wir uns, hinauszukommen und ebenso rasch zurückzukehren, solange die Wasser nur murmelten.

Wenn Flut herrschte, lag der Kanal verlassen da, doch sowie die volle Kraft der Strömung verebbte, wurden die Yucluetaws eine lebhafte Verkehrsstraße. Männer ruderten von einer Bucht in die andere oder hinaus zum Laden. Motorboote schossen aus Schlupfwinkeln hervor. Mrs. Maurin ruderte an einem schönen Tag um halb zwölf Uhr fort, um einen «Teebesuch» bei einer Nachbarin zu machen. Eine Stunde später kehrte sie zurück. Alles Leben war den Stromschnellen unterworfen.

Große Baumstämme bewegten sich bei Stillwasser südwärts, und wenn das ruhige Meer vor ihnen auftauchte, schienen sie ihre Fahrt zu beschleunigen, wie erlöst, daß die Gefahren der Yucluetaws hinter ihnen lagen.

In der zweiten Hälfte des Nachmittags wurde jedermann plötzlich unruhig. Das Geplauder ließ nach. Die Männer nahmen die Fischleinen von den Trockenplätzen, untersuchten sie auf Fitzen, holten ihre Ölkleider, säuberten die Boote und putzten die Löffelköder. Es mag Boote geben, deren Messingteile trüb sind, aber diese Männer ließen das keinesfalls zu; selbst ihre Köder hätten sie als Rasierspiegel benützen können. Eigentlich war kein Grund zur Eile, doch trotzdem wurde das Nachtessen in Hast verschlungen. Dann wurden die Boote mit den Geräten beladen.

Wir ruderten rasch um den Landvorsprung herum. Noch immer eilte die Sache nicht. Alle wußten, daß der Lachsfang erst in einer Stunde beginnen würde, aber keiner zögerte jemals. Dieses erste gemächliche Umherfahren war ein merkwürdig wichtiger Teil des Fischfangs, ebenso wie die Heimkehr und danach die heiße Schokolade und die Kuchen auf einem der Boote. Jetzt waren wir wieder lebendig und erregt. Der ganze Tag war nur eine Vorbereitung für diese Stunde.

Mein zweiter Fischabend stand unter dem Zeichen von Stewarts Gastrute und wickelte sich unter seiner Anleitung ab. Freiwillig hatte er sich mir als Lehrmeister und Ruderer angeboten. Die Beute war, was das Gewicht anbelangte, nicht gerade eindrucksvoll; immerhin legte ich zwei Zwanzigpfünder mit einem Triumphgeschrei nieder. Ich hatte diese Fische sauer erworben, jeden nach einem halbstündigen Kampf. Die ganze Zeit über war das Ergebnis ungewiß und der Vorteil stets auf der Seite des Fisches.

Ich wand die Schnur auf, bis meine Arme lahm waren, fest entschlossen, auch noch die Rute dranzugeben, falls der Fisch auf den Gedanken kommen sollte, die aufgewundene Schnur wieder abzuwickeln; dann wollte ich hinterher springen, um meine Beschämung zu verbergen. Aber Stewart trieb mich an, den Kampf nicht aufzugeben.

Ich vermißte das Gefühl der unmittelbaren Verbindung mit dem zerrenden Fisch, das ich bei der Handleine gehabt hatte. Das war ein richtiges Handgemenge gewesen. Außerdem kam ich von der weiblichen Vorstellung nicht los, daß man fischt, um Nahrung zu beschaffen, und daß es um so besser ist, je mehr Fische man fängt. Mit der Handleine hätte ich wahrscheinlich in der gleichen Zeit vier Lachse gefangen statt nur zwei. Aber als dann der zweite Fisch im Boot lag, wußte ich, daß ich zehnmal mehr Spaß an der Sache gehabt hatte als je zuvor. Die Spitze der Gastrute war nicht einmal angeknickt, und ich beschloß, mir eine eigene Rute anzuschaffen.

Henry Maurin war der König der Yucluetaws. Er war der einzige Mann, der im Motorboot zu jeder Zeit, bei Tag oder Nacht, bei Ebbe oder höchster Flut, über die Stromschnellen fuhr. Selbst große Schiffe warteten auf Stillwasser, aber Henry spielte mit den Strudeln.

«Die Strudel sind gar nicht so schlimm, wenn man sie nur machen läßt», erklärte er. «Man muß einfach mit ihnen gehen, dann kann man sich immer hinausarbeiten. Aber die hohen Wellen sind gefährlich, die heben das Boot hoch und werfen es ans Ufer, ohne daß man etwas dagegen tun kann.»

Henry feierte seine königliche Würde jedes Jahr mit einem Picknick auf Little Dent Island am nördlichen Ende der Stromschnellen. Das Fest fand im Juni statt, jeweils zur Vollmondzeit, wenn die höchste Flut des Sommers sich durch die Engen ergoß. Diesmal lud er uns ein, das Picknick mitzumachen.

Little Dent Island liegt in der Mittelströmung und preßt das Wasser nach beiden Seiten. Die Flut begann mit einem leisen Gemurmel; das Wasser floß rasch und glatt und stetig dahin. Strudel bildeten sich längs der Küste mit einer Reihe kleiner Wirbel, als Scharmützel, die den nachfolgenden wilden Kampf einleiteten. Als dann die Flut sich verstärkte und der große Angriff einsetzte, erhob sich das Murmeln zu schwachem Brausen. Das Wasser floß nicht mehr gleichmäßig und ruhig dahin, es tobte die Küste entlang. Wassermassen wurden von Felsriffen in der Tiefe abgelenkt und durchbrachen die Oberfläche als Wellenberge von ungeheurer Ausdehnung. Riesige Strudel bildeten sich, die sich in schwindelerregender Weise drehten. Die unwiderstehliche Gewalt der stetig heranbrausenden Flut brachte die ganzen Stromschnellen in irrsinnige Verwirrung.

Ein großer Baumstamm kam herangeschossen, ein Strudel ergriff ihn, richtete ihn auf, wirbelte ihn herum und saugte ihn weg. Eine Viertelmeile weiter wurde der Baumstamm wieder ausgespuckt, um in einen neuen Strudel zu stürzen.

Flüsse und Wasserfälle ziehen ihre vorgeschriebene Bahn und vollführen stets die gleiche Bewegung. Hier tobten und saugten die Wasser, verdoppelten ihre Macht zu wilden Angriffen, während sie sich durch den engen Kanal zwängten. Und im gleichen Maße wie die andrängende Flut zunahm, steigerte sich auch das Tosen und Brausen der Wassermassen. Plötzlich hob sich die gesamte Wasserfläche des Kanals. Da begriff ich, was mir, als man mir davon erzählt hatte, unmöglich erschienen war: Daß die Yucluetaws einst einen großen Dampfer auf die Seite gelegt und so festgehalten hatten, daß es ihm nicht mehr gelang, sich ihrem Griff zu entziehen.

Gebannt und gespannt saßen wir da, als die Flut ihren Höhepunkt erreichte. Ich ertappte mich dabei, daß ich mit zitterndem Entzücken zuschaute. Mitunter machte einer die andern auf einen neugebildeten Strudel oder einen aufsteigenden Wellenberg aufmerksam. Ich sprach nicht. Ich war hingerissen. Nur wenige große Sinfonien haben mich stärker ergriffen. Nachher war ich ganz erschöpft.

In der Nacht machte ich mir Gedanken, wie die kleine «Yakima» sich bei der Durchfahrt benehmen würde, die für den nächsten Morgen geplant war.

NEUNTES KAPITEL

Bobs erhält Unterricht

Als wir während des Stillwassers der «Dawn» durch die Yucluetaws folgten, schien es undenkbar, daß in diesem Kanal jener Mahlstrom getobt haben sollte, den wir tags zuvor von Little Dent Island aus beobachtet hatten. Immerhin ist der Begriff «Stillwasser» bei den Yucluetaws relativ, denn die Bestie ruht niemals völlig: das Wasser ist rastlos. Noch ehe es sich nach dem letzten rasenden Ausbruch beruhigt hat, beginnt es sich schon wieder zu regen und sich auf das nächste irrsinnige Saugen aus der entgegengesetzten Richtung vorzubereiten. Strömungen zerrten am Bug, oberflächliche Strudel bildeten sich, und harmlose Wellenberge griffen nach der Schiffsschraube und ließen den Motor stöhnen.

«Sogar du könntest hier das Steuerrad übernehmen», sagte der Captain, was nicht etwa als Kompliment für mich gemeint war.

Es war geradezu eine Erleichterung, zu sehen, wie zahm die Yucluetaws sein konnten. Ich hatte mir nichts anmerken lassen, daß ich den Vorschlag Bettys und Stewarts, im Kielwasser der «Dawn» zu fahren und mit ihnen einen Picknicktag am Philip River zu verleben, als eine Erlösung empfand. Auch Bobs hatte erleichtert ausgesehen, als sie von diesem Plan hörte, obwohl sie im allgemeinen, wie alle Kinder ihres Alters, auf Gefahren nicht achtete.

Der Fluß war so reizend, wie es ein fröhliches Forellengewässer, das sich zum Meere schlängelt, nur sein kann. Lachend nahm er alle Kieshindernisse und ummurmelte moosbedeckte Felsblöcke. Der Pflanzenwuchs an den Ufern war von tropischer Üppigkeit.

Betty und Stewart waren, genau wie wir, die reinsten Packesel, wenn ein Picknick bevorstand. Jeder trug sein Mittagessen mit sich herum. Robert hatte seinen Lumberjack an, eine blusenförmige Ärmelweste, der anzusehen war, daß sie allerhand enthielt. Betty hätte man ruhig auf einer unbewohnten Insel aussetzen können, denn es war erstaunlich, wie die kleine Person sich beladen hatte. Wir nahmen unser Essen auf einer Insel in einem kleinen See ein, die wir in einem Faltboot erreichten, das einen wesentlichen Bestandteil von Stewarts Forellenfang-Ausrüstung darstellte.

Betty hatte das kleine Boot «Himmelskind» getauft. Das war ein hübscher Name, und vor allem schien er mir recht beziehungsvoll: Es war sicher nicht unangebracht, sich auf die zeitliche Begrenztheit des Erdenlebens zu besinnen, bevor man sich dem winzigen Ding anvertraute.

Nach dem Essen trennten wir uns, und jeder widmete sich seinem Hobby. Robert erkletterte einen Felsen. Stewart fing Forellen für unser Nachtessen. Betty, Bobs und ich badeten, um den Captains die schwierige Arbeit des Wassertank-Nachfüllens zu ersparen.

Dann fuhren wir, müde und glücklich, «heim», um getrennt unser Nachtessen zu verzehren. Nachdem jede Mannschafts-Familie ihr Geschirr abgewaschen hatte und zum Zeichen, daß es nichts mehr zu tun gab, an Deck erschienen war, ruderten wir zur «Dawn» hinüber.

Die zwei Captains holten die Seekarten hervor und besprachen den Plan, ein paar Tage gemeinsam zu fahren. Dieser Entschluß war durchaus natürlich, denn Lebensweise und Interessen der beiden Mannschafts-Familien stimmten völlig überein. Wir hatten alle die gleichen Aufgaben, und jeder von uns fünf konnte seinem eigenen Vergnügen nachgehen, was auch häufig geschah. Wir liebten die gleiche Art der Seefahrt: kurze Fahrten und kurze Küstenausflüge.

So fuhren die «Dawn» und die «Yakima» mehrere Tage lang kameradschaftlich miteinander. Vormittags lagen wir vor Anker, doch waren wir viel zu sehr beschäftigt, um uns gegenseitig zu besuchen. Am Nachmittag zogen wir weiter oder erforschten die Küste. Abends trafen wir uns auf einem der beiden Schiffe und lachten über die gleichen Dinge.

Es war unsere erste Fahrt in Gesellschaft. Wir genossen sie sehr. Betty und Stewart White genossen sie ebenfalls. Aber die «Dawn» hatte die westlichen und nördlichen Gewässer leider schon befahren. Wir kannten sie noch nicht, und unsere Sommerfahrt wäre unvollständig gewesen, wenn wir dieses Gebiet ausgelassen hätten. So trennten sich die beiden Schiffe eines Tages: Die «Yakima» plante «mit Volldampf» nach Norden zu fahren, die «Dawn» wollte behaglich umherschlendern. Ende August sollten sich beide Boote wieder an den Yucluetaws treffen und gemeinsam gen Süden gondeln.

In den nächsten Wochen war es, als überflögen wir die Seiten eines spannenden Buches nur flüchtig. Die Zeit erlaubte uns nur die schönsten Flecke des Landes zu besuchen, und Bobs und ich konnten jetzt das Wort «Land» aussprechen, ohne daß wir verbessert wurden. Selbst der Captain gab gnädigst zu, daß das, was wir sahen, «Land» sei, obwohl wir auf dem Wasser lebten. Gewöhnlich besteht eine scharfe Trennung zwischen Land und Meer, aber diese verworrene Küstenlinie, wo die Berge am Rande des Wassers standen, bildete eine Verschmelzung von beidem. Ich nannte das Ganze «Meerland». Einerlei, ob die Bewohner dieses Gebietes an Land lebten oder in einem an der Küste vertäuten Boot, ihr Gehen und Kommen, alle ihre Lebens- und Arbeitsbedingungen wurden vom Meer beherrscht.

Wir studierten die Karten, um festzustellen, was alles von dieser tief eingeschnittenen Küstenlinie wir besichtigen konnten.

«Knight Inlet, die Indianerdörfer, ein paar Streifzüge im Queen Charlotte Sound – mehr können wir diesmal nicht unternehmen», bestimmte der Captain. «Das allein bedeutet schon weit über zwölfhundertfünfzig Meilen in einem Sommer.»

Das östliche Ende des Queen Charlotte Sounds stellt einen Prüfstein für die Geschicklichkeit eines Lotsen dar. An keinem Fleck der Welt gibt es mehr Inseln und Felsen auf einer Quadratmeile Wasser. Die kleine Karte, die wir besaßen, sah in diesem Teil aus, als ob sie mit Tintenspritzern besprenkelt wäre. Wir suchten vorsichtig unseren Weg durch enge Kanäle, in denen Tang mit der Strömung schwamm. Dieser Tang, der auf Felsen unter dem Wasser wuchs, verkündete Gefahr. Er ist auf diesen Wasserwegen, wo es keinerlei Bojen gibt, ein Freund der Seefahrer, aber auch ein etwas unzuverlässiger Freund, da die Natur ihre Arbeit nur halb getan hat, denn manche Felsen sind, wie manche Menschenhäupter, kahl.

Wir fuhren durch einen Irrgarten von Wasserstraßen, wo Inseln oder sogar ganze Inselgruppen sich plötzlich von einer festen Küstenlinie lösten, um uns zu verwirren. Nachdem wir sie dann glücklich als Inseln erkannt hatten, vollführten sie ein erneutes Zauberkunststück und verschwanden, indem sie wieder mit der grünbewaldeten Küste verschmolzen, gerade wenn wir achtern nach ihnen ausschauten, um uns nach ihnen zu orientieren. Landvorsprünge öffneten sich, um Kanäle freizugeben und schlossen sich ebenso rasch. Der Captain befürchtete, daß wir tagelang in einem Labyrinth von Wasserstraßen umherziehen müßten, falls wir auch nur eine einzige dieser unzähligen Inseln nicht mehr bestimmen könnten.

Meine Aufgabe war es, die Inseln und Felsen mit der Karte zu vergleichen. Als ich von einem raschen Abstecher in die Küche zurückkam, mußte ich feststellen, daß die Szenerie vollkommen durcheinandergeraten war.

«Dieses Land hüpft geradezu umher», beschwerte ich mich.

«Du darfst eben deine Augen keine Minute abwenden», erwiderte Robert, jeder Zoll ein Captain. «Es ist viel wichtiger, daß wir wissen, wo wir sind, als daß wir einen Apfelauflauf zum Mittagessen haben.»

*

Es gab Tage, an denen weißbemützte Wellen das Fahren ungemütlich und auch unklug erscheinen ließen. Dann lagen wir in einem geschützten Schlupfhafen, wo Wasservögel und Robben unsere einzigen Nachbarn waren. Möwen äußerten sich spöttisch über die Qualitäten unserer Küchenabfälle. Robben umschwammen die «Yakima» und beobachteten uns. Einen Abend verbrachten wir unter den beständigen Späherblicken einer sechsköpfigen Robbengruppe, deren größter Vertreter sich stets dem Boot einige Meter weit näherte, wenn er glaubte, daß wir nicht hinschauten. Wir drei spielten mit ihm. Wir gaben uns den Anschein, als ob wir auf seine Annäherung nicht achteten, um uns dann ganz plötzlich umzudrehen und zu sprechen. Mißbilligend schien er dann zu husten, während er den Blick abwandte, als hätte er uns bei schlechtem Benehmen ertappt.

In diesem ersten Sommer sahen wir sehr viel von dem, was rings um uns vorging, da wir den größten Teil der Zeit an Deck verbrachten. Seit Jahren machten wir zum erstenmal längere Ferien, so daß wir mit gutem Gewissen im Rettungsboot umherrudern durften. Wir nahmen das Mittagessen in der Plicht ein, oft auch das Frühstück, schon damit meine Beharrlichkeit, mit der ich auf der Anschaffung eines zusammenlegbaren Tisches bestanden hatte, gerechtfertigt war. Der Captain hatte geschworen, daß es dafür keinen freien Winkel an Bord gäbe, und dann das Gegenteil bewiesen, indem er den Tisch im Steuerhäuschen verstaute. Der Tisch machte sich in der Folge mehr als bezahlt, und sein Lob wurde derart gesungen, daß ich nachher Mühe hatte, mich als die Urheberin dieses Einfalls zu behaupten.

Dieser Tisch ermöglichte es uns unter anderem, die Kajüte früh in Ordnung zu bringen und uns nach Erledigung der Hausarbeiten gleich zum Essen niederzusetzen. Jedesmal bemerkte Robert dann: «Freust du dich nicht, daß ich einen Platz für den Tisch gefunden habe?»

Und wenn Bobs und ich daraufhin kicherten, gab er vor, er habe nur für heitere Stimmung sorgen wollen.

Die Neckereien eines Trios sind, wie das Dominospiel zu dritt, ein Scharmützel mit zwei Fronten gegen eine, wobei die Verbündeten dauernd wechseln. Manchmal wirkte das Geschlecht bestimmend: Wir zwei Frauen gegen den Mann oder im Wettbewerb um männlichen Beifall. Zu andern Zeiten hielt das Alter zusammen, wobei Captain und Maat eine geschlossene Front gegen den Bootsmann bildeten. Gewöhnlich zogen wir dabei den kürzeren.

Unsere größte Niederlage betraf die Bildung und Belehrung des Bootsmanns. Wir wollten uns zwar Ferien leisten, aber wir hatten doch das Gefühl, daß der Sommer für Bobs lehrreich sein sollte. Bewaffnet mit einem Buch über die Meerestiere, hatten wir den Kampf begonnen. Als ich das Buch durchblätterte, stellte ich fest, daß es eher langweilig als anregend war, und ich bemerkte denn auch, daß Bobs die Bilder und Beschreibungen nur überflog und dann den Band beiseite legte.

Ein Buch, das nicht gelesen wird, ist ebenso nutzlos wie ein blinder Passagier, und so war es nicht erstaunlich, daß der Captain sich darüber ärgerte. An einem windstillen Tag nahmen wir ein Vergrößerungsglas, ein Notizbuch und den verschmähten Schmöker mit an Land. Unsere Begeisterung über den Inhalt des Werkes sollte Bobs anstecken, aber unser Schlachtplan mißglückte. Als wir uns niederließen, um mit dem erzieherischen Angriff zu beginnen, sahen wir Bobs die Küste entlangbummeln.

Krebstiere schienen etwas ganz Einfaches zu sein, bis wir anfingen, darüber zu lesen. Wir schlugen uns gerade grimmig mit Arten, Erkennungszeichen, Klassifikationen und lateinischen Ausdrücken herum, als Bobs uns anrief. «Ein Haufen Entenmuscheln ißt gerade zu Mittag», berichtete sie. «Ihr solltet einmal schauen, wie ulkig sie aussehen.»

Wir folgten ihrem Rat. Die blattartigen Schalen der Entenmuscheln waren geöffnet, und lange, schwarze Fangarme schwangen im Wasser hin und her. Auf dem Grund des Tümpels bewegten sich mehrere Einsiedlerkrebse so rasch dahin, wie ich es bei diesen Tieren nie für möglich gehalten hätte. Bobs löste eine Schnecke von einem Felsen und hielt ihr weiches Fleisch einem der Krebse hin. Sogleich schoß das Tier zum Teil aus seinem gestohlenen Haus hervor, griff mit der einen Zange zu und führte mit der andern die Nahrung zum Mund. Es war, als äße der Krebs von einem Teller.

Robert stieß ein Triumphgeschrei aus, machte sich ebenfalls daran, Schnecken zu sammeln und diese winzigen Bissen hungrigen Einsiedlerkrebsen auf Muschelschalen anzubieten. Alle drei lagen wir auf den Felsen und hielten eine Massenfütterung ab. Im ganzen Tümpel schleckten die Einsiedlerkrebse und ließen sich's wohl sein. Sehr friedlich ging es dabei allerdings nicht zu. Mitunter versuchte ein größerer Krebs einem kleineren den Leckerbissen zu entreißen, dann benutzte der kleine Bursche seine beiden Zangen, um die Köstlichkeit in den Mund zu stopfen, bevor der Räuber sich darüber hermachen konnte.

Um eine Verdauungsstörung bei dieser Krebskolonie zu verhüten, begaben wir uns auf die Suche nach andern Tümpeln. Bis jetzt war mir überhaupt nicht bewußt geworden, wie mannigfaltig ihre Farben waren. Das Grün, Blau, Gelb und das tiefe Rot unter dem klaren Wasser ließen den Boden wie einen Perserteppich erscheinen. Durch kleine unterseeische Wälder aus grauem Moos und bronzefarbenem Tang schwammen wunderliche Fische. Seeigel, die wie große rote Nadelkissen aussahen, und lange gelblichgrüne Seegurken bildeten seltsame Gegensätze. Muscheln lagen in Haufen herum.

Bobs reichte einem Einsiedlerkrebs eine dieser Muscheln. Er schien etwas überrascht über die große Mahlzeit, aber er hielt die Schale mit einer Zange fest und zerschnetzelte mit der andern das Fleisch, als eine Schar kleiner Fische ihn plötzlich entdeckte. Sie hielten sich abwartend ausserhalb seiner Zangenreichweite, doch als er wieder ein Stück Fleisch abzupfte, stürzten sie auf ihn los und entrissen es ihm. Ihr Vorschnellen geschah so viel rascher als sein Zugreifen, so daß er die ganze Muschel für seine Angreifer in Stückchen zerlegte. Bei jedem Vorstoß wurde der Krebs wütender, und seine schwarzen, stecknadelkopfgroßen Augen standen so weit vor, daß wir schon fürchteten, er würde sie ebenso loswerden wie seine Mahlzeit.

Wir lachten noch immer, als wir zu unserem Buch zurückgekehrt waren. Jetzt schien es nicht mehr so wichtig zu sein. Robert nahm es und machte Miene, es ins Meer zu werfen, aber Bobs und ich retteten es.

«Jedes Schiff braucht eine Bibliothek», sagte ich. «Bildende Theorie ist immer langweilig.»

Mein Hang zu Raubzügen an Land wurde vollauf befriedigt. In den Bächen fand ich Forellen. Ein Spaziergang zu irgendeinem Inselsee brachte eine Beerenernte ein. Obwohl der Captain erklärte, daß zwischen Obst und einem nautischen

Bericht überhaupt kein Zusammenhang bestehe, verzeichnete ich im Logbuch die Tatsache, daß wir bei einer Wanderung Erdbeeren, Brombeeren, Heidelbeeren und wildwachsende Trauben gefunden hatten, die alle zu gleicher Zeit gereift waren.

Die Nahrungssuche am Wasser war allgemeine Sitte. Eines Morgens um sechs Uhr fanden wir zwei Seeadler, ein Dutzend große, blaue Reiher und Hunderte von Möwen und Seeschwalben vor. Sie waren offensichtlich eine halbe Stunde vor uns aufgestanden. Ein Seelöwe steckte seine spitze Nase aus dem Wasser, blickte uns an und schwamm dann davon, sichtlich entrüstet darüber, daß wir in sein Gehege eingedrungen waren. Die Adler ließen sich auf nahegelegenen Bäumen nieder und beobachteten uns aufmerksam, während die Reiher nur aufschauten, um sogleich ihre nachdenkliche Haltung wieder einzunehmen. Aber diese Haltung war trügerisch, denn blitzartige Hiebe nach vorüberziehenden Fischen bewiesen, wie gespannt sie in Wirklichkeit aufpaßten. Wir ruderten zur Ebbezeit einen Wasserarm hinauf und begegneten einem Dutzend prächtiger Krabben, die dem tiefen Wasser zustrebten. Mit einem Handnetz fischten wir sie heraus, obwohl Robert Einspruch erhob und erklärte, wir könnten sie nicht alle essen. Er benutzte die Gelegenheit, um sich über meinen Jagdtrieb lustig zu machen.

Die schwarzgesprenkelte Karte und der Name Beware (=Nimm dich in acht) Passage hatten uns auf einige Unannehmlichkeiten vorbereitet, aber wir waren doch keineswegs gefaßt auf das, was wir zu sehen bekamen, als wir uns der Durchfahrt näherten: Einen siebzehn Meter langen schwarzen fliegenden Fisch über dem Strauchwerk am Felsenufer einer Insel. Das Bild war höchst modern in kühnen schwarzweißen Strichen gezeichnet. Bobs und ich starrten es entgeistert an, und der Captain ließ das Schiff vor Erstaunen fast auflaufen.

Wir wußten damals noch nicht, daß der schwarze Fisch bei den Indianern des Queen Charlotte Sounds als Symbol des Todes gilt. Als wir an dem Bild vorbeifuhren, sahen wir, daß es einen Eingeborenenfriedhof bezeichnete, und wir wußten nun, daß wir uns in der Nähe der drei Indianerdörfer befanden, die wir suchten.

Robert und ich kannten die Ojibwa-Indianer von unseren fünf Jahren Blockhausleben im kanadischen Busch, wir waren an Birkenrinden-Kanus und -Wigwams gewöhnt und kannten auch die Geschicklichkeit der Indianer in Lederarbeiten. Die Eingeborenenkultur der Nordwestküste ist jedoch anders. Hier ist der Indianer Baumeister und Schnitzer. Er ist berühmt für seine Geschicklichkeit, in großen Einbäumen das Meer zu befahren, für den Bau riesiger Gemeinschaftshäuser und den Schmuck der davor aufgestellten Totempfähle.

Die drei Dörfer bildeten die südlichsten Festland-Niederlassungen dieses Stammes. Wir rechneten damit, daß sie verlassen sein würden, denn die Lachswanderung hatte die Frauen zu ihren «Konservenfabriken» und die Männer zu ihren Fischerbooten gerufen. Aber wir wollten die Leute ja auch bei der Arbeit sehen. Man hatte uns gesagt, daß die Dörfer Mamalilaculla und Old Village primitiver seien; Karlukwees war durch den Handel schon etwas modernisiert worden.

Wir hatten das Glück, zuerst das interessanteste Dorf zu entdecken. Die «Yakima» ging an einem erstaunlich weißen Ufer vor Anker. Dahinter erhob sich eine Reihe riesiger Gebäude. Selbst vom Wasser aus gesehen wirkten sie sehr eindrucksvoll, denn jedes hatte ungefähr die Größe eines kleineren Theaters. Wir hielten den Boden für Sand, bis wir aus dem Ruderboot stiegen und feststellten, daß wir auf zermalmten Muschelschalen standen – es war der jahrhundertealte Küchenboden eines Muscheln essenden Volksstamms.

Das Dorf prunkte nicht nur mit Totempfählen, sondern auch mit Bildsäulen, die der Gemeinde gehörten. Auf einem Landvorsprung stand die geschnitzte Holzfigur eines jungen Mannes. Die Züge waren negroid, die Lippen hellrot angemalt und die Augen und Wangen weiß umrandet. Ein Frauenbildnis, das sich auf einem hohen Pfahl erhob, starrte auf die See hinaus. Die Hände waren zu einer Gebärde des Willkomms ausgebreitet, und wenn es auch einiger Anstrengung bedurft hatte, dieser Frau Schönheit zu verleihen, so waren ihre Lippen doch ebenfalls hellrot und ihre Augen mit einem weißen Rand versehen. Bobs fragte, ob sie Ähnlichkeit mit der Freiheitsstatue habe, aber wir bezweifelten, daß der indianische Bildhauer von irgendeiner abstrakten Vorstellung inspiriert worden war.

Als wir uns durch ein Buschwerk von mannshohen Nesseln einen Weg bahnten, stießen wir plötzlich auf eine roh geschnitzte, zusammengekauerte Figur. Das maskenhafte Antlitz war in der gleichen verwunderlichen Weise hergerichtet, so daß ich erschrocken zurückfuhr. Ich kannte die Bedeutung dieser Bildwerke nicht und vermochte sie auch nicht zu erraten. Aber unwillkürlich kamen mir Dschungel und Trommelgedröhn in den Sinn, von denen ich gelesen hatte.

Zum erstenmal sahen wir Totempfähle in ihrer natürlichen Umgebung. Hier gehörten sie hin. Die Tiergestalten, mit denen die riesigen Pfähle von oben bis unten geschmückt waren, leuchteten in kräftigen Farben: rot, blau, schwarz, weiß und gelb. Die Tiere stellen die «Wappen» von Familien, Gemeinden oder Stämmen dar. Aus der Gleichartigkeit der Pfähle in den drei Dörfern schlossen wir auf weitgehende Wechselheiraten. Später erfuhren wir, daß das Wappen eines Häuptlings auch diejenigen Wappen einschließt, die den Familien seiner Frau und seiner Schwiegertochter gehören, und daß jedes dargestellte Symbol nur einen größeren Teil des Stammes bedeutet und nicht unbedingt auf Blutsverwandtschaft hinweist.

Die Gemeinschaftshäuser waren mächtige, scheunenartige Gebäude, dazu bestimmt, ein Dutzend Familien zu beherbergen. Die bewohnten wiesen ein Dach auf und bestanden aus zugehauenen Planken von erstaunlicher Dicke und Länge. Die Tür eines dieser Gebäude maß fast anderthalb Meter in der Breite, und wir stellten fest, daß die Planken fünf Zentimeter dick, anderthalb Meter breit und zwölf Meter lang waren.

Die eigentliche Schönheit der Gebäude bestand in ihrem Schnitzwerk. An jedem Ende der Front trugen zwei Säulen einen querlaufenden Balken. Die Säulen waren fast anderthalb Meter dick und mit so wunderbarer Genauigkeit zugehauen, daß sich über die ganze Länge Rillen verteilten, die ihnen den Anblick ausgekehlter griechischer Säulen verliehen. Auf diesen Säulen ruhten die beiden Hauptquerbalken, die ebenfalls anderthalb Meter dick und geriefelt waren und an den Enden über drei Meter frei vorsprangen.

Robert war stolz, ein guter Blockhausbaumeister zu sein, und er war bis jetzt der Meinung gewesen, schon manch ein bewundernswertes Stück Arbeit gesehen zu haben, das eine geschickte Hand mit dem Breitbeil zuwege gebracht hatte. Aber diese riesigen ausgekehlten Balken, die hoch über unseren Köpfen hingen und an Größe und Schönheit alles übertrafen, was er jemals gesehen, nahmen ihm den Atem. Brennend gern wollte er wissen, wie die Eingeborenen sie dorthinauf geschafft hatten.

Die Türen der unzerstörten und bewohnten Gemeinschaftshäuser waren verschlossen. Wir schritten an elf riesigen Gebäuden vorbei, die in einer Reihe standen, konnten aber nur hin und wieder durch einen Spalt in den Wänden einen Blick in das dämmrige Innere werfen. Schließlich fanden wir eine Tür, die offenstand.

Wir traten ein. Das durch einige Spalten eindringende Sonnenlicht und das Rauchloch in der Mitte des Daches verliehen dem großen, dunklen Raum etwas Unheimliches. Feuersteine in einem Kreis schwarzer Erde und Asche bezeichneten die Gemeinschaftsküche. Ringsherum war eine breite hölzerne Plattform, die den Familien als Wohn- und Schlafraum diente. In einem Winkel im Hintergrund befand sich ein kleines Gebäude, ein Haus in einem Haus. Die ganze rückwärtige Wand war von den Bildnissen zweier mächtiger Donnervögel bedeckt, deren geschnitzte Schnäbel hoch über unseren Köpfen hervorragten, und deren weitgespannte gemalte Flügel den ganzen Raum beherrschten.

Die Donnervögel – im Indianerglauben werden Donner und Blitz durch den Flügelschlag riesiger Vögel verursacht – stellten das einzige Mobiliar dar, außer den gemeinsamen Eßschüsseln, ausgehöhlten hölzernen Robben, die mit ihren geschnitzten Beinen auf breiten Unterlagen standen und über ein Meter lang waren.

Ein Spitzenvorhang am Fenster des kleinen Hauses im Winkel versprach etwas Großartiges, aber die einzige Öffnung, eine niedrige Tür, durch die man kriechen mußte, erweckte in mir den Verdacht, daß es nur die Hundehütte sei. Robert kroch zuerst hindurch. Sein Bericht, daß es ein großes Eisenbett zu sehen gab, veranlaßte Bobs und mich, ihm zu folgen.

Ganz offensichtlich war dies die Behausung des Häuptlings. Diese gewichtige Persönlichkeit schlief nicht auf dem Plattform-Diwan. Da das Bett das einzige Möbelstück bildete, schlossen wir, daß er im übrigen das gemeinsame Leben teilte. Die Alltäglichkeit der Eisenbettstatt bewirkte, daß das Ungewöhnliche weniger stark in Erscheinung trat, denn als wir wieder hinauskrochen, erschienen die Ausmaße der Donnervögel nicht mehr ganz so schreckeneinflößend.

Robert konnte sich von seiner Verwunderung über die Mammutsäulen nicht erholen, und immer wieder fragte er sich, wie sie wohl aufgerichtet worden waren. Seine Wißbegierde wurde erst ein Jahr später gestillt, als wir George Hunt kennenlernten, den Sohn eines Faktoreileiters an der Scotch Hudson Bay und einer Häuptlingstochter der Alaska-Indianer. Wir wußten, daß George jahrelang völkerkundliches Material für das Smithsonian-Institut in Washington zusammengetragen hatte, und Roberts erste Frage an ihn lautete: «Wie haben die Indianer diese meterlangen Balken auf die hohen Säulen gebracht?»

Sie wurden, so erklärte George, durch Flaschenzüge unter Zuhilfenahme von Ladebäumen hinaufbefördert. Und dann beantwortete George meine Frage, warum jedes Haus von Donnervögeln beherrscht werde, indem er mir die Legende von der verlassenen Königin Charlotte erzählte, die nach Süden gezogen war und sich ihr Gemeinschaftshaus ohne jede Hilfe bauen mußte. Ein Donnervogel hatte Mitleid mit ihr und half ihr beim Aufrichten der riesigen Säulen.

George Hunts weiche Stimme und farbenreiche Erzählweise ließen die Legende in ihrer ganzen Schönheit erstehen. Bobs hätte ihm dankbar dafür sein sollen, daß er ihr die Kenntnis einer Volkssage in so lebendiger und eindrücklicher Weise vermittelte. Ich war gerade im Begriff, mich in ihrem Namen zu bedanken, als sie sagte: «Aber wozu brauchte sie ein Gemeinschaftshaus, wenn sie doch ganz allein war?»

ZEHNTES KAPITEL

Wir planen große Dinge

Die Notwendigkeit, Briefe zur Post zu bringen und unsere schwindenden Vorräte zu ergänzen, führte uns nach Simoom Sound, einer der beiden Siedlungen im Queen Charlotte Sound, die auf dem Meer schwimmen. Laden, Restaurant, Hotel, Schmiede, Warenhaus, Wohngebäude, ja sogar ein Geflügelhaus ruhen auf Zedernflößen. Diese Flöße sind mit Ketten und Tauen an der Küste verankert; lange Baumstämme, die vom Ufer zu den Flößen führen, halten sie fest und verhindern, daß sie an die Küste geschleudert werden, wenn die Siedlung mit der Flut steigt oder von einer steifen Brise angegriffen wird. Andere Baumstämme halten die Gebäude in einer Reihe und dienen gleichzeitig als Straßen.

Simoom Sound konnte seine örtliche Lage ohne jegliche Schwierigkeit mit Hilfe eines Schleppers ändern. Schon mehrere Male war die Ortschaft, die einem einzigen Mann gehört, umgezogen. Einmal, als die kleine Tochter des Eigentümers krank war und Sonne brauchte, hatte sich die ganze Gemeinde auf die andere Seite der Bucht begeben, und das allwöchentlich eintreffende Dampfschiff, das den Post- und Warenverkehr besorgt, mußte das verlorengegangene Dörfchen erst suchen.

Als wir eintrafen, war gerade «Schiffszeit»; davon ahnten wir jedoch nichts. Gewöhnlich ist Simoom Sound nur von dem Eigentümer der Gebäude und seiner Familie sowie ein paar Angestellten bewohnt und sechs Tage lang pflegt sich fast niemand einzustellen. Aber als die «Yakima» in den kleinen Schlupfhafen unter einem steilen Felsen einbog, fanden wir eine lange Reihe Motorboote vor, die mit nach vorn gerichteter Nase an den Baumstämmen vertäut waren und wie müde Pferde aussahen. Wir mußten «am Rande der Ortschaft» vor Anker gehen. Die Siedlung war voll von Menschen. Aus der ganzen Umgebung waren die Holzfäller herbeigeströmt, um das wöchentlich von Vancouver kommende Schiff abzupassen, das ihre einzige Berührung mit der Außenwelt darstellt.

Auf schwimmenden Baumstämmen, mächtigen, wasserbespülten Lärchenstämmen, die auf der Oberseite von den benagelten Schuhen vieler Männer ganz flach geschliffen waren, wanderten wir zum Laden. Hier hielt sich eine Gruppe Holzfäller auf, die alle einheitlich gekleidet waren: weiße wollene Hemden, Hirschlederhosen und prächtige Stiefel. Robert ließ seine Familie sogleich im Stich, und Bobs und ich gesellten uns im Laden zu den Frauen und Kindern der wenigen verheirateten Männer. Mrs. Dunseith, Posthalterin und Gattin des Besitzers von Simoom Sound, war damit beschäftigt, die ausgehenden Postsachen bereitzumachen. Ich betrachtete meine Einkaufsliste und dann mit Entsetzen die halbleeren Gestelle. Ein Mann, der wohl den Grund meines Schreckens erriet, sprach mich an: «Das Schiff kommt bald. Dann können Sie alles bekommen, was Sie brauchen.»

Plötzlich ertönte eine Dampfpfeife, alle Leute liefen zu dem großen Landungsfloß, und kurz darauf steuerte das Schiff vorsichtig in den Hafen. Die Taue wurden befestigt, eine Luke öffnete sich im Schiffsrumpf, und die Fracht wurde ausgeladen. Mr. Dunseith stand wie ein General da, in der Hand die Ladeliste, und prüfte die Kennzeichen der Kisten, Ballen, Schachteln und Körbe. Als vor meinen Augen Körbe mit Spinat, Salat, Tomaten, Pfirsichen, ein halber Ochse und alle möglichen Luxusartikel auftauchten, begann ich meine Liste zu ergänzen. Bobs berichtete, daß sie einen Korb mit Melonen entdeckt habe. Die Holzfäller waren schon dabei, das Packpapier zu entfernen. Noch nie hatte ich so hilfsbereite Kunden gesehen.

Bobs und ich eilten zum Laden, denn wir wollten der langen Schlange von Käufern, mit der wir rechneten, zuvorkommen. Mrs. Dunseith, die jetzt die eingetroffene Post sortierte, beachtete uns überhaupt nicht. Seltsam, der Laden war leer. Mein Entzücken über das Gemüse zeigte mir, wie sehr ich diese Nahrung vermißt hatte. Ich wurde schon ganz ungeduldig, als Mr. Dunseith mit einer Handvoll Rechnungen erschien. Ich las meine Liste vor – Spinat, Tomaten, Salat, Pfirsiche, Melonen und Fleisch. «Ein großes Rückenstück», fügte ich bestimmt hinzu.

«Gern», sagte er, «wenn noch etwas übriggeblieben ist.»

«Übriggeblieben!» schrie ich auf. «Aber ich habe doch die Sachen gesehen! Wie ist es denn . . .»

Er unterbrach mich, mit dem Kopf zum Landungsfloß weisend: «Greifen Sie selber zu wie die andern, und schreiben Sie mir auf, was Sie sich genommen haben.»

Wir machten kehrt und sausten davon. Die Körbe auf dem Landungsfloß waren leer. Das letzte Gemüse verschwand gerade in einem Motorboot. Eine Frau, die zwölf Salatköpfe trug, sah mein verdutztes Gesicht. «Haben Sie nichts erwischt?» fragte sie.

Unsere traurige Geschichte veranlaßte sie, sich von zwei Salatköpfen zu trennen. Sie meinte, eine Kiste Orangen sei noch nicht geöffnet, und klärte mich darüber auf, daß das Fleisch gerade zur Verteilung gelangte. «Das Restaurant bekommt den größten Teil», fuhr sie fort. «Die Junggesellen bleiben noch hier. Diesmal ist nämlich auch Whisky mit dabei.»

Ich lief abermals los, um wenigstens mein Fleisch zu retten, und begegnete dem Koch des Restaurants, der mehr Fleisch davonschleppte, als meiner Meinung nach ein halber Ochse enthalten konnte. Ein Holzfäller schnitt das übrige Fleisch in Stücke, die von zwei Helfern eingewickelt wurden. Dann wurden die Namen der Käufer auf die Pakete geschrieben. Dankbar nahm ich eine seltsam aussehende Portion entgegen, die überall sonst als Suppenknochen gegolten hätte.

«Sie können das Paket im Laden wiegen lassen», bedeutete mir der Metzger.

«Als was soll ich das Stück bezeichnen?» fragte ich.

«Einfach als Braten. John wird den Preis schon wissen, wenn er inzwischen Zeit gefunden hat, die Rechnung anzuschauen.»

Wir meldeten im Laden unsere Einkäufe. Ein Kunde schrieb alles in ein Buch und erklärte uns, daß wir später erfahren würden, was wir zu zahlen hätten. Etwas bedrückt trugen Bobs und ich unsere Schätze zur «Yakima». Bobs meinte hoffnungsvoll, daß es im Restaurant sicher Melonen zu essen gäbe. Und ich sagte mir, daß wir dort Rindsbraten bekommen würden.

Städtisch gekleidet saßen wir beide dann in der Kajüte und warteten auf Robert, um mit ihm ins Restaurant zu gehen. Er ahnte weder, daß wir auf ihn warteten, noch daß wir die Absicht hatten, essen zu gehen, doch das milderte die Missetat seines Nichterscheinens keineswegs. Wir hörten ein kräftiges Getrampel, und als wir hinausschauten, sahen wir eine lange Reihe von Holzfällern im Restaurant verschwinden. Nach einer ganzen Weile kam Robert an Bord. Er begriff den Grund für unsere schlechte Laune überhaupt nicht, und die Stimmung besserte sich nicht im geringsten, als man uns im Restaurant sagte, wir müßten auf die zweite Mahlzeit warten.

Ich verzehrte dann schweigend die Eier, die uns statt des Fleisches vorgesetzt wurden, das inzwischen gegessen worden war, und die gedörrten Pflaumen, die es an Stelle der ausgegangenen Melonen gab. Robert war bestens aufgelegt. Er war höchst entzückt über unser Glück, daß wir gerade zur Schiffszeit eingetroffen waren. Zwei Holzfäller wollten den Verkauf einer Holzladung feiern, und die Ankunft des alkoholhaltigen «Stoffes» hatte die meisten Männer bestimmt, noch dazubleiben.

Robert befand sich unter Freunden. Er hatte mehrere Holzfäller kennengelernt, die in ihm wohlbekannten Holzfällerlagern in Wisconsin und Minnesota gewesen waren, und diese Leute hatten ihn eingeladen, sie an ihren Arbeitsplätzen zu besuchen. Einer seiner neuen Bekannten, der mit uns zu Mittag aß, erbot sich, uns Anschauungsunterricht im Handholzfällen zu erteilen, wenn wir ihn aufsuchen würden.

Mehrere Male schon hatte ich die Wörter «Handholzfällen» und «Handholzfäller» vernommen. «Was ist das, ein Handholzfäller?» fragte ich den Mann.

«Genau, was das Wort besagt, Madam», erwiderte er. «Ein Mann, der mit der Hand Holz fällt.» Er zwinkerte mit den Augen, aber er fuhr fort zu erklären.

Die Holzgesellschaften von North Carolina benutzen eigens konstruierte, sehr starke Maschinen, um die riesigen Baumstämme vom Stumpf zum Dampfer oder zur Eisenbahn zu schaffen. Aber an den steilen Berghängen von British Columbia kann ein geschickter Mann einen Baum so fällen, daß er von selbst ins Meer rutscht. Wenn der Stamm steckenbleibt, nimmt der Holzfäller ein Werkzeug zu Hilfe, das wie ein großer Wagenheber aussieht, und macht sich daran, den meist viele Tonnen schweren Baumstamm weiterzubefördern. In solchen Fällen kann es ein oder zwei Tage dauern, bis es ihm gelingt, den Stamm ins Meer zu bringen.

«Sie sehen, Madam», sagte der Handholzfäller, «ein Baum kann niemals in ein Sägewerk gelangen, bevor er nicht im Wasser geschwommen hat.»

Robert wußte über alle diese Dinge schon Bescheid. Die Wörter «Rutscher», «Kleber» und «Reißer» flossen von seinen Lippen, daß ich nur so staunte. Ein «Rutscher» ist ein Baumstamm, der ohne Aufenthalt vom Stumpf zum Meer rutscht, ein «Kleber» hingegen einer, der unterwegs hängenbleibt. Die «Reißer» gehören zu den schlimmsten Schrecken der Holzfäller: Sie verursachen im Herbst und Winter Lawinen, die einen ganzen Berghang abrasieren können.

Ganz offensichtlich rechnete unser Captain mit einem langen und unterhaltsamen Abend, und ebenso offensichtlich war es, daß wir nicht daran teilnehmen sollten. Nach dem Abendessen spazierten wir durch die «Seitenstraßen» der Ortschaft. Die verheirateten Holzfäller fuhren gerade mit ihren Familien ab, und ich sah, daß sie mit sehnsuchtsvollen Blicken zurückschauten. Wir kamen an vielen Männergruppen vorbei, doch im Laden fanden wir nur Mrs. Dunseith vor. Aus einem Nebenraum, der mit Spieltischen ausgestattet war, erklang dröhnendes Gelächter. Als Roberts Blick in diese Richtung schweifte, wünschten Bobs und ich ihm gute Nacht.

Um Mitternacht kam er an Bord. Er berichtete unverdrossen, daß er mit den Männern Poker gespielt und wacker geholfen hatte, den angekommenen «Stoff» bis auf den letzten Tropfen zu vertilgen. Im Gespräch hatte er überdies drei Berghänge kahl geschlagen.

«Haben wir nicht wirklich Glück gehabt, daß wir gerade zur Schiffszeit hierher gekommen sind?» sagte er vergnügt.

Ich stimmte zu, und ich meinte es aufrichtig.

«Nächsten Sommer fahren wir wieder hierher», fuhr er fort.

Auch damit erklärte ich mich gern einverstanden. Doch als er dann von dem herrlichen frischen Gemüse zu schwärmen begann, von dem köstlichen Braten, dem Vergnügen, in einem Restaurant zu essen, und dem Kameradschaftsgeist, der hier herrschte, explodierte ich – das war zuviel.

«Hör mal gut zu», sagte ich. «Weißt du, was diese 'Schiffszeit' für mich bedeutet? Zwei Salatköpfe, ein halbes Dutzend Orangen, ein paar Knochen und einen einsamen Abend in der Kajüte. Und wenn die Motorboote noch länger im Kreis herumfahren, werde ich auch noch um meinen nächtlichen Schlaf betrogen.»

Er lachte, und da mein weibliches Dulderleben gewürdigt wurde, lachte ich ebenfalls.

Dieser erste Abend in einer Wasserstadt führte zu Küstenfreundschaften, die von Dauer sein sollten. Es stellte sich heraus, daß die Handholzfäller – im allgemeinen scheue Männer, die sich in der Einsamkeit der Berge abrackern – gern mit einer Frau plauderten, wenn sie sie erst einmal näher kannten, und daß es für eine Frau höchst interessant war, von den Dingen zu hören, um die sich ihre Gespräche drehten.

Am nächsten Tag fuhren die letzten Motorboote ab. Noch nie hatte ich bis jetzt ein Motorboot mit einem «Rausch» gesehen. Hier gab es mehrere, die sich wie Betrunkene aufführten. Ich erkundigte mich bei Billy Welsh, dem einzigen Holzfäller, der zurückgeblieben war, ob da kein Unglück passieren könne.

«Die Inlets sind breit genug», erwiderte er lakonisch.

Von Billy Welsh erfuhren wir allerlei aus der Ortsgeschichte. Er hatte eine besondere Fähigkeit, sich anschaulich auszudrücken und treffende Spitznamen zu erfinden. Der mildeste lautete «abgerahmte Milch», der kräftigste und farbigste ist nicht wiederzugeben. Er äußerte sich zu allen Dingen in der Sprache der Handholzfäller. So sagte er von einem seiner Kunden: «Er hält sich für einen besonders gesunden Stamm. Aber seine Rinde läßt zu wünschen übrig.»

Billy war siebenunddreißig Jahre alt und berühmt für seine Geschicklichkeit im Umgang mit «Rutschern». Er brachte seine Partner mit seinem Arbeitseifer zur Verzweiflung, doch gelangte er trotzdem auf keinen grünen Zweig, denn er machte sich nichts aus Geld. Seine Philosophie war sehr einfach.

«Der Handholzfäller ist der erste Mann im Land, und mit seiner Arbeit könnte er ein Vermögen machen. Aber er hat keine Zeit dazu, denn er zieht ständig umher. Der zweite Mann nimmt das Geld ein und damit zugleich einen Haufen Ärger und Verdruß, wie Steuerzettel und Scherereien mit den Behörden. Der Handholzfäller hat den besseren Teil erwählt. Zu essen findet er genug, und was er sonst braucht, kann er sich immer borgen, bis seine Stämme verkauft sind. Ich würde mir kein anderes Leben aussuchen, wenn ich noch einmal von vorn beginnen könnte.» Die Siedlung Simoom Sound bestand seit dem Auftauchen der ersten Handholzfäller. Sie war ihr Laden, ihr Heim, ihr Klub, und wenn sie von einer Reise in die große Welt zurückkehrten, war sie auch ihre Bank. Diese Männer hätten selbst zu billigeren Preisen nirgendwoanders ihre Einkäufe getätigt. Sie halfen beim Ausladen und bedienten sich selbst. Viele Waren gelangten überhaupt nie in den Laden, sondern geradewegs in die Motorboote.

Wir erkundigten uns bei Mr. Dunseith, wie dieses Selbstbedienungs-Verfahren sich bewährte. Er schlug sein Buch auf und zeigte uns die Eintragungen vom vergangenen Tag. Da waren lauter verschiedene Handschriften zu sehen, aber keine Preise.

«Ich wiege die Sachen nur ab», erklärte er. «Jeder muß sich selbst bedienen. Wie anders könnte ich sonst in wenigen Stunden mit dem ganzen Geschäft fertig werden?»

«Wissen Sie denn genau, daß sie alle ehrlich sind?» fragte ich.

Einen Augenblick dachte er nach, bevor er antwortete: «Die meisten Menschen sind ehrlich, wenn man ihnen vertraut. Wenn ich anders dächte, könnte ich niemals auf einen Baumstamm Kredit geben, der erst in einem Jahr im Sägewerk sein wird.»

Als «Bankier» benutzte er die gleichen einfachen Methoden wie in seinem ganzen Handelsgeschäft. Die Kunden brauchten sich nur mit ihm zusammenzusetzen, und nach einer halbstündigen Unterhaltung wußte er, ob er ihnen Kredit gewähren konnte oder nicht. Nur einmal war Mr. Dunseith hereingefallen.

«Dieser Bursche kam damals hier in den Hafen gefahren», erzählte er, «füllte sein Boot mit Futter und Geräten und zog dann schnurstracks nach Alaska. Ich habe ihn nie wiedergesehen.»

*

Der Monat August war zur Hälfte herum, als wir das obere Ende des Knight Inlets verließen. Dieses Inlet gehört zu den längsten Fjorden von British Columbia. Es dringt tief in das Innere des majestätischen Küstengebirges ein, und die zweitägige Fahrt auf diesem Gewässer war die schönste von allen.

«Sind Sie das Knight hinaufgefahren?» fragten uns die Leute an der Küste stets, denn selbst diesen Menschen, die ihr ganzes Leben im Glanz des großartigen Meerlandes verbringen, flößen die riesigen Ausmaße von Meer und Bergen, die man im Knight Inlet zu sehen bekommt, Ehrfurcht ein.

Die Gipfel sind hier höher und vielgestaltiger, die Schneefelder mächtiger, die Stromstrecken zwischen zwei Krümmungen länger und großartiger, die Einsamkeit und Weltabgeschiedenheit des oberen Endes, die Kälte, die von den Höhen hinunterweht, lassen an arktische Gewässer und an Eisberge denken.

Das klare Blau unseres ersten Gletschers glitzerte im Sonnenlicht. Durchs Fernglas erblickten wir weit über der Baumgrenze etwas, das wir für einen Schneefleck hielten, bis es sich bewegte und wir erkannten, daß es eine Bergziege war. Felsentürme, die an Minarette erinnerten, standen am Ende einer langen gleichmäßigen Gipfellinie Wache. Weißglitzernde Zinnen begrüßten einander. Wasserfälle donnerten von steilen Klippen ins Meer.

Die zweite Hälfte des Inlets wies nur einen einzigen Zeugen menschlichen Daseins auf. Das helle Gelb einer neu errichteten schwimmenden Holzfällerhütte glich einem Punkt am Fuße der mächtigen, grünbemantelten Berge.

Nur die Natur selbst konnte diesen Höhen etwas antun. Lawinen hatten scharfe Narben auf den bewaldeten Abhängen hinterlassen und das Gestein bloßgelegt. Wo sie gewütet hatten, war die Zerstörung vollständig.

Wir ankerten am Fuß eines Berges, der im vergangenen Herbst kahl geschlagen worden war, und kletterten am Ufer über Tausende von Klaftern Holz, die einst sechzig Meter hohe Zedern gewesen waren.

Ein breiter Fluß, der Schneewasser führte, ergoß sich nahe unserem Ankerplatz am obern Ende des Inlets ins Meer und färbte es milchiggrau. Die eisige Kälte drang bis ins Innere der «Yakima», eine Büchse mit Grapefruitscheiben, die draußen stand, gefror völlig.

Wir waren der Meinung gewesen, daß die rosigen Farben, die der Sonnenuntergang auf den Schneegipfeln hervorrief, der Höhepunkt des Sommers seien, doch da hatten wir die Morgendämmerung noch nicht erlebt. Diesmal fuhren wir ab, als die Nacht noch über dem Meer lag; so sahen wir zum erstenmal, wie die Höhen von einem stumpfen zu einem warmen Grau wechselten und schließlich in goldenem Licht aufstrahlten.

Als wir mehrere Stunden später zurückblickten, glitzerten die schneeigen Gipfel in der Mittagssonne. Kein Windhauch trübte den klaren Meeresspiegel. Es war schön, aber für uns bedeutete diese Stunde Trauer. Wir waren auf dem Heimweg und mußten den Bergen Lebewohl sagen. Noch ein paar Tage Lachsfang in den Yucluetaws, eine Fahrt gen Süden in Begleitung der «Dawn», und wir würden zum letztenmal Anker werfen. Für Bobs begann die Schule wieder, und auf Robert und mich warteten die Tasten der Schreibmaschine. Unsere Ferien waren zu Ende.

«Du sprichst, als ob es unsere letzten Ferien gewesen wären», sagte Robert.

«Wir können nicht jeden Sommer drei Monate verschwenden», entgegnete ich. «Und du kannst auf der kleinen 'Yakima' nicht arbeiten.»

Robert stand schweigend am Steuerrad. Wir wußten, was wir uns wünschten, aber Wünschen und Bekommen sind zweierlei. Seit wir uns zum erstenmal fröhlich darüber unterhalten hatten, daß wir die «Yakima» als ein Versuchsboot betrachteten, hatten sich unsere Vorstellungen von Bequemlichkeit und Sicherheit geändert, oder vielleicht hatten sie überhaupt erst Form erhalten.

Sollten wir jemals ein neues Boot kaufen, so mußte es eine eigene Küche haben, ein Badezimmer, behagliche Wohnwinkel, eine Empfangskajüte, einen abgeschlossenen Arbeitsplatz und einen abgetrennten Motorraum. Vor allem aber wünschten wir uns ein festes, standhaftes Schiff, das es mit jedem Unwetter aufnehmen konnte.

Das war mehr, als wir uns vorerst leisten konnten. Unsere Bücher brachten keine Einnahmen, die für eine Yacht reichten. Immerhin schlug ich vor, für ein neues Schiff zu sparen.

«Bis wir beide zu alt sind, um an Deck herumzukriechen», spottete Robert. «*Jetzt* ist die Zeit für dieses Spiel.»

Ich gab zu, daß das stimmte. Robert sprach von Tantiemen, die wir um die Wintermitte zu erwarten hatten, und die ursprünglich als Notbatzen eines Sparfonds bestimmt gewesen waren. Plötzlich sahen wir uns mitten in einer Familienkonferenz über «Kapitalanlagen». Es war nicht die übliche Diskussion über hohe und niedrige Zinsen und die Frage der Sicherheit. Ein Bankier hätte unsere Betrachtungen rundheraus als unsinnig bezeichnet, denn wir sprachen davon, daß es richtiger sei, die Gegenwart zu genießen und auf die Zukunft zu vertrauen, daß mehr dabei herauskomme, wenn man Geld in Erfahrungen und Abenteuern anlege, wenn man schöne Erinnerungen und reiche Jahre kaufe, statt Vorräte und Obligationen. Unsere Schlüsse mochten unsinnig oder sehr weise sein, auf jeden Fall zogen wir sie aus der uns eigenen Art des Denkens und Handelns. Das allein zählte.

Ich fragte Bobs, was sie davon halte, wenn sie den Sommer stets auf dem Wasser verbrächte.

«Natürlich hätte sie Spaß daran», mischte Robert sich ein. «Was kann ein junges Ding in der Stadt viel anfangen?»

Bobs sah so bekümmert aus wie stets, wenn es galt, ernste Angelegenheiten in Worten auszudrücken.

«Hast du dich in diesem Sommer gut unterhalten?» fragte ich. «Gefällt es dir, auf einem Boot zu leben?»

«Wenn wir ein richtiges kaufen», sagte sie, «werde ich alle Messingteile putzen.»

Robert lächelte verschmitzt, und wir tranken noch vor dem Essen auf das neue Boot. Bobs stieß mit ihrem Glas Ingwerbier mit an. Es handelte sich auch um ihre Kapitalanlage.

«Wir wollen alle unsere Honorare dafür verwenden und außerdem wie der Teufel arbeiten», erklärte Robert. «Es lebe das nächste Schiff! Hoffentlich ist es ein richtiges.»

ELFTES KAPITEL

Die «Triton»

Die «Triton» war ein richtiges Schiff. Sie war für das Motorbootrennen in den Bermudas bestimmt gewesen und ganz von Hand erbaut worden. Das bedeutete bei einem Schiff noch viel mehr als der Unterschied zwischen einem Maßkleid und Konfektion. Wenn die Kosten auch meist die Vorberechnung weit übersteigen, so machen sie sich doch infolge des guten Materials und der tadellosen Ausführung bezahlt.

Der Eigentümer der «Triton» hatte schon sieben Schiffe gebaut und hielt dieses für sein letztes und vollkommenstes. Er sagte, daß er nicht die Mittel habe, es zu behalten, und wir wußten, daß wir nicht die Mittel hatten, es zu kaufen. Aber wir kauften es dann doch im Februar, als wir hörten, daß es auf dem Markt war. Wir kauften es unbesehen. Die Geschichte der «Triton» war ebenso erhaben über jeglichen Verdacht wie Cäsars Weib; alle guten Schiffe haben einen fleckenlosen Ruf.

Die «Triton» hatte einen geraden Bug, ein breites Heck und war nahezu fünfzehn Meter lang. Sie hatte einen Tiefgang von ein Meter siebzig, was ihr in Verbindung mit einem Bleikiel einen festen Halt im Wasser verlieh. Das erhöhte Vorderdeck bot Platz für das Rettungsboot, auf dem breiten Achterdeck befand sich ein Lüfterkopf für den Motorraum. Auf unserem Wunschzettel stand, daß unser neues Schiff einen großen Maschinenraum haben müßte, doch der Sterling-Motor der «Triton» prangte sogar in einer fürstlichen Halle.

Der Erbauer war Eigentümer einer Bronzegießerei, und so bestanden alle Metallteile und alle sonst für Bronzeguß geeigneten Ausrüstungsstücke aus schwerer Bronze. Sämtliche Instrumente bis zum Sextanten waren nach eigenen Entwürfen hergestellt. Sogar für die Beleuchtungskörper hatte er sich besondere Muster ausgedacht und ein eigenes Ankerspill aus Bronze geschaffen.

Ein Mast, der allen Ansprüchen gerecht wurde, trug ein stattliches Großsegel und einen Klüver. Ein Steuerhäuschen fehlte, eine Zeltplache und ein Windbrecher bildeten den einzigen Schutz für den Steuermann. Ich sah uns schon im Geist völlig durchnäßt bei einem Unwetter.

«Wenn wir das Schiff umbauen, können wir leicht ein Deckhaus errichten», sagte Robert. «Wir werden auch sonst eine Menge Änderungen vornehmen.»

Verschiedene Gründe ließen uns im ersten Jahr von solchen Änderungen absehen. Einer dieser Gründe hing mit dem schlechten Stand unserer Finanzen zusammen. Zum Teil war ich daran schuld. Ich hatte mich einer Operation unterziehen müssen, und Arzt- und Spitalrechnungen hatten ein großes Loch in die Tantiemen gerissen, das der Kauf der «Triton» noch erweitert hatte. Dabei hatten wir noch keine Möglichkeit gefunden, die «Yakima» zu verkaufen. Wider Willen waren wir Besitzer zweier Schiffe.

Doch selbst wenn wir im Besitz überflüssiger Gelder gewesen wären, hätten wir die «Triton» im ersten Jahr nicht umgebaut. Erst nachdem wir mit ihr eine längere Fahrt gemacht hatten, konnten wir ermessen, welcher Art unsere persönlichen Wünsche waren, vor allem was die Ausstattung unter Deck betraf. Die gegenwärtige Einrichtung war an und für sich hinreichend, aber keiner von uns dreien konnte seine Enttäuschung ganz verbergen, als wir zum erstenmal die Kajütentreppe hinuntergingen. Was wir sahen, entsprach nicht unserer Vorstellung von einem schwimmenden Heim.

Der frühere Besitzer des Schiffes hatte Gefallen daran gehabt, die «Triton» mit Leuten zu füllen. Das Schiff galt als «Achtbetter». Die Hauptkabine enthielt zwei Doppel- und zwei Einzelkojen. So erweckte sie den Eindruck eines Straßenbahnwagens mit Längsbänken, wenn auch zwei schöne Mahagonischränke dem Ganzen einen andern Anstrich zu geben versuchten. In der Empfangskajüte am Fuß der Treppe gab es eine Doppelkoje. Diese Kajüte beschlagnahmten Bobs und ich sogleich, und der Captain mußte weiterhin sein Bett am Abend herrichten und am Morgen verschwinden lassen.

Der schwere Mahagoni-Eßtisch, der selbst in zusammengeschobenem Zustand die ganze Hauptkajüte einzunehmen schien, war groß genug, um acht Personen darum zu gruppieren. Die Kombüse im Bug war von denselben großzügigen Ausmaßen. Ihr Eisschrank vermochte hundert Pfund Eis zu fassen, nur konnten wir bei unserer Küstenfahrt nirgends Eis kaufen. Zwei breite Küchentische, ein großer Herd, ein sehr tiefer Ausguß, mehrere eingebaute Schränke und viele Gestelle und Borde ließen an eine Hotelküche denken.

Das Badezimmer mittschiffs wirkte geradezu riesig im Vergleich zu dem zwergenhaften Ding auf der «Yakima»; es war mit Waschbecken, Toilette, Medizinschränkchen und drei enormen Schränken ausgestattet, die anscheinend für Wäsche bestimmt waren. Unsere gesamte Ausstattung für den Sommer füllte nur einen einzigen aus.

Wenn ich bei schlechtem Wetter kochen mußte, bedauerte ich manchmal die Lage der Kombüse, und alle drei verfluchten wir den Eßtisch, wenn wir blaue Flecken am Schienbein bekamen. Aber wir nahmen diese Unannehmlichkeiten schließlich in Kauf, zumal sich im Lauf des Sommers von selbst mancherlei Verbesserungen ergaben.

Der letzte und seltsamerweise ausschlaggebende Grund für unseren Entschluß, noch keine einschneidenden Veränderungen vorzunehmen, bestand in der Tatsache, daß die «Triton» eigentlich noch gar nicht unser Boot war. Roberts Name war zwar als der des Besitzers und Herrn der Neunzehntonnen-Motoryacht «Triton» eingetragen, aber ein Schiff wechselt seinen Eigentümer ebensowenig wie ein Pferd oder ein Hund mit der bloßen Bezahlung. Das Eigentumsrecht muß erworben werden. Erst wenn der Captain sein Schiff durch Sturm und Nebel gesteuert hat, um Klippen und Fährnisse herum, ist es wirklich sein Eigentum geworden.

Das erkannten wir an dem Tage, als der frühere Besitzer an Bord kam, um uns glückliche Fahrt zu wünschen. Er machte erst einen Rundgang mit Robert, bevor er sich zu mir in die Kajüte begab. Unser Besucher erklärte uns die Eigenarten der «Triton», als bäte er um verständnisvolle Güte für das Schiff.

«Sie wird rollen und schlingern», sagte er, «so stark rollen, daß Sie glauben, sie könne sich überhaupt nicht mehr geradehalten. Das tut sie immer, auch wenn's gar nicht nötig ist. Die 'Triton' hat nun einmal diese Angewohnheit. Wenn Sie dann aber einmal draußen sind und die Wellen hochgehen, werden Sie sehen, wie famos sie sich benimmt . . .» Er brach jählings ab, erhob sich und ging.

Als wir an Deck gelangten, stapfte er schon über den Landungssteg. «Viel Glück», sagte er nochmals, ohne sich nach uns umzudrehen.

Seine Stimme war belegt. Wir schauten ihm nach, während er davonschritt. Auf der Straße am Ufer blieb er stehen und warf einen letzten Blick auf die «Triton». Tränen liefen ihm über die Wangen.

Sechs Jahre später verstanden Robert und ich seine Gefühle besser, als wir selbst am Ufer standen und zusahen, wie die «Triton», gesteuert von einem Fremden, in die offene See hinausfuhr. Wir wandten uns ab und schritten ebenso rasch fort, und mein letzter Blick auf das Schiff war getrübt. Der Name des Fremden war im Schiffsregister als der des Besitzers und Herrn der «Triton» eingetragen. Ich hatte seiner Frau die Vorrichtungen in der Kombüse erklärt. Aber die «Triton» schien ebensowenig ihr Eigentum zu sein, wie sie das unsere war an dem Tage, als wir zum erstenmal die Vertäuung lösten und in den Lake Washington Canal hinausfuhren.

Es war Anfang Mai, und wir hatten Vorräte für sechs Monate geladen. Das größere Boot und die geräumigen Schränke erlaubten uns, großzügige Vorsorge zu treffen. Unsere Ladeliste bestand aus drei engbeschriebenen Schreibmaschinenseiten. Ein Teil der Wäschefrage war mit tausend Papiertischtüchern und dreitausend Papierservietten gelöst worden. Ich bedauerte nur, daß es nicht auch papierene Bettücher gab. Es schien mir so verlockend, die leeren Schrankfächer zu füllen.

Alle unsere Nahrungsmittel konnten sich breitmachen. Unterhalb der Luken standen Kisten voll eingesottener Butter, Kondensmilch, Marmeladetöpfe und Büchsenfleisch, hinter der Kajütentreppe mächtige Töpfe mit eingelegten Eiern. Konservenbüchsen, Zucker, Mehl und Teigwaren füllten die niedrigen Schränke unter den Kojen.

Auch unsere persönlichen Besitztümer mußten wir nicht reduzieren. Dem Captain stand ein eigener Kleiderschrank zur Verfügung. Bobs und ich konnten alle unsere Sachen in unserer Kabine unterbringen. Niedrige Kästen unter den Kojen erlaubten uns, unsere Kleider auszulegen, und in einem Winkel war ein Gestell errichtet worden, an dem wir unsere Mäntel aufhängten. Es gab jetzt keinen Entschuldigungsgrund mehr, wenn unsere «Küstengarderobe» zerknittert war.

Der Maschinenraum gefiel mir ebenso gut wie dem Captain. Der Koch wurde nicht mehr von Pleuelstangen und dem kreisenden Schwungrad bedroht, und es kam nicht mehr vor, daß eine Mahlzeit wegen einer Motorpanne verschoben werden mußte. Im Maschinenraum gab es Benzintanks, die über dreizehnhundert Liter faßten, Petroleumkannen für den Petroleumofen in der Kombüse, Batterien, Werkzeuge, Wasserpumpen und alles erdenkliche technische Zubehör. Der Raum war von den Wohnräumen durch ein wasserdichtes Schott getrennt, vor dem sich ein Frischwassertank, so breit wie das ganze Schiff, befand.

Wir mußten nun nicht mehr die Motordüfte um unsere Nasen wehen lassen, die Feuergefahr war herabgemindert, und der Captain hatte sein eigenes «Spielzimmer», in dem sogar Platz für seine Schreibmaschine war. Die Koje des Maschinisten achtern im Maschinenraum wurde in einen Schreibtisch verwandelt.

In mancher Beziehung hatte die «Triton» große Vorzüge. Die Räume wiesen eine bessere Beleuchtung auf, so daß man wirklich von Licht sprechen konnte, während die «Yakima» im ersten Jahr nur Funzeln aufgewiesen hatte. Und der Süßwassertank, der vierzehnhundert Liter faßte – Vorrat für einen ganzen Monat –, konnte an jeder Lachsfabrik oder Autotankstelle mit einem Schlauch aufgefüllt werden, so daß der Captain sein bisheriges Verhalten dem Wasserverbrauch gegenüber änderte. Da er jetzt nicht mehr dauernd im Ruderboot Wasser herbeischleppen mußte, um einen Zweihundertsechzig-Liter-Tank in erträglichem Gleichgewicht zu halten, stand er nicht mehr Wache, wenn Maat und Bootsmann sich die Zähne putzten. Ich war froh, als ich sah, daß er nicht von Natur ein Wassergeizhals war, sondern sich nur infolge der Umstände als solcher gebärdet hatte. Auch von der Bedrohung durch das nachgeschleppte Rettungsboot waren wir befreit, denn wir führten unser kleines Boot in Klampen auf dem Vorderdeck mit uns; mit der Gaffel des stangenlosen Hauptsegels konnten wir es herunterheben. Und am Heck des Bootes gab es zu allem noch einen Außenbordmotor.

Gewitzigt durch die Erfahrungen unseres ersten Sommers hatten wir beschlossen, nie mehr mit nur einem Rettungsboot in See zu stechen. Es erweist sich oftmals als äußerst unbequem und ist auf jeden Fall gewagt, wenn ein Teil der Mannschaft das Schiff im Ruderboot verläßt und die Zurückbleibenden dann keine Möglichkeit mehr haben, ebenfalls von Bord zu gehen. Das zweite kleine Boot war Bobs' persönliches Eigentum, doch kam es erst im Bute Inlet an Bord, bevor wir die Yucluetaws erreichten.

Ein Mann von den Orkney-Inseln, der prächtige Ruderboote herstellte, sollte es für Bobs bauen. Er wollte ihr Alter und ihr Gewicht wissen. Das Ergebnis war ein genau auf ein zehnjähriges Mädchen zugeschnittenes Boot. Wenn Bobs in der Mitte saß, trimmte es vorzüglich, bei einem Erwachsenen kam es vorn höher zu liegen. Auch die leichten Riemen aus Zedernholz waren ihren Kräften angepaßt. Es sah hübsch aus, und sein Bau ließ nichts zu wünschen übrig. Die Spanten bestanden ebenfalls aus Zedernholz, sie waren mit Kupfer vernietet. Ihre Krümmung war ganz natürlich, allerdings hatte der Bootsbauer Tage damit verbracht, die passenden Hölzer im Wald zu suchen. Für die

Die «Triton» – unser erstes schwimmendes Heim

Totempfähle der Indianer

Wägerung hatte er Mahagoniholz gewählt. Im ganzen hatte das Boot die Form eines großen Eßlöffels, dessen beide Enden abgeschnitten waren; es war so beweglich, daß Bobs es auf der Stelle herumdrehen konnte. Diese Beweglichkeit nach allen Richtungen trug ihm binnen einer Stunde den Namen «Krabbe» ein. Bobs wurde niemals müde, darin herumzurudern; es war das erfolgreichste Geschenk, das sie jemals von uns erhalten hatte. So leicht war die «Krabbe», daß Bobs sie am Ufer selbst tragen konnte, und so seetüchtig, daß wir niemals in Sorge gerieten, wenn Bobs einen ganzen Tag fortblieb. Niemand durfte das Boot ohne ihre Erlaubnis benutzen, die sie jedoch bereitwillig erteilte, wenn man einmal einen Zeitpunkt erwischte, zu dem sie keine Krabbenunternehmung plante.

Sie benutzte das Boot zu langen Fahrten an der Küste. Sie ruderte darin zu andern Booten, und ihr gesellschaftliches Leben nahm immer größeren Umfang an. Der Anblick des jungen blonden Geschöpfes, das sein Boot so geschickt handhabte, bewirkte, um ihr von allen Seiten Einladungen zu Bordbesuchen einzubringen. Sie hätte ein dickes Buch über die Geschichte, die Bemannung und Inneneinrichtung sämtlicher Yachten und Boote an der Küste schreiben können.

Die Yucluetaws waren nicht gerade der richtige Ort für Bobs, um ihr neues Boot auszuprobieren, und so fuhren wir zu einem geschützten Hafen, von dem es hieß, er enthielte eine Austernbank. Der Bootsmann, die «Krabbe» und ich brachen sogleich zu einer Erkundungsfahrt auf. Wir schwenkten in eine lange Bucht, wo wir einige verlassene Gebäude untersuchten, und von einem dahinter liegenden Hügel erblickten wir eine Salzlagune, die auf der Karte nicht verzeichnet war.

Als wir die «Krabbe» durch die Stromschnellen am Eingang trieben, gerieten wir etwas landeinwärts, und bei dieser Gelegenheit entdeckten wir eine Hütte und zwei reizende Engländer, die den Versuch machten, ein Handholzfällerleben zu führen. Sie ließen ihre Arbeit ruhen und bewirteten uns mit bemerkenswert gutem Tee, der sogar in dicken Emailtassen serviert wurde.

Die beiden Burschen, frühere Oxford-Studenten, waren im Krieg Offiziere gewesen. Ihr Blockhaus war sehr hübsch, aber die wenigen Baumstämme, die sie bis jetzt ans Ufer gebracht hatten, hätten das Mitleid der Simoom Sound-Handholzfäller erregt. Immerhin hatten unsere Gastgeber Humor genug, um über ihre «Kleber» zu lachen, und sie dachten gar nicht daran, den Mut sinken zu lassen.

Nach dem Tee besuchten wir die berühmte Austernbank und füllten einen Zuckersack. Es war höchste Zeit, daß wir heimkehrten, aber wie Aschenbrödel hatten wir die Zauberstunde versäumt, und die Stromschnellen am Eingang waren zu einem reißenden Strom geworden. Wir hielten es für unklug, unser Glück auf die Probe zu stellen, deshalb fuhren wir rasch in einen Schlupfhafen, wo wir die aufgezwungene Wartezeit mit Schwimmen verkürzen konnten. Wir badeten und verbrachten eine ganze Stunde damit, das schönste Eckchen Meer zu erforschen, das wir je erblickt hatten. Kleine Tiere huschten zwischen dichten Büscheln aus olivengrünem Tang umher. Das Wasser spielte in allen Farben, und Seeanemonen streckten vertrauensvoll ihre bunten Arme aus; es waren außerordentlich scheue Tiere, denn bei der leisesten Berührung zogen sich ihre strahlenden Blüten zu harten kleinen Knöpfen zusammen.

Hier fand uns der Captain, der uns suchen kam, weil unser Ausbleiben ihn geängstigt hatte. Als wir eine Bemerkung fallen ließen, wie angenehm es doch sei, daß wir nun zwei Ruderboote hätten, entgegnete er brummig: «Gewiß. Das eine ist für euch beide, damit ihr an Land gehen könnt, das andere für eure Rettung.»

Er stand unserem Ausflug jedoch weniger ablehnend gegenüber, als ihm die Austern vorgesetzt wurden, die wirklich köstlich waren. Diese Leckerbissen sollte man eigentlich nur an Deck eines Schiffes und ohne alle Gewürze zu sich nehmen. Das Vergnügen, die Schalen ins Meer zu schleudern, erhöht den Genuß des Essens. Wir saßen auf dem Vorderdeck der «Triton» und aßen eine Stunde lang fleißig Austern. Begonnen hatten wir mit der Vorstellung, daß ungefähr ein Dutzend für jeden ein angenehmer Auftakt zum Nachtessen wäre. Bei Einbruch der Dämmerung waren wir auf dem Grunde des Sackes angelangt.

Robert schüttelte ihn betrübt. «Ich muß zugeben, daß meine Frauen reiche Beute einbringen», sagte er.

*

Der schöne Mount Estero, in liebliches Blau gekleidet, grüßte uns, als wir den Yucluetaws zusteuerten. Dieser mächtige Gipfel war jetzt unser Grenzstein, denn er trennte das höhere Land vom niedrigeren. Sein Anblick bedeutete gleichzeitig, daß wir uns Henry Maurins Schlupfhafen näherten, der für uns ein Heimathafen geworden war.

Hier waren wir Betty und Stewart White zum erstenmal begegnet. Die Freundschaft mit ihnen war während des Winters in San Francisco fortgesetzt worden. Stewart und Robert hatten miteinander Golf gespielt. Betty und ich waren durch die Stadt gestrolcht, wenn unsere Männer einmal wöchentlich zu einem Boxkampf gingen. Alle vier waren wir gleichermaßen an Schiffen interessiert, und Stewart und ich hatten zur großen Belustigung der beiden andern zusammen an einem Theaterstück gearbeitet.

Keiner von uns hatte jemals ein Stück geschrieben, woran Robert uns oft erinnerte. Betty hatte versucht, uns anzuspornen, aber sie konnte nicht recht daran glauben, daß das Stück wirklich so schön sei, wie wir meinten. Niemand glaubte es. Das Gutachten unseres literarischen Agenten, Carl Brandt, war ein diplomatisches Meisterwerk: er meinte, es sei ein ausgezeichnetes «Lesestück». Aber wir hatten einen Riesenspaß daran gehabt. Das Stück war fertig geworden, gerade bevor Stewart nach Afrika auf Jagd ging und Betty nach London fuhr. Die «Dawn» verbrachte den Sommer im Dock, und als wir anlegten, vermißten wir sie sehr.

«Komisch, wenn nur der halbe Verein hier ist», meinte auch Henry bei der Begrüßung. Dann bewunderte er unser neues Boot. «Ei, potztausend», lautete sein Urteil, und der Captain strahlte vor Stolz.

Wir wanderten alle den Hügel hinauf, um Mrs. Maurin guten Tag zu sagen und Henrys neueste Errungenschaft anzusehen, eine junge Robbe.

«Ich hörte das Kleine eines Abends im Tang jammern», sagte Henry. «Irgend jemand muß seine Mutter abgeschossen haben.»

Henry nahm es mit seiner Pflege sehr ernst, und er hatte keineswegs die Absicht, die junge Robbe aufzuziehen, ohne daß sie schwimmen lernte. Ein alter Einbaum war ihre Privatschwimmhalle, und jeden Morgen und jeden Abend trug Henry ein Dutzend Eimer Seewasser den steilen Hügelhang hinauf.

Vorerst wurde das Robbenjunge noch immer mit der Flasche ernährt, aber wir hatten nie ein verständigeres Flaschenkind gesehen. Es kannte genau seine Fütterungs- und Schwimmstunden und betrachtete Henry als seine dienstbereite Säuglingspflegerin, von der allein es die Flasche annahm, bis Bobs erschien. Sie wurde als Ersatz-Pflegerin gnädigst akzeptiert.

Später erzählte Henry, daß er einen alten Nachbarn verloren hätte, das Männchen eines Adlerpaars, das seit Jahren in einer Weißtanne in der Nähe nistete. Henry sah seinen tragischen Tod mit an, als der Adler auf der Jagd nach einem Lachs seine Krallen in den Rücken des Fisches schlug. Der Lachs war zu schwer für ihn. Das Weibchen kam herbeigeflogen, um seinem Gatten beizustehen, aber es konnte nur hilflos kreisen und ohnmächtig zuschauen, wie der Lachs seinen Gegner in die Tiefe zog.

Nachdem wir das Robbenjunge gebührend bewundert hatten, zeigte uns Mr. Blair ebenfalls seine neueste Errungenschaft, einen Hornissenschwarm, den er dazu erzogen hatte, auf ein bestimmtes Zeichen herbeizukommen. Er behauptete, daß die Leute seine freundlichen Insekten mißverstanden. Von seinen Tageseinnahmen aus dem Fischfang wurden stets fünf Cents für Zucker verwendet, den er aufs Vorderdeck seines Bootes streute. Dann kündigte er die Fütterung an, indem er die Schiffsglocke läutete. Sogleich kamen aus allen Richtungen Hornissen herbei.

Wir unternahmen das Wagnis, die Hornissen auch bei uns zu einem Zuckeressen einzuladen. Mr. Blair schlug Bobs vor, zu warten und den Dank der liebenswürdigen Tiere entgegenzunehmen. «Meine Hornissen werden dir bestimmt nichts tun», sagte er.

Bis jetzt war jede naturgeschichtliche Erklärung aus Mr. Blairs Munde für Bobs ein Evangelium gewesen. Nun aber zögerte sie. Als sie uns fluchtartig das Deck verlassen sah, beschloß sie, die Hornissen gleichfalls aus der Ferne zu beobachten.

Der Fischfang sei höchst armselig gewesen, berichteten uns die Männer, aber nichts hätte mich davon abhalten können, meine neue Lachsrute zu erproben. Ich hielt sie für unbesieglich, selbst als Mr. Blair uns mit dem Trostwort ziehen ließ: «Nehmen Sie sich's nicht allzusehr zu Herzen, Missus, wenn Sie geschlagen werden.»

Alle achtzehn Boote wurden an jenem Abend vollständig geschlagen. Wir zogen langsam übers Wasser, den Beginn des Fangs erwartend, als wir eine Schar Wale daherschießen sahen. Im Nu waren sämtliche Fische ringsum geflüchtet.

Ein mächtiger Bulle, ungefähr dreizehn Meter lang, war offensichtlich der Führer; sein Angriff auf die Yucluetaws hatte etwas Großartiges. Er verachtete den einfacheren Weg an der Küste entlang und kämpfte gegen die stärkste Strömung in der Mitte, während die Weibchen mit ihren Jungen sich die Winkel am Ufer zunutze machten.

Das Schauspiel war spannend. Der ganze Kanal wimmelte von rollenden, schnaubenden, schlagenden Walen, die sich mit Windeseile durchs Wasser bewegten. Das Geräusch ihrer Atemstöße, ein lautes «Schu . . . ss . . . ss . . .sch», widerhallte an den steilen Berghängen.

Ruderboote haben keine Schiffsschrauben, mit denen man Wale verjagen kann, und so blieb die ganze Flottille am Ufer. Wir waren entzückt von dem Schauspiel, das sich uns bot, aber die Fischer sahen nicht gerade glücklich aus. Als die Wale endlich verschwunden waren, leerte ein Mann neben uns einen Behälter mit den Heringködern über Bord. «Keine Beute heute», sagte er. «Die Kerle haben die Lachse verjagt.»

Ein zweites Mal noch erlebten wir einen Einbruch der Wale in unser Fanggebiet, gerade als der Lachsfang beendet war. Es war dunkel, als wir das erste warnende «Schu . . .ss . . . ss . . .sch» vernahmen und sahen, daß sämtliche Fischer zur Küste strebten. Wir befanden uns weit draußen, und die Gefahr, mit einem zwölf Meter langen, draufgängerischen und vielleicht sogar zornigen Torpedo zusammenzugeraten, machte aus dem Captain einen Ruderer ersten Ranges. Wir konnten die Wale nicht sehen, aber wir hörten sie. Die Tatsache, daß wir nicht in der Lage waren, ihre Entfernung zu bestimmen, erhöhte meine Angst. Angestrengt wie ein Bootstrainer beugte ich mich bei jedem Ruderschlag Roberts vor und zurück. Mir fehlte nur das Megaphon.

Wir führten unsere Farben zum Sieg und retteten unsere Haut. Als wir uns dem schützenden Hafen näherten, schoß der erste Wal hinter uns heran. Diesmal fand ich das Geräusch seines Atemstoßes nicht hübsch. Ich hatte das Gefühl, ein feuerspeiender Drache bliese mir seinen Atem in den Nacken.

Nachdem die Wale die Einweihung meiner neuen Rute vereitelt hatten, wettete Robert, daß mein erster Fang eine Niete sein würde, obwohl er zugeben mußte, daß unser neues Ruderboot einem Lachs gewachsen war. Im vergangenen Sommer hatten die andern immer mit einigem Bangen zugesehen, wenn ich mich im Kampf mit einem großen Lachs befand. Jetzt gestand mir Robert, daß er stets ein geöffnetes Messer bereitgehalten hatte, um im Notfall die Leine zu kappen.

Als ich das nächste Mal loszog, waren die Fangaussichten schlecht. Kein einziger Lachs hatte angebissen, als das Tageslicht verblich, und zum ersten Male sahen wir die Männer die Yucluetaws vor der Zeit verlassen. Selbst die Berufsfischer sammelten sich mit mißvergnügter Miene in einem Winkel. Robert schlug vor, daß wir uns ebenfalls dorthin zurückziehen sollten. Einen Hering durchs leere Wasser zu ziehen, entsprach seiner Vorstellung von Angelsport nicht.

«Aber das Wasser ist ja gar nicht leer», sagte Bobs. «Ich hab' einen großen Lachs an der Stelle gesehen, wo die Fischer sind.»

Wir wandten uns in diese Richtung, und einige Sekunden später glaubte ich auf den Grund des Pazifiks zu sausen. Das Boot stand plötzlich still, dann begann die Leine abzulaufen. Das Kreischen der Rolle elektrisierte alles ringsum, und ich hörte das Klatschen der Riemen, als die mutlosen Gruppen an der Küste sich in Bewegung setzten. Ich hörte sie, aber ich sah sie nicht. Ich war zu beschäftigt. Der Lachs am Ende meiner Leine tauchte unter, durchbrach die Wasseroberfläche und schlug Purzelbäume, kreiselte, näherte sich unserem Boot, stellte Überlegungen an und entfernte sich wieder.

Robert flehte mich an, ihn nicht zu verlieren. Von allen Seiten ertönten Ratschläge, wie ich ihn hereinbringen könnte, aber diese Frage schien mir in einer fernen Zukunft zu liegen. Meine ganze Sorge galt dem Problem, wie ich ihn davon abhalten sollte, die Rute zu zerbrechen! Doch die Rute hielt stand und nach einem dreiviertelstundenlangen Kampf lag der Fisch längsseits.

Robert betrachtete das spitze Maul. «Du hast einen Quinnat erwischt!» schrie er. «Um Petri Heil, sei vorsichtig, wenn du ihn mit dem Haken herausziehst!»

Ich drückte mich vor diesem kritischen Augenblick. Ich entgegnete ihm, er selbst solle lieber vorsichtig beim Herausziehen sein und sich ertränken, wenn er den Fisch verlöre. Dann sank ich erschöpft ins Boot zurück.

Das Geräusch, als der Lachs auf den Schiffsboden klatschte, beendete einen Moment irrsinniger Spannung. Das war ein richtiger Familienfisch. Bobs hatte ihn gesichtet, ich hatte mit ihm gekämpft, und Robert hatte ihn an Bord gehoben. Aber Mr. Blair, dem wir stets unsere Beute brachten, leistete den letzten Beitrag. Er hatte Roberts Ausruf gehört, eilte herbei und untersuchte rasch die Kiemen.

«Bei Gott, sie sind rot! Es ist ein Quinnat.»

Das bedeutete, daß er für das Tier dreimal soviel wie für einen weißen Lachs erhielt.

Zum erstenmal hatte ich den größten Fisch der abendlichen Jagd auf Henrys Floß niedergelegt. Ein vierzigpfündiger Quinnat hatte meine neue Rute eingeweiht. In meinen Augen war es der schönste Lachs, der jemals im Pazifik gefangen wurde, obwohl er keineswegs einen Rekord darstellte. An den Yucluetaws hielt Mr. Blair die Spitze mit einem siebzigpfündigen Fisch. Dreiundfünfzigpfünder waren nicht selten, riefen aber stets höchste Bewunderung hervor. Der größte Lachs, der jemals mit der Angel gefangen worden war, wog hundertundfünf Pfund. Solch ein Exemplar hatten wir in unserem ersten Sommer wie einen Tümmler durch die Fluten rollen sehen.

*

Unsere Abreise am nächsten Morgen führte beinahe zu einer Katastrophe. Wir fuhren in die Strömung hinaus, und Bobs und ich winkten unseren Freunden am Ufer zu, als der Motor plötzlich aussetzte. Robert eilte in den Maschinenraum. Ich rannte zum Steuerrad, wo ich dann hilflos stand, während eine Sturzsee uns überschwemmte und die «Triton» rückwärts auf das Felsenufer zutrieb. Selbst wenn es Robert gelang, den Motor rasch in Gang zu bringen, konnten wir in diesem Felsengewirr die Schiffsschraube kaum benutzen. Henry und Mr. Blair stürzten auf das Floß, aber sie konnten nichts tun. Im Nu war aus der fröhlichen Abfahrt eine gespenstische Gefahr geworden.

Es ist erstaunlich, was einem alles in einem Sekundenbruchteil durch den Kopf gehen kann. Ich dachte daran, wie Sturzseen Baumstämme, Flöße und vertäute Boote gleich Streichhölzern meterweit geschleudert hatten. Ich versuchte mir vorzustellen, wie es wohl sein würde, wenn die Gewalt des Wassers die «Triton» gegen die Granitfelsen schmetterte.

Wir waren einen Meter vom Ufer entfernt, als der Motor brummte. Wir waren sechzig Zentimeter vom Ufer entfernt, als Robert an Deck schoß. Wir fuhren gerade los, als wir fast gegen einen Felsen prallten. Wenn dieser Felsen mit Tang bewachsen war, so hat die Schiffsschraube ihn rasiert.

Wir sprachen nicht, während wir in den Kanal einfuhren. Ich schämte mich ob meines Zitterns, bis ich sah, daß Robert ebenfalls an allen Gliedern bebte. Noch nie hatte ich sein Gesicht so weiß gesehen. Henry und Mr. Blair schritten langsam über das Floß zurück. Niemand winkte.

«Was war eigentlich los?» fragte ich.

«Die Zündung hat ausgesetzt», erklärte Robert.

Dann schwiegen wir wieder, bis die Stromschnellen hinter uns lagen. Ich hatte inzwischen ein wenig nachgedacht. Robert ebenfalls. Das Versagen der Zündung, gerade in einem Augenblick, wo ein starker Wellengang inmitten der Strömung eine gewisse Antriebskraft unbedingt erforderte, bildete den Ausgangspunkt zu einer Menge Fragen.

Was das Versagen des Motors bedeuten kann, hat der Untergang vieler Boote bewiesen. Selbst gute Kapitäne haben ihr Boot dadurch verloren, und nirgends auf der Welt kann ein Schiff rascher untergehen als an dieser felsigen Küste. Das hatten wir als gegeben hingenommen, als wir die «Triton» kauften.

Ein Schiffbruch ist immer etwas Trauriges. Abgesehen von dem materiellen Verlust, handelt es sich dabei um das Selbstbewußtsein des Captains und um seine Liebe zu seinem Schiff. Andere Yachtbesitzer kauften vielleicht «ein Boot»; wir aber hatten «ein Heim» erstanden, und mir ging plötzlich auf, was ein schwimmendes Heim bedeutete. Ein Haus kann man mit der begründeten Hoffnung verlassen, daß man es bei der Rückkehr unbeschädigt vorfinden wird. Ein Hausbesitzer kann ruhig wetten, daß Feuer, Erdbeben oder Wirbelwind sein Heim *nicht* zerstören werden.

Wir, auf dem Wasser, konnten nicht wetten. Unser Heim – und damit das, was es uns materiell und gefühlsmäßig bedeutete – war dauernd in Gefahr und erforderte stete Wachsamkeit. Ein nicht auf der Karte verzeichnetes Riff, ein Sturm, Feuer an Bord, ein lecker Benzintank, ein vernachlässigter Motor, eine unüberlegte Verankerung, sogar eine Nachlässigkeit von seiten des Steuermanns konnte uns «auswischen». All dies sagte ich zu Robert.

«Du hast recht», erwiderte er. «Wir müssen eine vierundzwanzigstündige Wache halten.»

Damals wußte ich noch nicht, wie vollkommen die Gewohnheit der Wachsamkeit den Menschen mit Beschlag belegen kann. Wir nahmen sie als eine Notwendigkeit hin, ebenso natürlich, wie man eine Tatsache im Leben nun einmal hinzunehmen pflegt. Kein Schiffsbestandteil war zu klein, um sich nicht damit zu befassen. Schiffspflege bedeutet nicht nur Reinlichkeit und Ordnung, sondern sie schließt auch die Bereitschaft zu augenblicklicher Tätigkeit ein. Der letzte Rundgang an Deck ist mehr als eine unterhaltsame abendliche Gewohnheit. Der Wind, die Verankerung, die Lage des Schiffes, die Gezeiten, alle diese Dinge haben mit der Sicherheit über Nacht zu tun. Die Verankerung erfordert größte Vorsicht, wenn das Boot sich in einem Gewässer befindet, wo ein nicht auf der Karte verzeichnetes Felsenriff seinen spitzen Gipfel erheben könnte. Es genügt nicht, zu wissen, in welcher Tiefe der Anker ruht. Der Radius der Bootsdrehung bei Wind und Gezeitenwechsel muß mit einer Lotleine ermittelt werden.

Eine Vorsicht, die sich bis zu wirklicher Furcht steigerte, hätte unser Vergnügen an der Seefahrt zerstört. Doch wurde es uns zur selbstverständlichen Gewohnheit, stets mit der Gefahr zu rechnen. Wir wurden überempfindlich allen Geräuschen gegenüber. Wir wußten zu allen Zeiten und an allen Orten, was mit dem Schiff los war. Das erste schwache Zittern des zerrenden Ankers konnte Robert aus tiefstem Schlaf wecken, wohingegen das Rasseln der Ankerkette auf Felsen seinen Schlummer keineswegs störte. Auch ich merkte fast zur gleichen Zeit wie er, wenn der Anker schleifte. Im selben Augenblick, wo Robert den Maschinenraum erreichte, stand ich am Steuerrad. Meine wollenen Ankerwachthosen lagen stets in Reichweite, denn in diesen Gewässern hatte ein Boot nicht weit zu fahren, bis es die Felsen erreichte.

Die wenigen Sekunden höchster Angst an den Yucluetaws hatten uns die Augen geöffnet. Wir erkannten, welche Bedingungen wir annehmen mußten, wenn wir ein Leben auf dem Wasser wählten. Aber wir wußten nun auch, wie sehr die «Triton» uns schon ans Herz gewachsen war. Jeder von uns gab zu, ganz andere Gefühle gehabt zu haben als damals, als die «Yakima» sich in Gefahr befand. Wir wußten noch nicht, welche Formen unsere Anhänglichkeit in den kommenden Jahren annehmen sollte, denn wir ahnten ja nicht, daß der Kiel der «Triton» niemals den Grund berühren würde, eine Tatsache, die von großer Bedeutung für unsere Bindung an sie war. Wäre das anders gewesen, so hätten wir uns leichter von ihr trennen können. Ein Seefahrer kann sein Schiff ebensowenig im Stich lassen, wie ein gutes Schiff seine Bemannung im Stich läßt.

ZWÖLFTES KAPITEL

Copper und Potlatsch

Die Kanäle sind eng, die Gezeiten treiben das Wasser durch die Yucluetaws zum Pazifik, und oft bläst der Wind kräftig von der offenen See. Ist der Wind der Strömung entgegengesetzt, so wird hier ein Schiff tüchtig geschüttelt, und wenn es ein gutes Schiff ist, sind die Leute darauf glücklich. Die «Triton» war ein gutes Schiff.

Wir liefen mit der vollen Kraft einer starken Ebbe durch die Whirlpool Rapids. Die «Triton» lag tief im Wasser, die Strudel zerrten an ihr und legten sie von der einen Seite auf die andere, und der Motor stöhnte. Wir sahen jedoch ruhig zu und lächelten nur, während die Küste wie der Blitz vorüberzog.

Aber wir lächelten nicht mehr, als die Strömung uns hinter einem Landvorsprung einem steifen Westwind entgegenwarf und einer Stromkabbelung, die sich weithin erstreckte. Der Bug hob sich jählings, schoß aber noch rascher nieder, und Sprühwasser klatschte gegen unsere Gesichter, Ölmäntel und Südwester.

«Wir lernen wieder etwas», sagte der Captain.

Bobs und ich standen neben ihm, jeder fest an die Reling geklammert, welche die Persenning hielt. Dieser erste Stoß ließ uns irgendwo ein leeres Gefühl empfinden, das nicht nur körperlich bedingt war. Wir vermuteten, daß unser Schiff eine Prüfung zu bestehen hatte, und unsere Furcht galt weniger uns selbst als der «Triton» und dem Platz, die sie sich bereits in unseren Herzen erobert hatte.

Wir sausten dahin, und als der Bug sich zum zweitenmal hob, bis er höher als unsere Köpfe war, sah ich, daß die Hand des Captains sich nach dem Gashebel ausstreckte. Ich war froh, daß er das Schiff langsamer gehen lassen wollte. Aber er bewegte den Hebel nicht, während wir klatschend in die Tiefe sausten und abermals von einem Guß überschüttet wurden.

In offenen, strömungslosen Gewässern haben die Wellen eine gewiße Regelmäßigkeit. Wenigstens steigen und fallen sie nach bestimmten physikalischen Gesetzen, und sie bewegen sich stets in der gleichen Richtung. Stromkabbelungen sind verrückt gewordene Wellen, die sich gegenweitig in die Quere geraten, und deren Ziel kein Mensch voraussagen kann. Sie kommen aus dem Nichts, erheben sich in Furchen oder sogar in Pyramiden und fallen ins Nichts zurück. Sie schlagen gleichzeitig von beiden Seiten gegen den Schiffsrumpf. Sie heben ein Boot empor und verschwinden dann unter ihm, so daß das Fahrzeug in einen Abgrund stürzt. Im offenen Wasser hat selbst die Feindseligkeit einer schweren See etwas Ehrlich-Biederes. Eine Stromkabbelung ist ein unberechenbarer Feind.

Solch ein unberechenbarer Feind setzte jetzt der «Triton» zu; aber sie erlag ihm nicht. Der Captain ließ den Gashebel los, und ich bedauerte es nicht. Die «Triton» brauchte nicht langsamer zu gehen. Standhaft bahnte sie sich eine halbe Meile weit ihren Weg durch den sinnlosen Wirrwarr, um dann die kurzen, schweren Wellen in Angriff zu nehmen, die sich wie Mauern aufbauen, wenn starke Flut und Wind sich begegnen.

Sie kletterte hinauf und hinab. Der Bug war über zwei Meter hoch, und die weißen Wellenkämme rollten über das Deck, wenn es ins Tal hinabging. Einmal wurde das Boot mit einem heftigen Stoß von einer Welle so hoch gehoben, daß beim Absturz die nächste Welle das ganze Deck überflutete und das Schiff sekundenlang begrub. Aber die «Triton» tauchte tapfer wieder empor, und unsere starren Gesichter verzogen sich zu einem Lächeln. Unser Schiff hatte die Probe bestanden.

Und es kämpfte weiter. Wir fühlten, wie der Schiffsrumpf zitterte, wenn die Wassermassen dagegen anstürmten, und Bobs und ich klammerten uns an die Reling, wenn die «Triton» auf und nieder geschleudert wurde.

Das Meer vor uns war weiß: In dieser Weiße wurde ein Mast sichtbar, dann ein Segel und schließlich der Rumpf eines Fischerboots. Es war ebenso groß wie die «Triton» und rollte heftig. Die Strömung zerrte es nach der einen Richtung, der Wind nach der andern, und es war schrecklich, mit anzusehen, wie es vor den Elementen floh. Schiffe sind nicht zur Flucht geschaffen. Sie sind für den Kampf bestimmt.

Eine Hand schnellte aus dem Steuerhäuschen, und etwas nachlässig winkte ich zurück. Aber mir war ganz anders zumute. Ich hätte den Fischer umarmen können. Auch wir waren Seeleute, und wir hatten ein Schiff.

«Kennst du dein Schiff jetzt zur Genüge?» fragte der Captain zwei Stunden später und wies auf ruhiges Wasser in dem schmalen Eingang zu einem Schlupfhafen.

Ich nannte sie Überraschungshäfen, diese Schlupfwinkel, auf die man so oft warten muß, wenn man sie dringend braucht, und die ihre Anwesenheit an der Küste so selten verraten. Noch eben erst ist man geschüttelt und auf und nieder geschleudert worden, und schon im nächsten Augenblick biegt man um einen Landvorsprung, wo Wind und Wellen verschwunden sind, wo die Sonne warm ist, und wo man ein gerades Deck unter den Füßen hat.

Und dann läßt man rasch den Anker fallen, blickt auf die nahe Küste, lauscht auf den Wind und weiß, daß das gute Schiff seine Mannschaft wieder einmal zu einem kleinen Paradies gebracht hat, das sich vor einem ausbreitet, wohin man sich auch wenden mag. Ein Gefühl des Friedens senkt sich herab. Das hatten wir im kanadischen Busch nach einem langen Paddeltag erlebt, wenn ein gemütliches Lager aufgeschlagen wurde und das Feuer einen Hort in der Wildnis bildete. Wir hatten es auf flachem Hochland im Südwesten erlebt, unter dem niedrigen, hellen Sternenhimmel, wo das Lagerfeuer nur ein anderer Stern war. Aber auf einem Schiff ist es am allerschönsten.

In jedem kleinen Schlupfhafen wurde unser Gefühl des Friedens zu gehobener Feststimmung, als wir die «Triton» zu loben begannen. Wir eilten hinunter, um die Schränke zu besichtigen, Kombüse und Maschinenraum zu inspizieren, und wir stellten fest, daß kein Stück sich von der Stelle gerührt hatte oder zerbrochen war, allem Tumult zum Trotz.

Wir waren völlig durchnäßt und halb erfroren, doch wird dies für immer eine unserer glücklichsten Ruhestunden bleiben. Die «Triton» hatte sich bewährt. Von nun an war sie wirklich unser Schiff.

Wir warteten beständiges Wetter ab, während wir uns von einem kleinen Hafen zum andern bewegten. Bei Minstrel Island entdeckten wir eine Muschelbank. Bobs fand einen ungewöhnlich schönen Winkel, den sie «Grotte der alten Zeder» taufte. Mit Wasserfarben malte sie ihn in ihr Zeichenbuch. Es wurde eine recht hübsche Wiedergabe des geheimnisvollen Druidenwinkels mit seinem natürlichen Amphitheater, in dem drei moosbedeckte Thronsessel vor einer höheren schwarzen Mauer standen.

Einen Nachmittag verbrachten wir mit einem verzagten Fischer, der den vergangenen Zeiten nachtrauerte. Einst hatte er während einer Saison sechstausend Lachse gefangen und für jeden Fisch fünfundvierzig Cents erhalten. Jetzt lieferte er seine Beute den Konservenfabriken ab, die ihm für jeden Fisch fünf Cents zahlten.

Er lud uns ein, seine Himbeeren abzuernten, die einen ungewöhnlich großen Ertrag versprachen, und fügte hinzu, daß er als einzige Bezahlung den Abschuß eines Hirsches annehmen würde, der Verheerungen in seinen Kartoffeln anrichtete.

«Der Wildhüter sagt, daß das Rotwild vom Staat geschützt ist», klagte er. «Um meine Kartoffeln schert man sich überhaupt nicht.»

Wir rieten ihm, Schadenersatz von der Regierung zu verlangen, und verließen ihn, nachdem wir ihm einen langen Brief aufgesetzt hatten. Der Briefwechsel würde ihn wenigstens von seinen Fischsorgen ablenken.

*

Auf der «Yakima» hatten wir alle Reinigungsarbeiten aus Pflichtgefühl vorgenommen. Die «Triton» hielten wir sauber, weil wir wünschten, dass sie blitzblank aussah. Der Captain wachte eifersüchtig über dem Schiffsrumpf und wurde sehr ungemütlich, wenn wir Küchenabfälle gegen den Wind warfen. Er redete so viel über dieses Thema, daß Bobs und ich ein Liedchen darauf verfaßten.

Seit den frühesten Tagen des Schiffes war auf der «Triton» gesungen woden. Das gehörte irgendwie zu ihr, denn glückhafte Fahrten hinterlassen ein Echo.

Unser Lied feierte sein Debüt, als Bobs eines Tages mit den Abfällen an Deck kam und unglücklicherweise die Windseite wählte. Aber die Empörung über dieses Versehen ging in dem Lärm unter, mit dem wir dem Captain unser Opus entgegenschmetterten, das den Titel trug: «Ins Meer mit den Abfällen» und folgendermaßen lautete:

Oh, wirf sie über Bord, mein Kind,
und wirf sie weit und gut,
daß das Meer sie ergreift und nicht der Wind,
daß sie fortträgt die wogende Flut.

Kartoffelschalen, alte Knochen,
den Kaffeesatz, die Käserinde,
was übrigblieb vom Essen und Kochen,
dem Meere gib's, doch nicht dem Winde.

Oh, wirf sie wild und frei, mein Weib,
und wirf sie voller List,
damit sie nicht kleben am Schiffesleib,
der mir so teuer ist.

Der Captain lachte, holte den langen Besen vom Vorderdeck und beseitigte die Spuren von Bobs Schandtat. In Zukunft aber unterlief ihr dieser Fehler nicht mehr, denn sie war auf das schmucke Aussehen der «Triton» ebenso erpicht wie wir.

Wir hatten Bobs' Angebot, alle Metallteile zu putzen, nicht allzu ernst genommen, und diese Tätigkeit wurde gewissermaßen zu einem Familienfest. Nachdem alles Messing in der Hauptkajüte blitzblank gerieben war, die Rahmen der Deckfenster, die Ketten und Haken der Kojen sowie Geländer und Platten der Kajütentreppe, wurden die Bronzestücke gereinigt und poliert. Als Bobs und ich an Deck die dicken Bronzenägel in Angriff nahmen, warnte der Captain uns, daß wir es eines Tages bereuen würden. Doch fügte er stolz hinzu, daß das Schiff großartig aussehe. Hierauf wurde ich ganz besessen und erklärte, daß ich unsere Wohnräume mit weißer Farbe neu anstreichen wollte. Der Captain angesteckt von meiner Begeisterung, entschloß sich, das Achterdeck zu weißen.

Wir entdeckten, daß es große Freude bereitet, ein eigenes Schiff zu warten und zu pflegen. Robert war ebensowenig wie ich ein leidenschaftlicher Anhänger der Schmücke-dein-Heim-Bewegung. Wenn ein Fußboden abgezogen, eine Küche neu geweißt oder ein Auto gespritzt werden mußte, hatten wir immer einen Fachmann zugezogen. Und Bobs pflegte sich in der Stadt von allen Hausarbeiten zu drücken. Aber bei einem Boot ist es etwas ganz anderes. Glänzende frische Farbe und blitzendes Metall entschädigen für alle Mühe. Seeleute behaupten, daß ein Schiff immer weiß sein sollte.

So wurde die «Triton» nicht nur unser Heim, sie stellte auch unsere Nebenbeschäftigung dar, und statt ihr ihre steten Anforderungen übelzunehmen, hatten wir mitunter ein schlechtes Gewissen, daß wir ihr so viel Zeit widmeten. Der Captain gestand mir meist nur zögernd seine Absicht, einen Nachmittag als Scheuerfrau oder Anstreicher zu verbringen, und wenn ich dann begeistert meine Hilfe anbot, sah er ganz erleichtert aus.

*

Die Fahrt nach Alert Bay am frühen Morgen war schön. Die großen schneebedeckten Gipfel erhoben sich glitzernd über schattigen Flächen von prächtigem Blau und Grau und Purpurrot. Das gläserne Meer war mit lauter Inseln getüpfelt, und das gebrochene Licht verursachte seltsame Täuschungen. Bewaldete

Inselchen schienen hoch über dem Wasser zu schweben, auf den Postamenten ihrer eigenen Spiegelung ruhend. So fuhren wir durch eine verzauberte Welt.

Nachdem wir die Gemeinschaftshäuser in den Eingeborenendörfern gesehen hatten, wollten wir auch die Küstenindianer in ihrem Industriezentrum kennenlernen. Unter dem Industriezentrum ist eine Konservenfabrik zu verstehen, um die sich eine kleine Siedlung gruppiert. Wir fanden, daß diese Ortschaft ein seltsames Gemisch der Kultur der Eingeborenen und der Weißen darstellte. Die Gemeinschaftshäuser, die hier einen städtischen Anstrich hatten, machten einen sehr traurigen Eindruck. Alte Weiber, die wie Hexen aussahen, gingen in den scheunenartigen Gebäuden ein und aus. Von der Würde und Schönheit der mächtigen Plankenhäuser war nichts zu spüren. Im Innern herrschte ein Wirrwarr von zerbrochenen Töpfen, rostigen Öfen, zerrissenen Spitzenvorhängen und unbrauchbaren Möbelstücken, der in krassem Gegensatz zu den riesigen Donnervögeln stand.

Über den Segen, den die Weißen den Küstenindianern gebracht haben, gibt es zweierlei Meinungen. Wir hörten beide. Ein Mann sprach mit glühender Begeisterung von den wohltätigen Männern und Frauen, die den Ozean überquert und viele Unbequemlichkeiten auf sich genommen hatten, um den Indianern die Sitten der Weißen beizubringen. Früher trugen die Eingeborenen keine Hosen, sondern «Blankets», Tücher, die sie sich um die Leibesmitte banden. Sie tanzten heidnische Tänze, schätzten ihre Güter nach eingebildeten Werten – Kupferplatten, die «Coppers» hießen und in Wirklichkeit völlig wertlos waren – und verausgabten sich in Tänzen und Potlatschs, was sowohl eine festliche Veranstaltung als auch jeden Gegenstand, der bei dieser Gelegenheit verschenkt wird, bezeichnet. Sie errichteten sonderbare heidnische Bildwerke, Totempfähle und bemalte Figuren. Aber jetzt glichen sich die Indianer mehr und mehr den Weißen an. Das Tanzen wurde eingeschränkt, die wertlosen Kupferplatten wurden aus dem Verkehr gezogen und die Potlatschs verboten.

«Ja», scherzte ein Zuhörer, «der Weiße sah, daß die Indianer ein müßiges Leben führten, und wurde neidisch. Und nun versucht er zu erreichen, daß die Indianer die Dinge wollen, die er selbst will.»

Das Jahr des Indianers spielt sich in vier Heimen ab, jede Jahreszeit in einem andern. Im Sommer fischt er im Meer für den Markt und ruht sich dann aus. Im Herbst fischt er in den

Flüssen für seinen eigenen Bedarf und ruht sich dann aus. Im Winter ruht er sich die ganze Zeit aus und nimmt sich Muße zum Schnitzen und Tanzen. Im Frühling fängt er tranreiche Kerzenfische, stellt sein Öl her und ruht sich dann wieder aus.

Die Potlatschs und die Coppers waren Erfindungen wirtschaftlicher Art. Der Copper der Indianer, eine Kupferplatte, in die ein Muster gehämmert war, bedeutete Reichtum. Ein Indianer konnte nicht hundert Wolldecken, die, wie früher die Hüfttücher, Blankets heißen, oder zwanzig Kanus mit sich herumschleppen; so tauschte er diese Handelsgegenstände für einen Copper ein. Die Coppers, die «Schecks» der Indianer, waren leicht zu befördern. Der Wert des Coppers hing von seiner Geschichte ab, der Wert verdoppelte sich jedesmal, wenn er eingetauscht wurde. Diese dauernde Verdoppelung hatte allerdings auch Nachteile, denn es konnte geschehen, daß der Wert eines Coppers über die Verwertbarkeit hinauswuchs. Einer der ältesten, von dem ich hörte, war zwanzigtausend Dollar wert!

Das darin steckende Problem hatte man jedoch gelöst, ohne den Umlauf zu stören. Ein allzu wertvoller Copper wurde einfach in Stücke gebrochen, dann wurden die Teile zu ihrem Bruchwert verkauft. Doch schloß dieses Verfahren eine gewisse Herabwürdigung ein. Das wiederum wurde durch eine Formalität vermieden, die jedermann zufriedenstellte. Dabei ging es folgendermaßen zu:

Zwei Häuptlinge, die jeder einen unverkäuflichen Copper besaßen, fingen einen fürchterlichen Streit miteinander an. Sie schleuderten sich gegenseitig Beleidigungen ins Gesicht und forderten einander heraus. Um zu beweisen, was für großartige Burschen sie waren, zerbrach jeder seinen Copper und warf die Stücke auf den Boden. Durch diese Geste wurde jedermanns Ehre wiederhergestellt, und man konnte die einzelnen Teile des Coppers verkaufen. Dieses Zwischenspiel kam dem Markt zugute, denn es galt als große Ehre, ein Stück eines Coppers zu besitzen, der unter so heldenhaften Umständen zerbrochen worden war.

Die Coppers vererbten sich stets auf den ältesten Sohn, doch zeigte ein hölzernes Denkmal Kopien eines jeden Coppers, den der Verstorbene besessen hatte. Dementsprechend verherrlichte der Grabstein der Frau jeden Copper, den der Mann für sie hatte zahlen müssen, um sie zum Weib zu bekommen, und jeden, den sie zurückerstattet hatte. Die indianische Braut wird käuflich erworben, doch müssen sie und ihre Angehörigen den Kaufpreis

Ein «Donnervogel» an der Fassade eines Gemeinschaftshauses

«Admiral» Lua, unser irischer Terrier

doppelt zurückzahlen. Es gilt als große Schande, eine uneingelöste Frau zu sein. Der zurückgezahlte Kaufpreis stellt die Mitgift dar. Dieser Heiratsbrauch ist, wie mir eine Indianerin sagte, «viel achtungswürdiger als die meisten Heiratsbräuche der Weißen». Aber sie gab immerhin zu, daß der Wunsch nach vielen Coppers auf dem Grabstein manch eine Frau dazu verführt, mehrere Ehen einzugehen.

Der Potlatsch stellte eine Altersversicherung dar. Wenn ein Mann einen Potlatsch veranstaltete, verstand es sich von selbst, daß jeder, der jemals ein Geschenk von ihm erhalten hatte, es doppelt zurückerstatten mußte. Ein Potlatsch, den ein Mann während der besten Jahre seines Lebens gab, versorgte ihn für seine alten Tage. Früher veranstalteten alle Indianer einen Potlatsch, doch ist man jetzt, da die Regierung diese Sitte verboten hat, geteilter Meinung darüber. Alte Männer, die Potlatschs gegeben hatten und nun auf keine Rückerstattung mehr hoffen konnten, waren verärgert. Die jungen, die die Geschenke erhalten hatten und nun von der Schuld befreit waren, äußerten sich natürlich erfreut über diese Neuordnung.

Selbst die Indianer mußten zugeben, daß der Potlatsch überhandgenommen hatte. In früheren Zeiten waren bei dieser Gelegenheit Ballen von Wolldecken, Säcke voll Mehl, Kisten mit Konserven und bemalten Glaswaren weitergegeben worden. Da die Geschenke unter viele verteilt wurden, bestand die Hoffnung, die Gaben in Form von Gegengaben später wieder zurückzuerhalten. Aber das viele Geld, das die Arbeit in den Konservenfabriken einbrachte, führte zu gegenseitigem Überbieten mit kostbaren Geschenken und bewirkte, daß alle Gegenstände weniger galten. Als die Indianer begannen, Motorboote als Potlatsch wegzugeben, machten sie den Zweck des Ganzen zunichte. Nur wenige Empfänger waren jemals in der Lage, zwei Motorboote zurückzuzahlen.

Die Frauen hingen an ihren kleinen Potlatschs. Die Geschenke waren unbedeutend: allerlei Porzellan und Glaswaren. Sie sangen bei der Veranstaltung und verulkten sich gegenseitig mit kleinen Liedern.

«Es ist eine richtige Gesellschaft, bei der wir viel lachen», erklärte mir eine Indianerin. «Wir geben die Potlatschs reihum, genau wie ihr weißen Frauen Gesellschaften gebt.»

Die alten Potlatschs waren mit Feierlichkeiten, Aufführungen und Tänzen verbunden. Das Verbot der Potlatschs bedeutet einen wirklichen kulturellen Verlust, denn mit diesen Veranstaltungen ist auch alles, was dazu gehört hat, verschwunden. Die jüngeren Eingeborenen beherrschten die Tänze und Gesänge schon nicht mehr. Anläßlich einer Wiederbelebung des Potlatschs, der zu Ehren einer Spitaleröffnung von der Regierung bewilligt worden war, bemerkte ein Bischof der anglikanischen Kirche, daß er sich die mit der Zeremonie verbundene Schönheit nicht einmal habe träumen lassen.

Die Eingeborenen trugen bei dieser Veranstaltung Vogel- und Tiermasken und phantastische Blankets. Ein hellblaues Ziegenfellgewand war mit Silber verziert, ein leuchtendrotes Blanket mit Muschelschalen, ein schwarzweißes mit reizendem Muster wies einen Besatz von Papageienschnäbeln auf. Der Bühnenvorhang trug das Stammeszeichen, einen Heilbutt auf einer Schildkröte. Beim Männertanz des Vogelflugs tanzte jeder Mann für sich allein. Als Vogel maskiert betrat er die Bühne, wo er vom Medizinmann in die Unterwelt getrieben wurde und sterbend den Laut eines verendenden Vogels ausstieß. Die Frauen tanzten in Gruppen, während Adlerfedern in die Luft geworfen wurden und das Tamtam der Trommeln sich mit dem Gesang von siebzig Männerstimmen mischte.

Die intelligenteren Indianer empfanden einen durchaus berechtigten Groll darüber, daß der sogenannte Kannibalentanz, bei dem die Tänzer sich den Anschein gaben, als äßen sie das Fleisch eines Häuptlings, von den Weißen mißverstanden wurde.

«Sie essen ihn gar nicht richtig», erklärte uns ein Indianer, der von den Missionaren bearbeitet worden war. «Sie wollen nur werden wie er. Verstehen Sie», fügte er rasch hinzu, «es ist dasselbe wie das heilige Abendmahl in der Kirche.»

In einer Ortschaft an der Hudson Bay, wo wir einst einen Sommer verbrachten, hatte es mich belustigt und verletzt, als ich entdeckte, daß eine Ojibwa-Frau, der ich ein warmes Kleid geschenkt hatte, weil sie stark hustete, kaum daheim angekommen, sich sofort dieses Kleides entledigte, um es mit einem uralten, schäbigen Biberfell zu vertauschen. Um einen Ausgleich zwischen der Magie der Weißen und der Roten zu schaffen, hatte sie jeden Morgen, bevor sie bei mir erschien, mein Kleid wieder angezogen.

Der Friedhof von Alert Bay erinnerte mich an dieses Erlebnis. Einst bestatteten die Eingeborenen hier ihre Toten, indem sie sie vor der Totenstarre in eine viereckige Teekiste legten, die dann auf einem Baum beigesetzt wurde. In der Kiste waren Löcher angebracht, damit die Geister entfliehen konnten, und ringsum wurden alle Äste entfernt – bis auf den einen, der den Sarg trug –, so daß nichts die entweichenden Geister aufzuhalten vermochte. Dann wurde das Vermögen des Toten dazu verwendet, Kopien seiner Coppers herzustellen, Totempfähle zu schmücken und Holzfiguren zu errichten, um auf diese Weise die Erinnerung an den Verstorbenen lebendig zu erhalten.

Die Eingeborenen von Alert Bay hatten die Sitte der Erdbestattung angenommen, aber auch jetzt noch benutzten sie ihre Copper-Gedenksteine. Eine Familie, die den Unterschied zwischen einem Grabstein und einer Eingeborenenfigur nicht kannte, hatte solch eine Figur aus schwarzem Marmor anfertigen lassen. Die Lippen waren rot, Augen und Wangen weiß umrahmt.

An einem Nachmittag nahmen wir an der Bestattung eines Mädchens teil, das drei Stunden vorher gestorben war. Der Leichnam war durchs Fenster hinausgetragen worden. Bezahlte Trauerfrauen weinten und schluchzten noch immer in dem Haus, in dem die Verstorbene gewohnt hatte, während die Familie unter Händeklatschen einen schönen weißen Marmorgrabstein schmückte. Danach eilten die Leute fort, um die Kleider der Verstorbenen auf einem Floß zu verbrennen. Das Feuer brannte die ganze Nacht.

Die Eingeborenen hatten lebhaften Gefallen an Grabsteinen gefunden. Sie stellten die Magie der Weißen dar, und sie waren so unerläßlich, daß selbst der Tod durch Ertrinken die Angehörigen nicht von der Pflicht entband, einen Grabstein zu opfern. Eine Familie hatte dieses Problem dadurch gelöst, daß sie einen riesigen gemeißelten Marmorschaft gerade an der Stelle im Meer versenkte, wo der Verstorbene ertrunken war.

Nirgends trat uns die sonderbare Mischung von zwei Kulturen augenfälliger entgegen als in dem Haus eines berühmten Schnitzers, der Totempfähle anfertigte. Bobs und ich besuchten ihn in der Erwartung, einen Künstler kennenzulernen. Das war er auch, und es machte uns Spaß, ihm zuzuschauen, wie er die schön modellierte Oberfläche einer Festschale behandelte, die wie der Leib einer Robbe geformt war. Doch seinen größten Stolz bildete eine Reihe starkfarbiger, überlebensgroßer Porträts seiner Familienangehörigen. Matten Blickes schauten sie durch dickes, grünliches Glas auf uns nieder. Mit einem Stock schlug er gegen das Glas.

«Sehen, nicht brechen», sagte er. «Halten lange.»

Neben diesem unzerbrechlichen Glas gab es im Heim des

Künstlers noch ein Sammelsurium von allen möglichen Dingen, die von den Weißen stammten, so ein altes Grammophon mit baumelndem Schalltrichter, eine Tischlampe mit verfitztem Perlengehänge, einen Schaukelstuhl mit zerbrochener Kufe, einen Nachttisch, der schief auf einem Bein stand und aus dessen Schublade zerrissene Damenwäsche quoll.

Kein Wunder, daß die Magie des unzerbrechlichen Glases der weißen Männer ihn beeindruckt hatte.

DREIZEHNTES KAPITEL
Bei den Holzfällern

Wir steuerten durch die Queen Charlotte Strait. Es war eine zauberhafte Fahrt auf einem zauberhaften Meer. Glitzernde Schneegipfel umschlossen uns von drei Seiten. Zur Rechten war das Gewirr der unzähligen Inseln, durch das wir uns im vergangenen Sommer gewunden hatten, zur Linken bezeichnete ein dünner schwarzer Strich, der sich vom offenen Ozean abhob, die Deserters-, Walker- und Storm-Inselgruppen. Wir hofften, sie im nächsten Jahre hinter uns zu erblicken, wenn wir nordwärts fahren würden.

Das Meer schillerte in allen Farben. Eine fast unmerkliche Unterwasserbewegung wellte die scheinbar glatte Oberfläche und bewirkte ein prächtiges Farbenspiel. Türkise, Amethyste und Opale tanzten umher, dazwischen funkelten Rubine, Smaragde und Topase. Frau Neptun hatte ihr Schmuckkästchen geöffnet.

Eine Schar Tümmler sichtete die «Triton» und trieb Possen um unseren Bug herum. Das war eine gute Vorbedeutung: die «Triton» wurde zum erstenmal in dieser Weise geehrt. Der Captain sah denn auch äußerst vergnügt drein. Bobs und ich lagen auf dem Vorderdeck und schauten zu, wie die Fische hin und her schnellten. Ihre Farben, der schwarze Rücken und der helle Bauch, brachten im wechselweisen Umherrollen ein hübsches Muster in das grüne Wasser. Das scharfe Klatschen der Schwanzflossen mischte sich in das Gurgeln der Bugwellen. Mitunter schoß eines der fast zwei Meter langen Tiere aus dem Wasser empor, um dann wieder zurückzufallen. Unsere Acht-Knoten-Geschwindigkeit ließ ihnen Zeit zu allen möglichen turnerischen Kunststücken. Die Tümmler sind ja imstande, ihre Geschwindigkeit bis zu dreißig Knoten zu steigern, deshalb war es für sie ein Kinderspiel, vor unserem Bug dahinzutanzen. Wir waren tief gerührt, daß diese fröhlichen Windhunde des Meeres uns so viel Aufmerksamkeit schenkten.

Wir befanden uns auf dem Weg zu Dave Connel, einem Handholzfäller, der auf einem verankerten Floß vor der Einfahrt zum Seymour Inlet lebte. Die Handholzfällerei hatte eine starke Anziehungskraft für mich. Ein Mann, eine Axt, eine Säge und die Schwerkraft im Kampf gegen ungeheure Zedern, die einen Durchmesser von ein bis anderthalb Meter und eine Höhe von fünfzig bis siebzig Metern hatten! In den Wäldern des Ostens ist es keine Kunst, Bäume von Hand zu fällen, aber wenn man einmal hinter einer zwei Meter dicken Douglas-Tanne, die sich an einem schroffen Berghang turmhoch erhebt, gestanden und zugesehen hat, wie ein Mann, ein Zwerg im Vergleich zu dem Riesen vor ihm, den mächtigen Baum geradeswegs durch den Wald schleudert, um ihn, wenn möglich, ins Meer zu befördern, dann kennt man kaum mehr ein spannenderes Schauspiel als die Handholzfällerei.

Da Dave dieses Gewerbe seit zwanzig Jahren ausübte und großes Ansehen genoß, waren wir überzeugt, die Bekanntschaft eines ehrwürdigen Riesen zu machen. Als wir dann einen mittelgroßen, schwarzhaarigen Burschen unser Tau ergreifen sahen, glaubten wir jemand anders vor uns zu haben. Dieser Mann war jung, geschmeidig und jederzeit zu einem Lächeln bereit.

Wir folgten ihm zu seiner schwimmenden Hütte und stellten fest, daß er ebenso bescheiden wie heiter war. Er erzählte uns, wie er als ganz junger Dachs in einem entfernten Inlet mit der Handholzfällerei begonnen hatte.

«Zum Seymour kam ich in dem Alter, wo ich ein Inlet nur aufsuchte, um festzustellen, wie es aussieht», berichtete er. «Ich fällte Bäume, um einen Grund zum Wandern zu haben.»

Als er am Seymour Bäume zu fällen begann, brauchte man noch keine amtliche Bewilligung dazu und konnte jeden Baum umlegen, der einem gefiel. Einmal hatte er es auf fünfundsiebzig aufeinanderfolgende «Rutscher» gebracht, Bäume, die nach dem Fällen vom Stumpf ohne jeden Aufenthalt bis zum Wasser sausten. Robert fragte ihn, wie viele Bäume er im ganzen am Seymour Inlet gefällt habe.

Dave schlug ein kleines schwarzes Heft auf. «Im vorigen Winter habe ich 271 144 Meter geschlagen», antwortete er.

Robert hatte in Wisconsin Holzfällerlager kennengelernt, wo die ganze Mannschaft in einem Winter nicht mehr Bäume gefällt hatte. Für einen einzelnen Mann war das ein toller Rekord.

Dave war ein großartiger Gesellschafter. Er stammte aus guter Familie und hatte eine anständige Schulbildung genossen. Zusammen mit seinen Wanderjahren und seinem flinken Verstand bewirkte dies, daß er fesselnd zu erzählen wußte. Binnen zehn Minuten hatte der Captain mit ihm Freundschaft geschlossen.

Aber nicht nur aufs Bäumefällen verstand sich Dave, sondern auch auf die Menschen; er liebte und begriff die Eingeborenen. Die Indianer müssen ihn sehr verehrt haben, denn sie erhoben ihn zum Häuptling. Diese Ehrung wurde mit dreiwöchigem Festen und Tanzen gefeiert. Die Indianer gerieten dabei mehr und mehr in Verzückung, aber Dave wurde rechtschaffen müde. Er begann sich schon zu fragen, ob er nicht lieber auf die ganze Häuptlingschaft verzichten sollte, als man ihn schließlich in einem Gemeinschaftshaus sich selbst überließ. Dave hielt das Fest für beendet und versank sogleich in Schlaf. Plötzlich erwachte er und erblickte zwei wilde Männer, einen rot- und einen schwarzbemalten, die durch das Rauchloch auf ihn niederschauten. Dave war so erschöpft, daß er in stumpfsinniger Betäubung höchst verwundert liegenblieb, ohne sich zu rühren, worüber die Indianer hocherfreut waren, denn sie hielten Daves Reaktion für Mut. Die wilden Männer stellten die Schlußprüfung dar, die Dave mit Ehren bestanden hatte. Sogleich wurde er zum Häuptling ausgerufen.

Daves schwimmendes Heim war Vorratslager, Warenhaus, Wohnhaus und Unfallstation für die Holzfällerlager in einem. Er hatte auch Hühner, die an Land gingen, sobald die Ebbe den Weg zum Ufer freigab. Es war belustigend, zu sehen, wie das Federvieh in einer Reihe aufgeregt über einen als Brücke dienenden Baumstamm spazierte, um dann eifrig im Sand zu scharren. Ich mußte an die Krähen denken und fragte Dave, ob seine Hühner die Ebbetischzeit stets genau einhielten.

«Sie sind schlau geworden, seit sie einmal eine böse Erfahrung gemacht haben», erwiderte er. «Damals mußten einige Hühner auf dem Baumstamm umkehren und zurückgehen. Die am Kopf der Prozession konnten nämlich kein Land finden und gackerten und schimpften, aber die andern, die noch auf dem Floß waren, drängten nach. Es gab eine Menge Komplikationen, da jedes Ende eine andere Meinung über die einzuschlagende Richtung hegte.»

Während wir längsseits von Daves Heim lagen, spielte sich ringsum das Dorfleben ab. Im Holzfällerlager gab es zwei Unglücksfälle. Der eine Verunfallte, der eine Schulterquetschung erlitten hatte, wurde in der Unfallstation behandelt und kehrte ins Lager zurück. Dem zweiten waren Arm und Hand gequetscht worden, und es bestand wenig Hoffnung, daß der Arm gerettet werden konnte. Er wurde ins Spital von Alert Bay geschickt. In der Queen Charlotte Strait herrschte starker Seegang, und ich befürchtete, daß der Schwerverletzte die Fahrt nicht überleben würde. Auch wenn man ihn in der Koje noch so fest anband, mußte er entsetzlich geschüttelt werden.

«Vielleicht ist es besser für ihn, wenn er nicht am Leben bleibt», bemerkte einer der Männer.

Ein Frachtschiff, bemannt mit vier Händlern, die die Läden an der Küste mit Waren versahen, brachte uns gewissermaßen in Berührung mit der Stadt. Zwei Holzkäufer mit ihren Familien warteten das Ende der Ebbe ab, um dann zu einem andern Lager weiterzufahren. Handholzfäller tauchten auf. Ein Alkoholschmuggler erschien und wurde vom Floß getrieben. Ein Polizist, der voll Eifer irgendeiner mysteriösen Gaunerei nachspürte, kam an und stellte unzählige Fragen. Als ihm von dem Alkoholschmuggler berichtet wurde, vollführte er wilde Handbewegungen und entfernte sich rasch in der entgegengesetzten Richtung. Das blitzende Koppel und das forsche Auftreten des Beamten hatten mich ungeheuer beeindruckt, und ich nahm an, daß wir sehr bald schießen hören würden.

Dave riet uns, auch noch die Handholzfäller der Inlets von Allison, Belize und Seymour aufzusuchen. Das war nur möglich, wenn wir durch die Nakwakto Rapids fuhren, deren Strömung meines Wissens die größte Geschwindigkeit hat, die überhaupt in einer Meerenge vorkommt. Bei Ebbe läuft das Wasser mit zweiundzwanzig Knoten. Unser Schiff war, glaube ich, das zweite, das die Fahrt durch die Stromschnellen nur zum Vergnügen unternahm.

Wir versprachen uns viel davon: Handholzfällerei, Holzfällerei mit Maschinen, eine einsame Gegend und eine sehenswerte Szenerie. An diesen abgelegenen Inlets gab es weder Verkaufsläden noch Poststationen. Einige Familien waren seit zwei Jahren nicht mehr von ihrem Wohnort fortgekommen, ein paar alte Handholzfäller hatten den Platz seit fünfzehn Jahren nicht mehr verlassen. Die einzige Post- und Frachtverbindung stellte ein Dampfer her, der alle zwei Monate in einem Hafen außerhalb der Rapids haltmachte.

Dave riet uns, an einem Dampfertag einzutreffen, da dann sämtliche Leute von den drei Inlets am Hafen sein würden, so daß wir gleich einen Überblick hätten und richtig eingeführt wären. So fuhren wir in westlicher Richtung, doch als wir einen engen Kanal zwischen zwei Inlets passiert hatten und in die oberen Gewässer der Queen Charlotte Strait gelangten, hatten wir ein «nördliches Gefühl». Von hier aus schiffte man sich nach Alaska ein, und zum erstenmal lag kein Land zwischen uns und Sibirien. Schwere Wellen rollten vom Pazifik heran, und der Wind zerrte an kleinen Inseln. Der Sturm hatte die Äste der niederen Zedern zu qualvoll gewundenen Formen verdreht. Die Vegetation begann hoch über der Gezeitengrenze, und die felsige Küste wurde von mächtigen Wellen angenagt.

Ein leichter Nebel trieb heran. Er holte uns ein, als wir die Southgates Islands erreichten. Diese Inselgruppe hatte einen eigenen Reiz. Wir wanden uns durch schmale Kanäle zwischen Granitfelsen und sturmzerzausten Zedern hindurch. Wie graue Gespenster zogen Nebelfetzen an den grünen Ufern entlang. Es war erschreckend, und es war schön.

«Hoffentlich wird der Nebel nicht noch dichter», sagte der Captain.

Das war jedoch nicht der Fall. Am Nachmittag vertäuten wir das Boot an dem Floß des kleinen Holzfällerhafens, von dem Dave gesprochen hatte. Mehrere Holzfäller waren schon angekommen und machten sich in der Schmiede zu schaffen. Der Verwalter sagte uns, daß der Dampfer «Prince John» erst nach Mitternacht eintreffen würde.

Mit der Zeit tauchten immer mehr Holzfäller auf, und man versammelte sich in einem Laden. Irgend jemand machte den Vorschlag, Poker zu spielen. Als Robert einen Stuhl für mich heranholte, blickten die Männer so verblüfft drein, als hätte man sie zum Schwarzen Peter aufgefordert. Ich hätte mich gern zurückgezogen, aber Robert überredete mich, zu bleiben. Ich haßte es ohnehin zu verlieren, doch nun stand ich doppelte Ängste aus, denn ich fürchtete Robert zu blamieren. Als ich mich aber mit einem Drilling gesund erklärte und durch diesen Bluff eine Runde gewann, leuchteten seine Augen freudig auf. Die Männer begegneten mir jetzt mit großer Achtung. Als die Chips sich vor mir häuften und die Haufen der andern kleiner wurden, konnte ich es mir erlauben, mit einer niedrigen Farbe etwas zu wagen; ich hatte Glück und heimste einen ansehnlichen Gewinn ein. Einer der Männer schlug mit seiner Pranke auf die fünf Karten. «Missus», rief er, «Sie müssen nach Seymour kommen und das noch einmal versuchen.»

Um drei Uhr nachts setzte ein Dampferpfiff dem Pokerspiel ein Ende. Ich war der große Gewinner, und im gleichen Maße wie mein Gewinn hatte sich auch die Achtung der Männer mir gegenüber vermehrt. Noch nie hatte ich mit so liebenswürdigen Verlierern zu tun gehabt. Wir wurden zu einem Besuch in sämtlichen Hütten der drei Inlets eingeladen. Robert sah so geschmeichelt aus wie ein Vater, dessen einzige Tochter gerade zur «Miss Amerika» oder etwas Ähnlichem erkoren worden ist.

Als wir am nächsten Tag sehr spät erwachten, war kein einziges Motorboot zu sehen. Ich starrte auf den leeren Hafen und fragte mich, ob ich von den vielen Holzfällern nur geträumt hätte. Das hoffte ich jedoch nicht, denn ihr kindliches Lachen und ihre freundlichen Augen hatten es mir angetan. Zu allem aber hatten wir das morgendliche Stillwasser bei den Nakwakto Rapids verpaßt. Unsere Gefährten waren offenbar glatt hindurchgekommen, doch jetzt brauste die Strömung so stark, daß wir sie aus einer Entfernung von vier Meilen hörten.

Dieses Brausen krönte alle Schilderungen dieser losgelassenen Gewalten und ließ uns die Durchfahrt fürchten. Am Pokertisch hatte uns einer der Holzfäller die Geschichte vom Turret Islet erzählt, einem fünfundzwanzig Meter hohen Felsenpfeiler, der sich inmitten der Stromschnellen erhebt. Einer Legende zufolge soll der Felsen unter dem mächtigen Druck des Wassers zittern. Ein Mann, der das bezweifelte, ließ sich zur Stillwasserzeit von seinen Kameraden auf dem Felsen absetzen, wo er die sechsstündige Dauer der Ebbeströmung abwarten wollte.

Dort blieb er, ohne die geringste Möglichkeit, zu entkommen, während die Wasser mit ungeheurer Wucht gegen die schlanke Basis des Felsens anstürmten. Als seine Kameraden beim nächsten Stillwasser erschienen, fanden sie ihn bäuchlings am Boden liegend, schluchzend, die Hände in Gras und Wurzeln verkrampft. Er war von einer vorübergehenden Geistesstörung befallen, und später berichtete er, daß der Fels nicht nur zitterte, sondern daß es nur noch eine Frage der Zeit sei, bis er fortgeschwemmt werden würde. Die Tatsache, daß Turret Islet dem Ansturm der Wasser seit Jahrhunderten standgehalten hatte, konnte ihn nicht vom Gegenteil überzeugen.

Ich neigte dazu, der Ansicht dieses Mannes zuzustimmen, und empfand heftiges Mitgefühl mit ihm, als wir uns am Nachmittag des gleichen Tages dem Felsenpfeiler näherten. Eine falsche Berechnung und Verzögerungen waren die Gründe, daß wir die Rapids fünfzehn Minuten zu spät erreichten, und schon begann das verebbende Wasser rascher zu strömen. Es gab Augenblicke, in denen wir überhaupt nicht vom Fleck kamen, obwohl der Motor auf vollen Touren lief. Mein Magen rebellierte, als ich das Wasser gegen uns anströmen sah, und später gestand mir Robert, daß er an dem Gelingen des Unternehmens gezweifelt hatte.

Doch nachdem es uns gelungen war, Turret Islet hinter uns zu bringen und uns zu einem weniger starken Gefälle nahe dem Ufer durchzuarbeiten, erreichten wir ohne Zwischenfall den felsigen Landvorsprung am oberen Ende. Hier war das Wasser geradezu rasend; es war ein Gießbach, gegen den anzukämpfen sich als unmöglich erwies. Nur durch Zickzackfahrten konnten wir endlich in weniger heftiges Gewässer gelangen, wo wir unbehindert weitersteuerten.

Nirgends an dieser Küste tritt die Gewalt der Gezeiten so offen zutage wie in den Nakwakto Rapids. Sie sind kurz, aber eng und seicht, und durch diesen kleinen, flachen Kanal braust das Gezeitenwasser von drei langen Inlets. Die Flut ist nicht so schlimm, da hat das Wasser nur eine Geschwindigkeit von zehn bis zwölf Knoten, hingegen beginnt die Ebbe erst drei Stunden nach dem Hochwasser im offenen Ozean. Dann läuft das Wasser buchstäblich bergab und erreicht eine Höchstgeschwindigkeit von zweiundzwanzig Knoten.

Aber Zahlen bedeuten in diesem Zusammenhang nichts. Die Strömung entwickelt eine so ungeheure Kraft und hat ein solches Ausmaß, daß das Wasser sich am Ufer anhäuft und in der Mitte eine Rinne von über einem Meter Tiefe bildet. Wirbel oder Strudel gibt es nicht. Nicht einmal kleinere Strudel haben Platz, wenn die Ebbe zunimmt. Es ist nur eine vierhundert Meter lange Wassermasse, die alles in unsinniger Raserei vor sich hin treibt.

Alles außer dem Turret Islet. Und ich muß die Legende und den Bericht jenes einzelnen Mannes gelten lassen. Nicht einmal das Innerste der Erdkugel könnte dieser Sturzflut ohne Beben standhalten. So stark ist die Strömung, daß sie den fast fünf Meilen langen Slingsby Channel durchläuft und dann hinaus in den offenen Ozean, wo die Wogen meilenweit von der Küste entfernt über sie hereinbrechen. Im Zugang selbst gibt es kein Stillwasser in dem Sinne, daß die Strömung je aufhört. Der letzte ersterbende Schub wird zur ersten Bewegung der Fluten in der entgegengesetzten Richtung.

Nach diesen atemraubenden und zeitweise recht zweifelhaft aussehenden Anstrengungen, ruhiges Wasser zu erreichen, setzte unsere gesellige Zeit im Seymour Inlet ein. Sie begann mit einem Essen in einem Holzfällerlager auf einer Lagune, die auf der Karte nicht eingezeichnet war. Wir verdankten die Bekanntschaft mit dieser Lagune dem Pokerspiel, an dem der Lagerleiter, Mr. A. P. Alison, teilgenommen hatte. Nach dem Essen, zur Flutzeit, halfen uns die Leute, die «Triton» durch den schmalen, seichten Kanal zu bringen, dann warfen wir in einem Salzwasserteich Anker.

Unser Gastgeber hatte als Handholzfäller begonnen und kannte das Gewerbe von Grund auf. Seine Erfahrungen machten ihn zu einem verständnisvollen Führer, und das Lager war wie eine einzige große Familie. Allabendlich fand sich alles zusammen, und manche schöne Geschichte wurde erzählt. Jeder kannte ein paar Geschichten und wußte sie gut wiederzugeben, denn die Kunst des Erzählens wird immer besser, wenn die Menschen zur Unterhaltung auf sich allein angewiesen sind. Eine gute Schilderung wurde durchaus gewürdigt, und sie blieb in der Erinnerung haften. Wir freuten uns an der selbstverständlichen Offenheit, mit der gesprochen wurde.

«Erzähl von der Zeit, als du dir eine Nuckelpinne gekauft hast, Charley», schlug einer aus der Gruppe vor.

Ohne daß man Charley, einen alten Handholzfäller, weiter drängen mußte, begann er von seiner ersten Begegnung mit einem Außenbordmotor zu erzählen, die stattgefunden hatte, als die Außenbordmotoren gerade aufgekommen waren. Fünfunddreißig Jahre lang war Charley von seinen Händen abhängig gewesen, wenn er in Vancouver einkaufen und von dort wieder heimfahren wollte. So war er das richtige Opfer für einen Verkäufer, und seine Neuerwerbung gefiel ihm so gut, daß er einen Freund einlud, ihn auf der ersten Fahrt zu begleiten. Über 45 Meilen lag Vancouver schon hinter ihnen, und alles war so gut gegangen, dass Charley sich in Lobsprüchen überbot.

«Verdammt schöne kleine Hexe», schrie er unter anderm in den Lärm des Motors. «Verdammt schöne kleine Hexe! Sie erspart mir die ganze Ruderarbeit!»

Seinem Gast ging die Prahlerei zunehmend auf die Nerven, als der Motor plötzlich aussetzte. Charley fummelte an dem eigenartigen Anhängsel eine Stunde lang herum, während sein Freund seine eigenen Betrachtungen über die «verdammt schöne kleine Hexe» anstellte. Schließlich begann Charley zu rudern. Eine Viertelstunde ruderte er schweigend, den Blick auf das nutzlose Stück gerichtet. Dann erhob er sich in einem jähen Wutanfall, riß den Motor vom Heck und schleuderte ihn ins Meer.

«Da, du verfluchtes Biest!» rief er, «denkst du vielleicht, daß ich nach fünfunddreißigjährigem Rudern anfangen werde, dich spazierenzufahren!»

Die Geschichte von zwei Holzfällern, die über die Frage, ob Seehunde Schnurrbärte haben, so heftig aneinandergeraten waren, daß sie einen ganzen Winter lang kein Wort miteinander sprachen, brachte die Rede auf Hüttenzwiste. Die Spannungen und Reibungsmöglichkeiten zwischen Ehepaaren sind nichts im Vergleich zu denen, die sich beim gemeinsamen Holzfällerleben ergeben können. Dabei wird schwere und aufreibende Arbeit geleistet. So kann es geschehen, daß ein Mann einen dreißig Kilo schweren Hebebaum einen steilen Berghang hinaufschleppt, nur um dann zusehen zu müssen, wie er über eine Klippe hinunterstürzt. Ein festgeklemmter Baum bedeutet oft tagelange Mehrarbeit, und am Ende jedes Tages steht die gemeinsame männliche Haushaltarbeit. In einem solchen Dasein bleibt der Streit nicht aus. Ich hörte von Holzfällern, die nur während der Arbeit miteinander sprachen, und ein Paar verständigte sich über das unumgänglich Notwendige auf dem Umweg über einen Kater.

«Ja, Jerry», sagte beispielsweise der eine, «ich denke, daß wir morgen aufsteigen werden, um die große Föhre umzulegen.»

Und dann erklärte der andere dem Kater Jerry, wie er sich das Fällen der Föhre vorstellte. Dieses Verständigungsverfahren bewährte sich ausgezeichnet. Das Geschäft der beiden Partner blühte, und der Kater erhielt Unterricht im Handholzfällen, bis er mit einem Berglöwen in Streit geriet. Leider hatte die Geschichte kein Märchenende, denn der Tod des Katers verhinderte die Versöhnung des streitbaren Paares.

*

Das Baumfällen mit Maschinen war fast so aufregend wie das von Hand. Irgendwo am Berghang, außerhalb der Sicht, wurde ein Drahtseil mit einem Haken als Klammer um einen Baumstamm gelegt, der einen Durchmesser von fast einem Meter und eine Länge von dreißig Metern hatte. Die Männer brachten sich in Sicherheit, und die Motorwinde begann an dem langen Seil zu ziehen. Plötzlich hörten wir die Maschine stöhnen und sahen sie schwanken, ein Zeichen, daß der Baum nachgab; sie drohte über den steilen Hang ins Wasser zu stürzen. Der Maschinist, der die Hebel mit beiden Händen und Füßen bediente, lenkte und beherrschte die gewaltige Kraft mit der Behutsamkeit eines wahren Künstlers.

Ich konnte das dicke Drahtseil durchs Gebüsch schwirren hören. Ein fünfzehn Meter hoher Baum, der dem herannahenden Riesen im Weg stand, schwankte und stürzte zu Boden, als der dicke Stamm gegen ihn stieß. Moos und Erde flogen auf, Gebüsch wurde weggerissen, ein anderer Baum sank zu Boden, als der Stamm dem Wasser zusauste. Es sah aus, als könnte nichts dieser vernichtenden Abfahrt Einhalt gebieten.

Plötzlich war alles still. Die Maschine ließ ein letztes dröhnendes Kreischen hören, schwankte noch einmal und blieb dann stehen. Der «Jäger», dessen Aufgabe darin bestand, den Kampf mit den «Klebern» aufzunehmen, rannte zum Schauplatz des Unheils. Der Berg schwieg, und die Menschen warteten gespannt. «Er ist gegen einen Stumpf geprallt», berichtete ein Mann. «Die Klammer muß versetzt werden.»

Das hieß, daß das Drahtseil neu befestigt werden mußte, damit der Baumstamm seitlich an dem Stumpf vorbeirollen konnte. Einige Augenblicke später tauchte der Jäger aus dem dichten Gebüsch auf und hob den Arm.

Der Maschinist legte einen Hebel um, die Motorwinde begann wieder zu dröhnen und zu schwanken. Das Drahtseil wippte und drosch den Boden, bis endlich der große Stamm aus dem Gebüsch hervorbrach und die steile Halde hinuntersauste, wie ein verheerendes Ungeheuer das Wasser suchend.

Hitze, Staub, Schweiß, Spannung und nun Freude, als der Baumstamm unten anlangte.

«Dreißig Dollar verdient», sagte ein Mann, während ein anderer die Klammer entfernte. Ich schaute den Männern so viele Stunden zu, daß Robert mich schließlich fragte, was ich denn so aufregend an dem Schauspiel fände.

Ich überlegte eine Weile. «Vielleicht die Möglichkeit, die dem Baumstamm bleibt», erwiderte ich dann. «Es ist das gleiche wie mit dem Lachs an der Rute.»

Am Abend erzählte Robert Mr. Alison, was ich gesagt hatte. Für unseren Gastgeber lag der Reiz des Holzfällens in der Anwendung der gewaltigen Zugkraft und in der Führung des Drahtseils. Er schlug einen Katalog auf und zeigte uns Bilder von großen fahrbaren Zugmaschinen, fünf Zentimeter dicken Stahlseilen und mehreren komplizierten Motorwinden, so groß wie kleine Lokomotiven.

«Das ist etwas, worüber man verrückt werden könnte», sagte er sinnend. «Selbst Rockefeller wäre nicht in der Lage, die Ideen zu finanzieren, die einem kommen, wenn man sich diese Dinge ansieht.» Immerhin gab er zu, daß es mit der Kraft allein nicht getan war. Es blieb noch immer ein ungelöster Rest. Außerdem wirkte allzuviel Kraft mitunter gegensätzlich, und ein gerissenes Kabel bedeutete einen Verlust von vierzig Dollar.

Der Traum eines jeden Holzfällers, «eine noch größere Maschine als die andern» zu besitzen, konnte den Unternehmer einen Haufen zerschmetterte Baumstämme und Reparaturen kosten, abgesehen davon, daß die großen Maschinen weniger beweglich waren.

«Ein richtiger Kerl benutzt seinen Kopf», sagte Mr. Alison abschließend.

«Genau das meinte ich, als ich vom Lachs an der Rute sprach», rief ich. «Diese Bäume können nicht einfach hinuntergestoßen werden. Man muß jeden anders behandeln, und so ist es auch mit den Fischen.»

*

Während wir bei den Holzfällern waren, hatte ich jeden Morgen unzählige Blätter Papier vollzuschreiben. Jedesmal wenn ich glaubte, daß wir sämtliche Einzelheiten des Holzfällerdaseins erschöpft hätten, eröffneten sich ganz neue Gesichtspunkte, und ich sammelte noch mehr Erfahrungen. Ich schrieb, bis ich einen Schreibkrampf bekam, und dann belegte ich die Arbeitsecke des Captains im Maschinenraum mit Beschlag. Die Notizen von unserer Sommerreise füllten schon mehrere Hefte, denn wir hatten einen Haufen Material gesammelt, lauter unschätzbare Romanhintergründe.

Robert hatte mir geraten, alle Tatsachen und Figuren unter verschiedenen Sammelbezeichnungen aufzuschreiben – Fischerei, Holzfällerei, Landschaftsbilder und Schiffahrt. Als ich schließlich von meinen Eindrücken so beflügelt war, daß ich sie weder unter den Sammelbezeichnungen noch im Bordbuch unterbringen konnte, fing ich ein eigenes Heft an. Robert spottete darüber. Er hatte von jeher die Meinung vertreten, daß ein Schriftsteller seine Eindrücke von einem Land oder von Menschen im Kopf und nicht in einem Notizbuch haben sollte. «Ich schreibe nur Tatsachen auf, die ich sonst vielleicht vergessen könnte», sagte er.

Eines Abends, als er wieder einmal in Spottlaune war, schlug er mein «persönliches Heft» auf und überflog ein paar Seiten. Dann setzte er sich bequemer zurecht, rückte die Lampe näher und begann zu lesen. Als ich mich schlafen legen wollte, las er noch immer. «Über diese Aufzeichnungen wirst du dein Lebtag lang froh sein», sagte er schließlich. «Es macht gar keinen Unterschied, ob du sie jemals brauchst oder nicht. Du hast die kurzweilige Zeit von zwei Sommern in Worte gefaßt.»

So vergingen die Tage in Purple Lagoon: Besuche bei den arbeitenden Holzfällern, Geplauder mit den Leuten, Schwimmen in dem wunderbar warmen Wasser und allabendliches Geschichtenerzählen. Einmal verbrachten Bobs und ich einen ganzen Tag an einem Forellensee, der weiter hinten unter den Bergen lag. Der Weg dorthin war wunderhübsch. Er führte um einen Berghang, vorbei an drei Wasserfällen und einem halben Dutzend Zederngrotten. Wir fingen keine einzige Forelle, aber wir verzehrten unser mitgenommenes Essen an einem glitzernden blauen Wasser, den Blick auf weißbemützte Gipfel gerichtet.

Mehrmals erschienen Besucher im Lager. Billy Welsh tauche mit zwei Finnen auf, die er mit seinem Siebenmeilenschritt zur Verzweiflung brachte. Sie blieben über Nacht, und Billy war der große Erzähler des Abends. Seine Freunde schienen sich aus seinen Geschichten nichts zu machen, aber sie genossen die Gelegenheit, endlich einmal ausruhen zu können. Billy erzählte zum größten Teil von seiner indianischen Frau, die vor einigen Jahren gestorben war. Er hatte sich ausgezeichnet mit ihr vertragen. Ihre Beerdigung hatte er sich zum Zeichen seiner Zuneigung achthundert Dollar kosten lassen. Jeden Taglöhner in Vancouver hatte er dazu eingeladen, auch alle anwesenden Holzfäller, dann hatte er sorgsam darauf geachtet, daß alle außer dem Priester fröhlich und herrlich berauscht waren.

«Das hätte ihr gefallen», sagte er. «Es wäre gar nicht nach ihrem Geschmack gewesen, wenn man sie unter Tränen zu Grabe getragen hätte.»

Eines Tages, als ich gerade das Mittagessen auf den Tisch gesetzt hatte, rief Robert mir zu, daß George Hunt angekommen sei. Das war der Mann, den wir sehnlichst kennenlernen wollten, denn wir hatten schon viel von ihm gehört. George lebte in Fort Rupert, einer Ortschaft an der Hudson Bay, wo sein Vater Faktoreileiter gewesen war. Seine Mutter war eine Haida gewesen, das ist ein Indianerstamm von sehr hoher Kultur. Georges Forschungen auf dem Gebiet der Indianerkultur und sein reges Interesse an allem, was mit dem Leben an der Küste zusammenhing, ließen ihn als ideale Auskunftsquelle erscheinen.

Wir eilten zum Floß. Doch George und sein Schwager hatten ihre Waren schon ausgeladen und fuhren gerade in ihrem Motorboot davon; so wurden wir über eine immer größer werdende Entfernung mit George Hunt bekanntgemacht. Mein erster Eindruck von ihm beschränkte sich auf einen bemerkenswert weißen Schnurrbart, ein bronzefarbenes Gesicht, eine melodische Stimme und anmutige Umgangsformen.

Später lernten wir ihn genauer kennen. Denn George rief uns zu, wir sollten ihn doch in Fort Rupert besuchen.

VIERZEHNTES KAPITEL

Wir gehen unter die Leute

Unser Abschied von der Lagune war ein Abschied von Freunden. Fast die gesamte Mannschaft des Lagers stand am Ufer und winkte uns nach, als wir uns auf unsere große Inlet-Fahrt begaben. Mr. Alison hatte mir ein Abschiedsgeschenk in die Hand gedrückt, das sich äußerst verheißungsvoll anfühlte, denn es war in Pergamentpapier gehüllt. Als ich dann ein großes Roastbeef auspackte, schrie ich beinahe vor Freude. Nach Monaten wieder einmal Roastbeef! Vor lauter Begeisterung über die bevorstehende Mahlzeit fuhren wir etwas zickzackmäßig in das Seymour Inlet ein.

Robert ließ den Blick über die lange Reihe weißbemützter Berge schweifen. «Ist das nicht zum Verzweifeln?» schimpfte er. «Einen Braten an Bord an einem Tag, wo nicht die geringste Gelegenheit zum Landen besteht.»

Er ahnte nicht, welche Opfer ich für das Roastbeef zu bringen bereit war. Für kein andres Essen hätte ich mich in die schiefliegende Kombüse begeben. Das Begießen des Bratens war jedesmal ein kritisches Unterfangen. Ich stand fast auf meinem Ohr, während ich mich damit abmühte, das kostbare Roastbeef vor dem Fallen zu bewahren.

Zum Abendessen gab es dann wirklich Roastbeef, und wir verzehrten es in einem stillen Schlupfhafen, wo die «Triton» am Floß eines Handholzfällers vertäut war. Das war der erste Abend unserer Floßrundfahrt. Siebzehn Nächte lang lagen wir jeweils an andern Zedernflößen, die sich an einen Berg schmiegten. Diese vielen Besuche hatten keineswegs auf unserem Programm gestanden, aber es hagelte nur so Einladungen. Bevor unsere Taue vom einen Floß losgebunden waren, sahen wir uns schon verpflichtet, am nächsten anzulegen.

Die Fahrt wurde eine Folge von Tagen, an denen alle Arten von Baumfällen miteinander abwechselten: Handholzfällen, Holzfällen mit Benzinmotor, Holzfällen mit Dampfmaschinen, Holzfällen mit Dieselmotor. Der Captain schaute ins Innere von Motoren, half eine selbstgebaute Maschine zusammensetzen, schichtete Baumstämme auf und ritt zur Freude und Verwunderung aller Zuschauer auf einem dicken Stamm über den Strand ins Wasser. Es sah höchst gefährlich aus, doch er lachte. Allerdings bekannte er später seiner Familie, daß er geglaubt hätte, sich dabei das Rückgrat zu brechen.

An jedem Floß gab es die gleichen Gespräche – optimistische Pläne für eine Verbesserung der Ausrüstung im nächsten Jahr. Die Handholzfäller planten den Kauf einer kleinen Maschine. Die Besitzer von selbsterbauten Benzinmotoren wollten sich ein Fabrikerzeugnis zulegen. Wer eine Maschine besaß, gedachte sich eine ganze Sammlung von Maschinen anzuschaffen.

Anfangs glaubte ich, wir führen durch ein Holzfäller-Dorado, bis ich entdeckte, daß die Leute seit zehn Jahren die gleichen Pläne machten. Andererseits gab es alte Holzfäller, die es bereits zu einer Dampfmaschine und einer kleinen Mannschaft gebracht hatten, die jedoch nichts sehnlicher wünschten, als ihren Betrieb wieder zu verkleinern.

Steve war solch ein vollkommen ernüchterter Kapitalist. Vor zwanzig Jahren hatte er, als er die Küste hinaufgefahren war, am Knight Inlet Billy Welsh beim Handholzfällen kennengelernt. «Damals bedauerte ich den armen Teufel», sagte er. «Doch dann fand ich heraus, daß er mehr Geld verdiente, als ich jemals besessen hatte.»

Das feuerte Steve zum Handholzfällen an, und jetzt bedauerte er, daß er nicht dabei geblieben war. Ein Handholzfäller hatte es seiner Ansicht nach am besten. Einen Hebebaum, Sägen und Äxte, mehr brauchte er nicht. Er hatte keine andern Berufssorgen als seine eigenen und mußte sich höchstens über seinen Partner ärgern. Mit Banken hatte er nichts zu tun, er konnte stets borgen und seine Baumstämme zurückhalten, wenn der Markt schlecht war. Steve aber hatte sich eine Maschine angeschafft, weil er damals fest daran glaubte, daß die Erfüllung dieses Traumes ihm eine Entlastung bringen würde.

«Und nun schauen Sie mich an!» fügte Steve hinzu. «Statt daß die Maschine für mich arbeitet, muß ich für die Maschine arbeiten. Anlagekapital, Verzinsung, Abzahlung, Betriebsstoff, Unfall- und Feuerversicherung – all das muß ich herauswirtschaften. Ich muß meine Baumstämme verkaufen, ganz gleich, wie die Preise sind, denn ich habe sonst zu große Unkosten. Ich habe gespart, um das Biest da oben zu kaufen, und nun frißt es mich auf.»

Steve hatte immer ein Abenteuerleben geführt. Er war zuerst auf einem kleinen Dampfboot, das ununterbrochen den Dienst zu versagen drohte, an der Küste entlang gefahren. Mit Fischtran hatte er das widerspenstige Fahrzeug geschmiert und das Holz zur Feuerung am Strand gesammelt. In welche Patsche er und sein Partner auch gerieten, sie fanden stets wieder hinaus. Als ihr Dampfschiff einst in der Nähe der Konservenfabrik von China Hat sank, stahlen sie ein Drahtseil und hoben das Boot mit zwei Zedernstämmen, wobei sie vier Gezeiten hindurch arbeiteten. Die schlimmste Katastrophe brachte ihnen ein steifer Südost im Milbanke Sound. Bei dieser Gelegenheit stürzte ihr Schornstein um, so daß sie nicht mehr manövrieren konnten, was um so schlimmer war, als die windgeschützte Küste weit entfernt lag. Noch nie wurde eine Schiffsreparatur rascher ausgeführt, und doch hätten sie um ein Haar Schiffbruch erlitten.

«Das waren tolle Zeiten», sagte Steve. «Es ist noch immer ein großartiges Land – Berge, dicke Bäume, prachtvolle Gewässer. Ich möchte an keinem anderen Fleck der Erde leben.»

Zwei Meter groß, breitbrüstig, so stand er auf seinem Floß, umgeben von Bergen. Strudel gurgelten in den nahen Engen. Neben ihm stand seine Frau, ein schlankes, fast zerbrechliches Persönchen, dessen ruhige Spannkraft es jedoch mit seiner mächtigen Fülle aufnehmen konnte.

«Und ich würde so gern eine englische Landschaft sehen», sagte sie. «Ein ebenes und stilles und zivilisiertes Land. Diese Berge beengen mich. Eines Tages werde ich sie noch hassen!»

Zu meiner Erleichterung brachen beide in Gelächter aus. Sie blickte zu ihm auf, denn sie reichte ihm nur bis zur Schulter. Ich wußte, daß er sie mit der gleichen Heftigkeit liebte, wie er alles tat, und sie dachte wohl daran, als sie hinzufügte: «Aber für Steve kann man wohl ein paar Berge in Kauf nehmen.»

Ich interessierte mich brennend für die tapferen Frauen, die in diesem Meerland lebten. Alle verrieten eine Sehnsucht nach der Berührung mit der Erde. Blumenkästen am Fenster, Topfpflanzen rings auf dem Floß genügten nicht. Frauen und Hühner – beide müssen ihre Füße aufs Land setzen. Die Zugehörigkeit zur Erde ist etwas durchaus Weibliches und ebenso eingewurzelt wie der Trieb der Männer zu Schiffen.

Diesen Unterschied hatte ich auch bei uns bemerkt. Für Robert bedeutete das Land einen Ort der Tätigkeit, und so verbrachte er seine Mußestunden in seinem schwimmenden Heim. Er las auf dem Achterdeck. Ich dagegen zog mit meinem Buch zur Küste. Er staunte über die sorgfältigen Vorbereitungen, die Bobs und ich trafen, wenn wir einen Nachmittag an Land verbringen wollten, und reichte unser Gepäck – Handtücher, Bücher, Nähzeug, Malsachen, Hefte und Bleistifte – mit der Bemerkung ins Ruderboot hinunter, daß Frauen sich das Leben unnötig schwermachten. Wenn er sich dann später zu uns gesellte, um die Gegend zu erforschen, so deshalb, weil er das Land sehen und kennenlernen wollte, und nicht weil seine Füße, wie es bei meinen der Fall war, danach verlangten, die Erde zu fühlen.

Die Frauen in den Floßhäusern hatten nicht wie Bobs und ich die Häfen zum Auslauf. Ihre Heimstätten, die mit den Gezeiten stiegen und fielen, waren meist an schroffen Felswänden befestigt, die das Anlandgehen fast unmöglich machten. Manche Frauen kletterten die steilen Hänge hinauf, sahen ihren Männern bei der Arbeit zu und teilten die Aufregung beim Bäumefällen. Das waren glückliche Naturen, denn diese Frauen besiegten ein Land, das ihnen nicht hold war.

Diejenigen, die diesen kämpferischen Geist nicht hatten, waren oft sehr allein und bedauerten sich selbst. Sie verbrachten ihre Tage auf dem Floß, jammerten, daß sie dazu verurteilt waren, in einem Blockhaus zu leben, das sich weder wie ein Schiff vom Fleck bewegen noch hübsch an Land niedersetzen ließ.

Nachdem ich einen ganzen Morgen lang die Klagen einer solchen Frau angehört hatte, begriff ich das tiefeingewurzelte Mißtrauen der Holzfäller gegen die Ehe.

Da man neuerdings in den Holzfällerlagern oft Köchinnen beschäftigte, war das Eheproblem ein beliebter Gesprächsgegenstand geworden. Die einen waren für diese Neuerung, die andern dagegen, und beide brachten Beweise vor. Holzfäller, die sich eine Köchin zugelegt hatten, berichteten, daß gute Mahlzeiten und häusliche Bequemlichkeit für das häufige Geschirrwaschen und das Wasserschleppen, das beides den Männern oblag, ja selbst für die Pflicht zur Sauberhaltung reichlich entschädigten. Die Anhänger der «guten alten Zeiten» erklärten, daß die Köchinnen gewöhnlich ihre Dienstherren heirateten und dann keine Köchinnen mehr wären. Erst kürzlich hätte man den Fall erlebt, wo eine neue Köchin eingestellt werden mußte, um für die Frau des Holzfällers, seine frühere Köchin, zu kochen.

Unweigerlich lag der Ehestand gewissermaßen in der Luft eines Hauses, in dem eine Köchin herrschte. Der Holzfäller ahnte meist nichts von dem Damoklesschwert, das über ihm schwebte. Wir verbrachten einen Abend bei einem Holzfäller, der sich damit brüstete, wieviel mehr Zeit zur Arbeit ihm blieb, seit er eine Köchin im Hause hatte. Bald würde er so weit sein, sich eine Maschine anzuschaffen. Die Köchin sagte nichts, aber ihre glänzenden Augen sagten uns, daß die nächste große Einnahme eher für Flitterwochen in Vancouver verwendet werden würde.

Auf unserer Inlet-Fahrt war jeder Abend ausgefüllt. Wenn wir nicht über das Holzfällen sprachen oder Karten spielten, blieben wir auf und unterhielten uns über eine erstaunliche Menge von Themen. Mochten wir am Morgen auch beschlossen haben, uns abends früh schlafen zu legen, gegenüber dem unweigerlichen «Gehen Sie doch noch nicht heim, wir haben so selten Gelegenheit zu einem gemütlichen Schwatz» waren wir machtlos.

Neben dem Holzfällen und den Frauen waren es vor allem wirtschaftliche, politische und religiöse Fragen, mit denen die Holzfäller sich beschäftigten. Ich war überrascht, wie oft das Gespräch auf die Religion kam. So war das Thema auch an einem Abend im Haus eines Holzfällers, der als Handwerker begonnen hatte – seine Frau war Textilarbeiterin –, von allen Seiten erörtert worden. Das Ehepaar, die beiden erwachsenen Söhne, die vierzehnjährige Tochter, Robert und ich, alle hatten wir ein persönliches Glaubensbekenntnis abgelegt. Bobs hatte zugehört. Nachher, an Bord der «Triton», war sie sehr nachdenklich.

«Ihr müßt euch entscheiden, ob ihr an Gott oder an die Technik glauben wollt», sagte sie beim Zubettgehen.

Der «gemütliche Schwatz» stellte recht oft ziemliche Anforderungen an unseren Verstand und unsere Phantasie. Man hatte uns davor gewarnt, mit Leuten zu philosophieren, die den Schmutzigen Smith nachahmten.

Der Schmutzige Smith unterschied sich von andern Trägern dieses Namens durch den Ruf, der ungewaschenste Mann in einem Lande zu sein, wo alle Holzfäller nach des Tages Arbeit schwarz von Staub und Schweiß sind. Der Schmutzige Smith fuhr eines Tages auf einem Küstendampfer heim, als ein Kommunist einer Gruppe Männer eine Rede hielt. Niemand gab sich die Mühe, ihm zu antworten. Die Handholzfäller kamen aus Vancouver, wo sie ihre Baumstämme verkauft und ihr Geld ausgegeben hatten; sie befanden sich jetzt auf dem Rückweg. Sie fühlten sich als freie Männer, allen Hetzereien des Kommunisten zum Trotz, der ihnen einreden wollte, sie seien Industriesklaven. Schließlich erhob sich der Schmutzige Smith, der in einer Ecke gekauert hatte, und ergriff das Wort. Er ließ den Kommunisten den Niedergang Roms miterleben, führte ihn durch die Geschichte der Jahrhunderte, verbreitete sich erschöpfend über das Zunftsystem, verfolgte den Aufstieg des Kapitalismus und die

Entwicklung der Unternehmer und zählte die Vor- und Nachteile der gegenwärtigen Lebensumstände auf. Er zerpflückte die Darlegungen des Vorredners, nagelte ihn fest, wrang ihn aus wie ein nasses Handtuch und ließ die schlaffen Überreste baumeln. Der Schmutzige Smith redete wie ein Studierter, und soviel man von ihm wußte, hätte er ganz gut einer sein können. Nachdem er geendet hatte, zog er seinen schmutzverkrusteten Hut über die Augen.

«Vielleicht stopft dir das den Mund, bis wir das Schiff verlassen haben», sagte er.

«Und das», fügte ein Zeuge dieser Episode hinzu, «war das einzige Mal, daß wir den Schmutzigen Smith mehr sagen hörten als nur 'Zum Wohl'.»

Wir begegneten niemand, der so beeindruckend war wie der Schmutzige Smith, aber man setzte uns oft tieflogische und originelle Gedankengänge vor, gegen die wir mit allen Spitzfindigkeiten nichts auszurichten vermochten. An solchen Abenden nahm der «gemütliche Schwatz» den ganzen Menschen in Anspruch, und das war ermüdend. Manchmal kam ich mir wie ein Wanderprediger vor, jedenfalls wurde es Zeit, daß die Familie sich wieder einmal auf sich selbst besann.

So schlug ich vor, eine ruhige Nacht in einer Bucht zu verbringen, wo es keine Holzfäller gab. Wir wählten unseren Ankerplatz mehr nach Alleinsein als nach Sicherheit. Als der Captain zum letzten Rundgang an Deck ging, rief er mich zu sich. «Schau dir mal deine ruhige Nacht an.»

In der frühen Dunkelheit hatte die Bucht ein bedrohliches Aussehen angenommen. Die wie ein Wolfskopf geformte Silhouette der hohen schwarzen Küstenlinie ließ die graue Unruhe des Meeres noch beängstigender erscheinen. Ich fühlte mich nicht gerade in sicherer Hut.

«Das ist kein sehr geschützter Platz», sagte der Captain.

Er ließ den schweren Dregganker fallen, der mit seinen breiten Schaufeln fünfundsechzig Kilo wog; wir hatten ihn noch nie benutzt. Der Captain mußte seinen Drang nach Sicherheit teuer erkaufen, denn am nächsten Morgen mußte er die fünfundfünfzig Meter lange schwere Ankerkette und den Anker nur mit einer Handwinde heraufziehen.

Gegen Mitternacht pfiff der Wind durch die Luken. Die «Triton» riß an ihrer Kette, legte sich auf die Seite und richtete sich mit einem solchen Ruck auf, daß wir glaubten, die Kette würde reißen. Es war, als ob das Schiff lebte und um seine Freiheit kämpfte. Schwere Windstöße legten es tüchtig auf die Seite. Es war mehr als Wind. Es war ein richtiger Angriff.

Der Captain zog sich an und streifte auf dem Deck umher. Als er wieder herunterkam, fand er mich in der Hauptkajüte – auf das Schlimmste gefaßt. Er glaubte, daß wir uns halten würden, und erklärte, der Anblick des phosphoreszierenden Meeres sei sehenswert.

Ich ging hinauf und erblickte eine Bucht, die wie mit Diamanten besät war. Jede Welle trug eine leuchtende Krone. Dunkle Wellentäler bildeten eine schwarze Fassung für silberne Feuerlinien, die auf uns zukamen. Sie brachen sich an unserem Bug und fluteten in langen juwelengeschmückten Zungen hinaus. Und während die eine Welle sich brach, kam die nächste heran. Wieder und wieder kamen sie, silberbehelmte Krieger des Sturms.

Ich richtete mir eine obere Koje her, um das Schauspiel durch ein Bullauge zu beobachten. Der Wind verstärkte sich. Seine verdoppelte Kraft riß die glitzernden Wellenkämme mit, so daß die ganze Bucht ein einziges funkelndes Feuermeer war.

Ich war so begeistert, daß ich meine Angst völlig vergaß und nur noch die Schönheit dieser Nacht pries. Der Captain sprach davon, was am besten zu tun wäre, falls die Ankerkette nicht standhielt.

«Du glaubst wohl, du seist im Theater?» fragte er.

Wenn die Gefahr solch einen juwelenbesetzten Staat trägt, verliert sie alle Schrecken. Das erste Licht des herannahenden Morgens zog einen Vorhang vor die Bühne. Ich ging schlafen. Der Captain weckte mich bei vollem Tageslicht. Der Sturm hatte sich gelegt, und die «Triton» lag ruhig vor Anker. Wir tranken auf dem Achterdeck Kaffee, und ich staunte über die Frische des Morgens nach einem Sturm. Der Captain ließ einige Bemerkungen über seine Mannschaft fallen. Der Bootsmann war überhaupt nicht aufgewacht, und das Interesse des Maats hatte sich auf das Meerleuchten beschränkt.

In dunklen Nächten hatte ich gesehen, wie Juwelen von den Riemen hinabfielen und der Außenbordmotor eine silberne Spur im Kielwasser hinterließ. Ich hatte beobachtet, wie eine Heringsschule auf der Flucht vor einem flimmernden Lachs funkelnd dahinschoß. Voll Neid hatte ich der Schilderung eines Fischers gelauscht, der von einem Erlebnis im Rivers Inlet erzählte. Er hatte sein Netz an einem Felsen befestigt, und als er mitten in der Nacht erwachte, sah er, daß es wie ein silbernes Gehege schimmerte. Ein Wal, der ein einziges Geflimmer war, schwamm darauf zu.

«Sogar seine Augenwimpern glitzerten», versicherte uns der Fischer.

Ein juwelenglänzender Wal, der durch ein silbernes Gehege schwamm, schien mir der Gipfel der Verrücktheit. Ich quietschte vor Vergnügen.

Gekränkt blickte mich der Fischer an. «Wenn er durch das Netz geschwommen wäre, hätte er mir mein ganzes Geschäft verdorben», sagte er. «Was ist daran so spaßig?»

Jetzt machte ich mich nicht mehr über den Flimmerwal lustig. Ich hatte das Meer von Diamanten überschüttet gesehen. Und ich blieb dabei, daß es eine schöne Nacht gewesen war.

«Auch eine ruhige», ergänzte der Captain ironisch. «Deine Einfälle enden immer prächtig. Was hast du dir für heute abend ausgedacht?»

Jetzt erst fiel mir die Einladung zum Samstagabendtanz ein. Ich hatte nur eine ganz unbestimmte Vorstellung, wo sich das Floßhaus unseres Gastgebers befand, und ich konnte mich nicht mehr an seinen Namen erinnern. Aber ich war sicher, daß wir von ihm zum Tanz eingeladen worden waren, und daß wir zugesagt hatten.

Ein Nachmittagsschläfchen half dem Captain wieder auf die Beine, so daß der Gedanke, in einem langen Inlet auf die Jagd nach einer Tanzgesellschaft zu gehen, seinen sportlichen Ehrgeiz reizte. Als wir am frühen Abend losfuhren, unterhielt er uns mit amüsanten Bemerkungen über das Aufspüren und Verfolgen von Motorbooten. Auf einer größeren Strecke zwischen zwei Krümmungen holten wir ein kleineres Fahrzeug ein. Die Mannschaft begrüßte uns und fragte, ob wir ebenfalls auf dem Wege zu der Gesellschaft seien, und so wußten wir, daß wir nur dem Boot zu folgen brauchten.

Unsere Gastgeber erwarteten uns. Robert gesellte sich zu der Männergruppe, Bobs und ich wurden von einem zwölfjährigen Mädchen ins Haus geführt. Ich war froh über die Anwesenheit der Kinder. Ihr Geplauder war die einzig erfreuliche Note, während zwei «Köchinnen» und ich auf nebeneinander aufgereihten gradlehnigen Stühlen saßen. Ab und zu kam einer der Männer herein, holte sich eines der Mauerblümchen und drehte sich feierlich mit ihm zu den Klängen eines Grammophons. Robert blieb draußen und mißachtete völlig seine Pflicht den Köchinnen gegenüber.

Ich war schon nahe daran, den Kopf hängen zu lassen, als wir den schrillen Pfiff einer Bootspfeife vernahmen und gleich darauf laute Rufe und Gelächter. Jetzt erst erschien der Haupttrupp der Eingeladenen. Die Köchinnen und ich gehörten zu einer Sorte unliebsamer Zeitgenossen: Gäste, die zu früh eintreffen. Auf einmal ging es los. Eine Violine und ein Banjo wurden ausgepackt. Die Männer kamen herein, zogen ihre Mäntel aus und bereiteten sich darauf vor, ihre Künste bei Polka und Walzer zu zeigen.

Wenn ein Handholzfäller seine Partnerin im Tanz herumschwenkt, so schwenkt er sie herum. Er tanzt ebenso temperamentvoll, wie er Bäume fällt. Um drei Uhr früh hatte ich meine Füße fortgetanzt. Der Anlaß drohte sich bis in den Morgen hinein auszudehnen, aber ich war erledigt. Ich hinkte an Bord der «Triton». Bobs war um Mitternacht zu Bett gegangen. Der Captain erklärte, schon seit Stunden erschöpft zu sein. Er ging sogleich hinunter, doch ich konnte mich, so müde ich auch war, nicht von der Schönheit der Nacht trennen.

Der Mond stand über einem steilen, schwarzen Felsen und sandte sein silbernes Licht über das dunkle Wasser. Der goldene Schein, der aus den Fenstern des Floßhauses fiel, mischte sich mit den silbrigen Mondstrahlen. Eine glatte, von einer Lawine herrührende Granitnarbe an der Küste wurde zu einem großen, grauschimmernden Spiegel. Nie hätte ich gedacht, daß die Spur einer Lawine schön sein könnte. Gedämpft klangen die Töne der Violine und des Banjos in meine stille Welt.

Das war – ich wußte es schon damals – einer jener Augenblicke, die unvergeßlich bleiben. Meer, Berge, liebenswerte Menschen, Mond – das alles fügte sich zusammen und tat das seinige dazu.

*

Wir machten eine rasche Fahrt das Belize Inlet hinauf und durch den Allison Sound. Am Allison Sound sahen wir einen jahrtausendealten Großvaterfels, der sich geradeswegs aus dem Meere bis auf tausend Meter Höhe erhob. Herausfordernd schoß ein Wasserfall vom Gipfel herunter, eine glitzernde, schlanke Wassersäule, die all die andern dreihundert oder fünfzehn Meter hohen Katarakte wie kleine Ableger erscheinen ließ.

Als wir vorsichtig in die nicht auf der Karte verzeichnete Village Bay einbogen, bemerkte der Captain, daß wir zweifellos die ersten Seefahrer wären, die diese Bucht besuchten. Er stand auf dem Vorderdeck und gab uns Anweisungen, wie wir steuern sollten. Als er langsamere Fahrt befahl, wurde ich kratzbürstig. Auf der Karte verzeichnete Felsen sind schon unangenehm genug.

Hier hatten die Indianer ein Dorf zum herbstlichen Fischen erbaut: Die Flußmündung war voller Lachsreusen. Steindämme in V-Form führten die Fische in enge Flaschenhälse. Den Gemeinschaftshäusern fehlten die Totempfähle. Nur ein paar Donnervögel brüteten feierlich über einer Sammlung von leeren Trockengerüsten und Körben aus Zedernwurzeln. Rostige Töpfe und Pfannen, zerrissene Spitzenvorhänge oder Geschirrscherben, die an die Kultur der Weißen erinnerten, gab es erfreulicherweise nicht.

Das Dorf war so primitiv, als wäre Kolumbus nie über das Meer gesegelt. Einen Steinwurf von der Siedlung entfernt ging die «Triton» vor Anker. Wie groß der Gegensatz war, wurde mir an diesem Abend so recht bewußt, als ich mich in der Hauptkajüte umschaute. Bücher, gepolsterte Möbel, elektrisches Licht und leuchtendweiße Wände, Bobs, die ein Buch von Joseph Conrad las, Robert, der in Rousseaus «Bekenntnisse» vertieft war. Ich hatte gerade einen neuen Roman aus der Hand gelegt. Robert hatte den Vormittag an der Schreibmaschine verbracht. Am Nachmittag hatten wir ein primitives Indianerdorf erforscht. Unser Nachtessen hatte sich in nichts von einer Mahlzeit in San Francisco unterschieden. In der Nacht würden wir auf Sprungfedermatratzen schlafen. Ein Benzinmotor hatte uns hierher gebracht und würde uns ebenso bequem fortführen.

«Was beißt dich?» erkundigte sich Robert.

«Ich frage mich, ob wir auf unserer Reise nicht ganz verlernen, wie man daheim lebt», antwortete ich. «Bei jedem andern Freiluftunternehmen haben wir das Abenteuer mit Unbequemlichkeit oder harter Arbeit bezahlen müssen. Irgend etwas scheint mir diesmal nicht zu stimmen. Aber ich finde nicht heraus, was es ist.»

«Es wird alles stimmen, wenn wir erst einmal die 'Triton' umgebaut haben», sagte Robert.

Es war ein schöner Abend und ein schöner Platz, so recht geschaffen, um die Bootspläne hervorzuholen. Den ganzen Sommer hindurch hatten wir schon daran gearbeitet, planend, verwerfend, erfindend, und allmählich begannen unsere Einfälle Gestalt anzunehmen. Wenn wir den Schiffsrumpf um zwei Meter verlängerten, konnten wir das Aussehen des Hecks verbessern, ein Achterdeck und einen schönen Raum für Bobs schaffen. Der Entschluß, ein Deckhaus zu errichten, stand unweigerlich fest, seit ein Bergwind Bobs und mich an einem kalten Tage im Seymour Inlet vom Steuer verjagt hatte. In Ölmantel und Südwester hatte der Captain eine Vierstundenwacht über sich ergehen lassen müssen. Unter Deck sollten gründliche Veränderungen vorgenommen werden. Wir hatten eine bequeme Kombüse entworfen, eine große Hauptkajüte, zwei Wohnräume, zwei Badezimmer und Winkel für zwei Schreibmaschinen. Wir waren völlige Amateure als Schiffsarchitekten, aber wir gingen mit dem Raum so fürsorglich und sparsam um, als hätten wir unser Leben lang nichts anderes getan.

Im Augenblick hatten unsere Pläne das Schränkestadium erreicht. Ich entdeckte, daß in dem zukünftigen vorderen Badezimmer über den Schränken noch ein Längskasten angebracht werden könnte. Kaum hatte ich das vorgebracht, da zog Robert eine Zeichnung hervor.

In beiläufigem Ton, doch mit frohlockender Miene sagte er: «Ich habe eine Möglichkeit ausgeknobelt, wie wir eine Wanne im Badezimmer mittschiffs unterbringen können.»

Er hatte den tollsten Erfolg des Abends. Sogleich wurde er zum Helden erklärt, und die Badewanne sollte später «Triumph von Village Bay» heißen.

FÜNFZEHNTES KAPITEL

Vergebliche Bekehrungsversuche

Die Flagge am Heck hing schlaff hernieder, und das Meer war gläsern, als wir eines Morgens die Southgate-Inselgruppe verließen. Ich war in der Kombüse mit Vorbereitungen zu einer kulinarischen Orgie beschäftigt, als Robert mich hinaufrief.

«Ich muß in den Maschinenraum», sagte er kurz und gab mir den Kurs an. Während ich die «Triton» steuerte, sah ich, daß der Ozean in einer breiten Kuppe auf mich zukam. Mir raschem Aufschwung kletterte die «Triton» hinauf, schwang benommen auf der Höhe hin und her und fiel in ein tiefes, weites Loch. Der Kompaß schwang ebenso verrückt hin und her wie das Schiff. Dann stiegen wir abermals hinauf und rutschten mit einer Korkenzieherbewegung hinüber, die uns um fünfundvierzig Grad vom Kurs abbrachte.

Vom Gipfel dieses Wellenbergs sah ich eine Folge von grünen Kuppen auf uns zukommen, die von ihrer langen Reise von den Alëuten offensichtlich keineswegs ermüdet waren. Zwischen je zwei Gipfeln lagen hundert bis hundertdreißig Meter tiefe Täler.

Es war eine Grundsee, das Ausklingen eines Sturmes im offenen Pazifik. Diese Wellen brachen sich nicht, aber das unausweichliche Auf und Ab der großen Wogen ließ mich sehnsüchtig zu der Ruhe der Southgate Islands zurückblicken. Und mit einiger Besorgnis schaute ich zu dem Maschinenraum hinüber, aus dem ein Geräusch klang, als ob mit einem Werkzeug am Motor herumgeklopft würde.

All meinen Anstrengungen zum Trotz schwang der teuflische Kompaß hin und her, bis er in vollständige Raserei zu geraten drohte. Als das Schiff die Dünung schräg nahm, wurde der Bug zum Heck gedreht, um dann nach Steuerbord zu kreiseln. Ich stemmte beide Füße fest gegen den Boden und schlug mich weidlich mit dem Steuerrad herum, doch als ich nach zehn Minuten überhaupt nicht mehr wußte, woran ich war, schaute ich verzweifelt um mich.

In der Luke über dem Maschinenraum sah ich das grinsende Gesicht des Captains. Bis jetzt hatte ich geglaubt, das Geklopfe im Maschinenraum hinge mit irgendwelchen Motorschwierigkeiten zusammen. Doch nun wußte ich Bescheid. Der eklige Mensch hatte mich absichtlich allein auf der Brücke gelassen, damit ich meine ersten Erfahrungen mit einer Grundsee machte.

Er übernahm jetzt das Steuerrad, und ich beobachtete genüßlich, daß er den Kurs ebensowenig einzuhalten vermochte wie ich. Ich sagte es ihm auch.

«Ich wollte nur feststellen, ob du ein Seefahrer oder ein Holzfäller bist», lachte er. «Hast du die Felsen gesehen, auf die die Schleppermannschaft ihre Namen und Daten gemalt hat?»

In Seymour hatten wir die Geschichte von dem Schlepper mit seiner Ladung von dreitausend Baumstämmen gehört. Der Dampfer hatte im vergangenen Februar achtundzwanzig Tage bei den Southgate Islands verbracht, während er darauf wartete, daß die Winterstürme nachließen, damit er wenigstens vier Meilen weit durch den offenen Ozean bis zum nächsten geschützten Ort fahren könnte. Die Mannschaft hatte zum Beweis ihrer mißlichen Situation die Küstenfelsen mit Inschriften versehen. Immerhin wartete die Mannschaft in Sicherheit, während der Besitzer der dreitausend Baumstämme keine Ahnung hatte, ob sein Eigentum sich in einem Schlupfhafen befand oder über den ganzen Pazifik verstreut war.

Kein Wunder, daß der Ruf der Schlepperkapitäne in hohem Maße von ihrer Beurteilung der Strömungsverhältnisse und des Wetters abhängt. Wenn ein Captain voreilig eine Gelegenheit wahrnimmt, kann er die gesamte Ladung verlieren, wenn er hingegen übervorsichtig ist und nur bei völlig ruhiger See fährt, läuft der machtlose Eigentümer Gefahr, seine Ware zu spät auf den Markt zu bringen. Der Wert der dreitausend Stämme sank während ihrer zweimonatigen Reise vom Seymour Inlet zum Sägewerk um ein Drittel.

Der Transport von Baumstämmen hat viel Ähnlichkeit mit dem Sackhüpfen, denn es gilt gleichzeitig, nichts zu überstürzen und doch möglichst große Geschwindigkeit zu entfalten. Ein langer Schwanz von Lastkähnen kann durch eine schwere Grundsee leicht auseinandergerissen werden. Auch ein Sturm ist für einen Schleppzug eine gefährliche Sache. Ein Captain, der den beneidenswerten Rekord aufgestellt hatte, noch nie einen Baumstamm verloren zu haben, wachte so eifersüchtig über seinem Ruhm, daß er ein Motorboot an Bord mitführte, das sofort hinabgelassen wurde, wenn ein einzelner Stamm über Bord ging.

Anfangs hatten wir die Schlepperkapitäne wegen ihres langweiligen Daseins bemitleidet, als wir sie mit ihrer Zweiknotengeschwindigkeit dahinschleichen sahen. Aber als wir einige kennenlernten und erfuhren, mit welchen Problemen sie sich herumzuschlagen hatten, wurde uns klar, daß unser Mitleid verschwendet war. Dauernd spielten sie ein spannendes Spiel, in dem sie ihr Wissen von Gezeitenströmung und Wetter gegen das Meer setzten. Zehn Meilen? Fünf Stunden. Das Aussehen des Himmels, die Art, wie die Luft sich anfühlt, der Barometerstand, der Instinkt, die Kenntnis vom Wind, jahrelange Erfahrung – all das fällt ins Gewicht. Und wenn dann die Fahrt begonnen hat und die Brise stärker wird, dann setzt ein Rennen ein, das für den Captain so aufregend ist, als führe er mit einer Geschwindigkeit von hundert Meilen die Stunde.

*

Wir hatten gewußt, daß wir, wenn wir weiterhin im August in der Queen Charlotte Strait herumgondeln würden, in Nebel geraten könnten, aber niemals hätten wir diesen dicken grauen Vorhang erwartet, der plötzlich den engen Kanal zwischen den Deserters Islands abschloß, als die Grundsee überwunden war. Unsere Welt endete dreißig Meter vor uns. Ich wurde als Ausguck zum Bug geschickt, und ich strengte meine Augen an, bis ich Nebelgespinste erblickte. Dunkle Schatten erschienen auf allen Seiten. Sie sahen aus wie Felsen, Klippen, Bäume oder Landzungen und verschwanden ebenso plötzlich, wie sie gekommen waren.

Oft schrie ich: «Felsen!», um eine Sekunde später rasch zu korrigieren: «Nein! Jetzt sind sie fort!» Schließlich konnte ich natürlich nicht mehr erwarten, daß der Captain an eine Gefahr glaubte, solange wir nicht zerschellten.

Die Strömung war heftig. Im Dampferkanal erklang die Sirene eines der großen Alaska-Schiffe. Das regelmäßig wiederkehrende, durchdringende Heulen war furchteinflößend, denn diese Schiffe behalten ihre Geschwindigkeit bei, Nebel hin oder her.

Wir manövrierten uns rückwärts in eine schmale Passage zwischen einem Gewirr von Inseln hinein und versuchten herauszufinden, wo wir uns befanden. Das Echo unserer Pfiffe – das übliche Verfahren, um die Entfernung zur Küste festzustellen – erklang unverzüglich, so daß wir wußten, daß die Küste ganz nahe war. Überdies zeigten uns lange Tangbänder ringsum, daß wir uns über schlammigem Grund befanden. Wir mußten schleunigst einen Weg suchen, um hier hinauszukommen.

Schließlich gewahrte ich einen gespenstischen Schatten, der lang genug war, um in Wirklichkeit Land zu sein, und bevor der

Nebel uns gänzlich einschloß, gelang es uns, die Richtung dorthin auszumachen. Wir berechneten Strömung und Flut, studierten mit dem Kompaß die Karte, stellten unsere Lage fest, verloren das Vertrauen in unsere Berechnungen, erblickten abermals denselben geisterhaften Landvorsprung, gewannen von neuem Zutrauen zu unseren mathematischen Fähigkeiten und machten den ganzen Kreislauf von Zweifel, Zutrauen, Zweifel, Zutrauen immer wieder durch, während wir durch ein Labyrinth von Kanälen schaukelten.

Während dieser Nebelfahrt kamen wir an einer kleinen Bucht vorbei, die offensichtlich von Walen als Kinderstube benutzt wurde. Ich weiß nicht, warum die beiden Jungen, die sich da tummelten und ihre kleinen Atemstöße in die Luft schleuderten, mir solchen Trost brachten, doch war es wirklich der Fall. Wir wußten nicht, wo wir uns befanden, aber die Walmütter, die wir sahen, ließen durch ihr Benehmen darauf schließen, daß sie sicher waren, ihre Nachkommenschaft gut untergebracht zu haben.

Der Captain entschied, daß die wichtigste Regel für das Verhalten im Nebel darin bestand, sich eine Vorstellung vom einzuschlagenden Kurs zu machen und dann allen Gespensterschatten, allen Befürchtungen von seiten des Maats und allen eigenen Zweifeln zum Trotz daran festzuhalten. Ein Seefahrer durfte nicht wankelmütig sein. Als er mir das Steuer überließ und den Kurs angab, konnte ich seinem Ton entnehmen, daß es meine Pflicht war, diesen Kurs ohne den geringsten inneren Widerspruch beizubehalten.

Roberts Theorie war stets recht gut, solange nicht irgend etwas eintrat, das alles umwarf. Das war jedoch diesmal nicht der Fall, denn schließlich sichteten wir Doyle Island und beglückwünschten uns gegenseitig zu unseren Seefahrerfähigkeiten.

*

Wir waren auf dem Wege nach Fort Rupert, wo wir George Hunt besuchen wollten. Als wir aus einer dicken Nebelbank auftauchten, lag der Hafen in verwirrendem Sonnenschein vor uns. George Hunt und eine Schar Nichten sahen zu, wie wir den Anker fallen ließen und im Ruderboot zur Küste fuhren.

«Es freut mich, daß Sie zu mir kommen», sagte George bei der Begrüßung.

Nach einem Spaziergang durch das kleine Eingeborenendorf sahen wir uns die Überreste der alten Hudson Bay-Faktorei und den indianischen Friedhof an. Nichts erinnerte an die Pionierzeit des ersten Handelsverkehrs außer dem Wohnhaus und einer ausgedehnten baumbestandenen Rasenfläche. Georges Schwester, Mrs. Cadwallader, die Frau des gegenwärtigen Ladenbesitzers, wohnte noch immer in dem Haus, in dem sie geboren war, als ihr Vater als Faktoreileiter der Hudson Bay-Company amtete. Damals war das Haus mit Palisaden umgeben, als weiterer Schutz hatte eine Kanone gedient.

Mrs. Cadwallader erzählte uns von jenen vergangenen Zeiten, als manchmal an die tausend Besucher – Pelzjäger und Indianer – verpflegt werden mußten und das Haus von Koch, Kindergärtnerin, Magd und Waschfrau bewohnt war. Glückliche Tage seien das gewesen, sagte sie. Sie und ihre zehn Geschwister hatten mit den Indianerkindern gespielt und die Missionsschule besucht. Allerdings war es auch eine gefährliche Zeit gewesen, denn die Indianer hatten sich oftmals gegen die Weißen aufgelehnt.

Wir hatten gehört, daß der Leiter der alten Faktorei eine indianische Häuptlingstochter geheiratet hatte, und wir baten Mrs. Cadwallader, uns ein Bild ihrer Mutter zu zeigen. Sie war eine Haida gewesen, die Tochter eines Indianerstamms, dessen Urheimat Alaska ist, und ihr Gesicht sah würdevoll und vornehm aus. Die Mädchen zeigten uns die Truhe ihrer Großmutter. Ihr Tanzkleid aus feiner Bergziegenwolle war mit Papageienschnäbeln und Kupferglocken verziert. Zwei Zeremonialblankets zeigten das aus vielen Familientotems zusammengesetzte Stammestotem. Reizend sahen die älteren Mädchen aus, als sie mir die verschiedenen Totems erklärten. Eine ähnelte in erstaunlicher Weise ihrer Haida-Großmutter.

Mrs. Cadwallader freute sich, als wir auf diese Ähnlichkeit zu sprechen kamen. Sie und die Mädchen waren stolz auf ihre Ahne, die ihren Stamm verlassen hatte, um Herrin auf einem Hudson Bay-Posten zu werden. Während der Lebenszeit ihres Mannes hatte Mrs. Hunt Fort Rupert nie verlassen. Nach seinem Tode machte sie nur eine einzige Reise, in der Begleitung ihrer Tochter. Die Reisekleider, die man für sie beschafft hatte, sagten ihr aber ganz und gar nicht zu, vor allem fand sie das Witwenhäubchen abscheulich. Erst als sie einer Weißen begegnete, die ebenfalls Witwentrauer trug, anerkannte sie die mißachtete Kleidung als den Gebräuchen angemessen und gab ihren Irrtum zu.

«Tochter», sagte sie, «ich bin froh, daß du mich richtig gekleidet hast, so daß ich meinem toten Gatten Ehre mache.»

Die Reise führte nach Victoria, Vancouver und Seattle, wo die

Bobs und Lua starten im Ruderboot

Morgenstunde in ruhigen Wassern

Indianerin zum erstenmal Gebäude sah, die größer waren als ein Gemeinschaftshaus. Von ihren Eindrücken war sie hoch befriedigt. «Nun bringt mich heim», sagte sie schließlich. «Ich habe die Städte der Weißen gesehen und kann ruhig sterben.»

Zwei Monate später begrub man sie auf dem Eingeborenenfriedhof von Fort Rupert.

«Ich glaube, sie wollte nicht mehr leben», fügte Mrs. Cadwallader hinzu. «Sie sehnte sich nach ihrem Mann.»

Das Bild der Haida-Frau erklärte auch, warum George Hunts Aussehen uns schon bei der ersten flüchtigen Begegnung so tief beeindruckt hatte. Sein Gesicht drückte die gleiche Kraft und heitere Gelassenheit aus wie das seiner Mutter. Er erzählte uns von seiner Arbeit für das Smithsonian-Institut in Washington: Unter anderem hatte er für das Institut eine naturgetreue Modellsammlung verkleinerter Indianer-Fischfallen zusammengestellt. Noch jetzt, nach über dreißig Jahren, freute er sich über die Anerkennung, die die Gelehrten seiner Arbeit gezollt hatten.

«Durch die Fallen lief Wasser, und daneben standen kleine Figuren, die ich geschnitzt hatte», sagte George. «Es war genau so wie in Wirklichkeit. Als ob unsere Leute fischten. Viele Weiße kamen und schauten es sich an. Sie hatten Freude an meinen Sachen.»

George führte uns auch zu seiner Frau, die damit beschäftigt war, Wintermuscheln für die noch immer auf Fischfang abwesenden Indianer zu bereiten. Mrs. Hunt war groß und freundlich, leider konnte sie kein Wort Englisch. Sie saß am Ufer, umgeben von Muscheln. Tausende von Muscheln wurden auf Gerüsten geräuchert. Ein Waschzuber voll wurde gekocht und geschält. Sie forderte mich auf, neben ihr Platz zu nehmen, während sie Muscheln auf drei lange Stöcke schob. Das «Geflecht», bei dem eine Muschel an der andern saß, war so regelmäßig, daß es zum Schluß wie ein fünfzehn Zentimeter breites und sechzig Zentimeter langes fehlerloses Netzwerk aussah.

Wir saßen nebeneinander, sie flechtend, ich rauchend, mitunter ließ sie die Arbeit ruhen, um eine geräucherte Muschel zu verzehren. Wir bedurften keiner Unterhaltung, um unsere freundschaftlichen Gefühle füreinander zu bekunden. Ich schenkte ihr mehrere Päckchen Zigaretten, und sie verehrte mir ihren kostbarsten Schmuck, einen Nasenring und Ohrringe, die sie getragen hatte, als sie für Franz Boas tanzte. Der Anthropologe Boas, bekannt durch seine Studien über nordamerikanische Indianer und Eskimos, war damals Professor an der Columbia-

Universität in New York. Ich hatte das Gefühl, als wären mir die Kronjuwelen überreicht worden.

«Das kann ich doch nicht annehmen», sagte ich zu George.

«Sie möchte, daß Sie die Sachen besitzen, weil sie Sie gern hat», erwiderte George.

George setzte seine Tanzmaske auf, mit der wir ihn fotografierten. Der furchteinflößende Anblick wurde durch die Gummistiefel gemildert, die unter dem Blanket hervorschauten.

Den ganzen Nachmittag versuchte ich mich im «Muschelflechten». Bobs und die jüngeren Cadwallader-Kinder hüteten die niedrigen Räucherfeuer. George erzählte Geschichten, die sich sein Stamm am Feuer zu erzählen pflegte. Es war herrlich, in diesem Kreis zu sitzen und Legenden zu hören – eine große, freundlich dreinblickende Frau, die Winternahrung für ein ganzes Dorf bereitete, die Feuer mit den Räuchergestellen für die Muscheln, vor uns das sonnenbeschienene Wasser der Bucht, Georges weiche Stimme, die Gedichte in Prosa sprach. Seine einfachen Worte klangen wie Musik, und seine anschauliche Darstellung vom Tod seines Ururgroßvaters, der am Feuer geröstet worden war, nahm der Schilderung alles Schaurige.

Er erzählte auch die Legende vom Ursprung der früher an der Queen Charlotte Strait lebenden Indianer, die Geschichte von der Fahrt über das große Wasser, in deren Verlauf ein Walfisch seinem Stamm beigestanden hatte.

«Alle alten Geschichtenerzähler kennen sie», sagte George. «Ich glaube, es hat sich wirklich so zugetragen.»

Robert sprach von der Theorie, daß die amerikanischen Indianer mongolischer Abstammung seien, worauf George in Begeisterung geriet. Er hatte die Westküste von Vancouver Island bereist und diese Frage eifrig studiert.

«Es wäre großartig, wenn ich die Wahrheit dieser Behauptung beweisen könnte», sagte er.

Wir mußten dann später an George denken, als der Forscher Dr. Ales Hrdlicka mit einem im asiatischen Hochland ausgegrabenen langköpfigen Schädel zurückkehrte. Dreizehn Jahre lang hatte Hrdlicka die Theorie zu beweisen versucht, daß die Langköpfe auf einem Landweg von Asien nach Alaska gekommen waren, einem Weg, der heute nur durch Inseln angedeutet wird: durch die Aleüten. Hrdlicka betrachtete den Schädelfund als einen einwandfreien Beweis für seine Behauptung.

George hatte eine Karte dieser Völkerwanderungen gezeichnet, die sich auf den Sagen- und Sprachschatz seines Volkes stützte.

Wir gingen ins Haus, um sie anzusehen. Die Karte und alle dazugehörigen Notizen befanden sich in einem Rollpult, über dem ein Bild von Professor Boas hing. Sonst unterschied sich das Haus keineswegs von dem eines Eingeborenen. Mrs. Hunt betrachtete diesen Studienwinkel mit großer Ehrfurcht und sagte irgend etwas in ihrer Sprache.

George lachte ein wenig verlegen. «Sie will, daß ich Ihnen das Kochbuch zeige, an dem ich gerade arbeite», erklärte er.

Er hatte die alten Frauen aufgesucht und ihre Rezepte aufgezeichnet. Wir erfuhren, wie man Salabeeren einkocht, wie man Robbenfleisch zubereitet und auch, welcher Art die Zeremonien der Westküstenindianer sind, wenn sie Walfleisch essen und sich dabei den tapferen Geist des Fisches einzuverleiben wünschen. Die Missionare standen Georges Untersuchungen ziemlich mißbilligend gegenüber. Ihrer Meinung nach sollten die Indianer lieber ihre Sitten und Gebräuche vergessen und die der Weißen annehmen.

«Aber Ihre Arbeit ist wertvoll!» munterten wir ihn auf. «Sehr bald wird all dies vergessen sein. Lassen Sie sich ja nicht abhalten!»

George seufzte. «Vorigen Winter habe ich eifrig daran gearbeitet. Aber seit mein Sohn im Juni gestorben ist, mag ich nur noch jagen und fischen und umherstreifen. Die Indianer haben eine Bezeichnung für meine Krankheit. Sie nennen sie Flucht-vor-dem-Kummer-der-Liebe.»

*

Robert verabredete sich für den nächsten Tag mit George. Bobs und ich nahmen eine Einladung der beiden ältesten Cadwallader-Töchter an, mit ihnen auf Krabbenfang zu gehen. Wir trafen uns zur frühen Flutzeit um fünf Uhr am Strand. Die Mädchen schleppten drei riesige Körbe aus Zedernwurzeln mit sich und zeigten uns, wie die Eingeborenen durch das Wasser gehen und jegliche Erhöhung des Sandes mit den Füßen aufspüren. War sie hart, so konnte man sicher sein, eine Krabbe erwischt zu haben. In weniger als zwei Stunden hatten wir die Körbe gefüllt.

Wir trugen unsere Beute zum Wohnhaus, wo Mrs. Cadwallader ihrem kleinen Sohn befahl, den Freiluftherd anzuzünden und Wasserkessel aufzusetzen. Bobs und ich machten Miene, heimzugehen.

«Aber natürlich bleiben Sie hier und essen die Krabben mit uns!» rief Mrs. Cadwallader.

Eine Krabbenmahlzeit am frühen Morgen – das klang befremdlich. Ich war sehr argwöhnisch, als eine gesottene Krabbe und zwei Steine vor mich auf den Rasen gelegt wurden. Bis jetzt war ich Krabbenpanzern stets nur mit Messer, Gabel und Hammer zu Leibe gerückt. Eines der Mädchen bemerkte mein Zaudern, zerschlug den Panzer meiner Krabbe mit einem Stein, löste sie geschickt aus ihrer Rüstung, befreite auch die Beine von der Schale und reichte mir die unbekleidete Krabbe. Nun benutzte auch ich die Steine als Hammer und die Finger als Gabel.

Mein leises Verlangen nach Zitrone oder Mayonnaise erstarb mit dem ersten Bissen des heißen, frischen Fleisches. Niemals zuvor hatte ich den vollen Geschmack dieses Krustentiers gekostet. Wir saßen im Halbkreis um den großen Kessel und futterten und schwatzten. Ich vergaß, daß es Essenszeiten, Gewürze, Teller und Gabeln gibt. Als Mr. Cadwallader vorbeiging, rief ich ihm zu, er solle sich doch ebenfalls beteiligen. Aber er schüttelte den Kopf.

«Er nimmt nur regelmäßige Mahlzeiten am Tisch zu sich», sagte seine Frau, als müßte sie eine höchst wunderliche Sitte erklären. Als ich die nächste Krabbe in Angriff nahm, entsann ich mich dunkel eines andern Ichs, das einmal eine Bemerkung über die unregelmäßigen Mahlzeiten der Eingeborenen gemacht hatte. «Sie essen nur, wenn sie Hunger haben, oder wenn sie ein Fest feiern.» Nun, da der Bann der Überlieferung gebrochen war, wunderte ich mich selbst, wieso ich das tadelnswert gefunden hatte.

Als wir satt waren, legten wir uns auf den Rücken in die Sonne. Noch nie hatte ich mich so zufrieden und behaglich gefühlt. Der Morgen war herrlich gewesen, und der Nachmittag versprach es ebenfalls zu werden.

«Solche Gesellschaften habe ich gern», sagte Mrs. Cadwallader. «Es macht Spaß, an der Sonne zu sein und sich zu unterhalten.»

Während Bobs und der jüngste Cadwallader ein Wettklettern in den alten Apfelbäumen über uns veranstalteten, sprachen wir über die ewigen Frauenthemen – Heirat, Kinder, Familie und, unvermeidlicherweise, Rezepte. Ich erkundigte mich, wie die Indianerinnen Wildbret zubereiten, und erfuhr, daß die Küstenindianer diese Speise verschmähen, weil sie befürchten, sonst vergeßlich zu werden.

«Sie wissen ja, wie ein Reh sich benimmt», fügte Mrs. Cadwallader erklärend hinzu.

Ich war zwar immer der Meinung gewesen, daß Rehe aus Furcht vor Gefahr stets fluchtbereit seien, doch die Indianer glauben, daß die Rehe die verkörperte Zerstreutheit sind.

Unsere Unterhaltung über dieses fesselnde Thema wurde durch die Ankündigung unterbrochen, daß ein Missionarsboot in der Bucht vor Anker gegangen sei.

Wenige Augenblicke später standen wir einem Missionar und seinen zwei Gehilfinnen gegenüber. Sie waren hergekommen, um eine Versammlung abzuhalten, und erwarteten offensichtlich, daß man sich darüber freute. Eines der Kinder wurde fortgeschickt, die Männer herbeizuholen, aber Mr. Cadwallader konnte den Laden nicht verlassen, und Robert und George Hunt weigerten sich, zu erscheinen. Das Benehmen des Missionars ließ darauf schließen, daß er mit dieser Regelung durchaus einverstanden war. George genoß in Missionarskreisen keinen guten Ruf. Mrs. Cadwallader schlug vor, die Versammlung im Freien zu veranstalten, doch hatte sie damit kein Glück. Als wir uns dann im Wohnzimmer befanden, schien meine Gastgeberin ebenso hilflos wie ich zu sein. Die Versammlung wurde mit einem geistlichen Lied eröffnet. Ich beteilige mich sehr gern an solch einem Gesang, denn dabei bietet sich mir die seltene Gelegenheit, meine Singstimme ertönen zu lassen. Der Missionar begann das Lied, und ich wollte gerade mit meinem tonlosen Sopran einfallen, als mir das Schweigen der beiden Gehilfinnen und ihre bewundernden Blicke sagten, daß ich damit ein Solo gestört hätte. Der Missionar sang ebenfalls gern geistliche Lieder, offenbar aus dem gleichen Grund wie ich. Aber er zog es vor, allein zu singen.

Dem Lied folgte ein Gebet. Man hatte mich gelehrt, Gebete als demutsvolle Dankbarkeitsbezeugung oder als Bitte um Hilfe zu betrachten, und ein aufrichtig empfundenes eigenes Gebet rührt mich stets. Aber dieser Mann verlangte von mir, daß ich zehn Minuten lang kniete, während er eine geschäftliche Unterredung mit Gott abhielt. Er dankte seinem Herrn, daß er ihn zu uns gesandt hatte. Er dankte ihm in unserem Namen, daß er zu uns gekommen war. Er dankte dafür, daß er erkannt hatte, wie nötig wir ihn als Missionar hatten, und er dankte im voraus für all das Gute, das er vollbringen würde.

Als dann die Predigt begann, wurden wir unruhig, denn ein steifer Westwind blies in den Hafen. Ich machte mir Sorgen um die «Triton», und ich bemerkte, daß Mrs. Cadwallader öfters zum Fenster hinausblickte. Die Predigt versprach so heilsam und nützlich zu werden, wie ich erwartete, denn ich hatte schon von den Predigten dieses Missionars gehört, der in jedem Floßhaus darüber sprach, wie verkehrt es sei, seine Liebe an Schoßhunde zu verschwenden. Da es an dem ganzen Inlet keinen einzigen Hund gab, lauschten die Zuhörer seinen Worten immer staunend.

Jetzt ließ der Missionar von seinem Feldzug gegen die Schoßhunde ab und lobpreiste die Geduld. Aber er hatte kaum begonnen, sich über dieses Thema zu verbreiten, als ein besonders starker Windstoß auch ihn zum Fenster hinausschauen ließ.

«Mein Boot!» schrie er auf. «Es reißt sich los!»

Er stürzte aus dem Haus, hinunter zum Ufer, die ganze Versammlung dicht auf den Fersen. Dort angekommen, verloren Bobs und ich alles Interesse an dem Boot des Missionars. Die «Triton» war fort. Wir starrten auf einen leeren Wasserfleck, wo unser Heim verankert gewesen war.

Erst als Mr. Cadwallader kam, erfuhren wir, daß unser Boot sicher in einem geschützten Schlupfhafen jenseits der Bucht lag, mit Robert und George an Bord. Die «Triton» hatte eine ihrer schlimmsten Stunden durchgemacht. George und Robert bemerkten, daß sie sich losriß, rannten eine halbe Meile am Ufer entlang, fuhren in einem Ruderboot durch die hohen Wellen und gelangten glücklich an Bord, als das Schiff nur noch dreißig Meter von einem Felsen entfernt war. Wäre es dagegen geprallt, so hätte man es nicht mehr retten können.

Wir freuten uns über die gute Nachricht. Aber vorerst waren wir mit den Missionarsleuten auf den Strand gesetzt.

Mrs. Cadwallader lud uns alle zum Tee ein. Zeit und Gespräche schleppten sich hin, während wir im Wohnzimmer saßen und belegte Brötchen aßen. Jeder wartete auf etwas, Bobs und ich auf die Rückkehr der «Triton», Mrs. Cadwallader auf das Fortgehen ihrer Gäste, doch niemand wußte, worauf die Missionarsleute eigentlich warteten, bis der Missionar das Rätsel löste, indem er plötzlich fragte: «Sie rechnen bestimmt mit uns zum Nachtessen, nicht wahr?»

Ich hoffte, Mrs. Cadwallader würde nein sagen. Ich an ihrer Stelle hätte es sicher getan, aber ihre Umgangsformen waren untadelig. Während die Missionarsgehilfinnen behaglich sitzenblieben, begab ich mich mit den Töchtern des Hauses in die Küche, um das Teegeschirr abzuwaschen und eine Mahlzeit für zehn

Personen zuzubereiten. Dabei konnten wir endlich über die Angelegenheit sprechen. Die Mädchen fanden, daß sie die geistige Erquickung etwas teuer bezahlen mußten. Ich, die ich zum erstenmal mit der Missionstätigkeit Bekanntschaft gemacht hatte, befand mich in der Rolle eines Verteidigers. Ich mußte für meine Rasse eintreten. Ich wollte selbst glauben, daß dies ein Ausnahmefall sei.

«Aber jeden Sommer kommt irgendein Missionar zu uns», sagte eins der Mädchen.

Nach dem Nachtessen forderte mich der Missionar zu einem Spaziergang auf, offensichtlich in der Absicht, etwas für mein Seelenheil zu tun. Ich selbst plante, ihm ein wenig auf den Zahn zu fühlen. Er eröffnete die Unterhaltung mit einer Bemerkung über eine wunderschöne geschnitzte Festschüssel in einem Gemeinschaftshaus. «Man sollte es nicht für möglich halten, daß es derartige barbarische Dinge in diesem Erdteil gibt», sagte er.

Ich fragte ihn, ob er etwas von der Kultur der Küstenindianer wisse, worauf er mir zur Antwort gab, daß man das schwerlich Kultur nennen könne.

Da wußte ich, daß alles Reden zwecklos sein würde. Trotzdem riet ich ihm, doch erst einmal die Lebensgewohnheiten eines Volkes genau zu prüfen, bevor er begänne, einschneidende Veränderungen vorzunehmen. Ich fragte, mit welchem Recht die Mission diesem Volk, das seine eigenen Gesetze aufgestellt hatte, andere wirtschaftliche, ästhetische und soziale Gesetze aufzwingen wolle. Da wir uns über dieses Problem keineswegs einigen konnten, gingen wir auf ein anderes Thema über und sprachen von seinen Besuchen bei den Weißen. Ich erzählte von unserer kürzlichen Inlet-Fahrt und fragte ihn, wieviel er von diesen Leuten wisse. Er erwiderte darauf, daß er den biblischen Befehl ausgeführt habe, in alle Welt zu gehen und ein Freund zu sein.

Das Wort «Freund» war das richtige Stichwort für mich. Eine halbe Stunde lang sprach ich von dem Hunger dieser in der Einsamkeit lebenden Menschen nach Büchern, Unterhaltung, Kontakten mit der Außenwelt, Fröhlichkeit und Verständnis und gab meiner Meinung über seinen albernen Versuch, dem Genüge zu tun, Ausdruck. Ich fügte hinzu, daß ein wahrhafter «Freund» viel zu feinfühlig sei, als daß er die Unverfrorenheit aufbrächte, ohne weiteres in ein Heim einzudringen. Ich wußte, daß er mich für leicht verrückt hielt.

Schweigend gingen wir zurück. Er hielt einen sichtbaren Abstand zwischen uns ein. Robert sah uns daherkommen.

«Womit hast du denn diesem Missionar einen Schrecken eingejagt?» fragte er später.

«Das ist ja gerade das Verflixte!» schäumte ich. «Seine Selbstzufriedenheit war unerschütterlich!»

Die «Triton» war wieder im Hafen verankert. George und Robert verlangten zu essen, und während ich ihnen Rührei mit Speck zubereitete, berichtete ich von den Ereignissen des Nachmittags. George lachte und erzählte uns eine Geschichte aus seiner Jugend.

«Vor vielen Jahren kam der erste Missionar. Er trug ein langes, schwarzes Gewand, saß am Ufer und spielte auf der Ziehharmonika. Die Indianer haben von jeher gewußt, daß es einen großen Geist gibt. Vielleicht war es die Sonne oder der Mond oder die Sterne. Aber für sie war es ein guter Gott. Sie dachten, daß er mit den Klängen der Musik zu ihnen spräche, und gaben sich willig in die Hand des Priesters. An die hundert ließen sich taufen und erhielten Taufscheine.

Später kam ein anderer Mann. Auch er erklärte, ein Mann Gottes zu sein. Die Indianer freuten sich sehr und brachten ihre Dokumente, um ihm zu zeigen, daß sie erlöst wären. Doch dieser Mann wurde sehr ärgerlich. Er warf die Taufscheine ins Feuer und sagte, sie seien nicht von Gott, und die Indianer müßten nochmals getauft werden. Die Indianer waren betrübt, daß sie einen Fehler gemacht hatten, und glücklich, daß sie ihn wiedergutmachen konnten. So erhielten sie neue Taufscheine.

Nach einer Weile erschien der erste Mann abermals. Die Indianer wiesen ihm ihre Taufscheine vor und berichteten ihm, was sich zugetragen hatte. Da wurde er sehr böse und sagte, die neuen Dokumente seien nicht gut. Er müsse sie nochmals taufen. Die Indianer besprachen sich miteinander. Sie sagten, daß die Leute, die sich als Gottesmänner ausgaben, nicht wüßten, welche Papiere gut seien, und wer sie erlösen könne. So teilten die Indianer dem Mann mit, daß sie keine Papiere mehr wollten. Erst wenn die Weißen sich über ihre Medizinen einig seien, wollten die Indianer sie versuchen. Und seither sind nicht viele von unserem Volk zu den Missionaren gegangen.»

Dem war kaum etwas hinzuzufügen.

SECHZEHNTES KAPITEL
Feuer an Bord

Es war herrlich, wieder in geschützten Gewässern zu fahren. Hinter uns lag die Queen Charlotte Strait, wo dauernd Nebel und Stürme drohten, wo die Bäume vom Winde gebeugt waren und selbst Unterholz nicht Fuß fassen konnte. Jetzt fuhren wir durch ruhige Gewässer. Die Berge waren von Wäldern bedeckt. Die Sonne schien. Die Häfen waren warm, traulich und einladend.

Die Vormittage verbrachten wir vor Anker. Bobs ruderte mit der «Krabbe» umher, erforschte die Küste und schwamm von der «Triton» aus. Robert und ich schrieben. Durch die vielen Besuche war ich mit meiner Arbeit zurückgeblieben. Jeden Nachmittag, wenn der Captain sein tägliches Romankapitel beendet hatte, lichteten wir den Anker und verlegten unser Heim zu einer andern, ebenso lieblichen Bucht. Wir hielten an, um Freunde zu besuchen, jetzt alte Freunde. Wir kehrten zu unseren Lieblingsstätten zurück. Ganz unwillkürlich wurden die Tage geregelt.

Besonders die Abende bildeten unser Entzücken. Oft saßen wir alle drei auf dem Vorderdeck, unserem bevorzugten Aufenthaltsort. Manchmal lasen wir. Meist aber sahen wir nur zu, wie der letzte goldene Schimmer auf den Gipfeln ringum verblaßte, während die Schatten an der Küste sich vertieften. Unzählige Möwen und Seeschwalben ließen sich zur Nachtruhe nieder, wobei sich die hübschen, kleinen Bonaparte-Möwen etwas abseits von der Hauptversammlung hielten. Trauerenten flitzten auf dem Wasser umher, offensichtlich aus reinem Vernügen am Planschen. Myriaden von Quallen erschienen an der Meeresoberfläche und ließen sich, lauter zarte Schirmchen, von der Strömung treiben. Nach dem Frieden der Dämmerung stieg dann der Mond über einem Grat auf, um unsere Welt zu versilbern.

Der August ist ein zauberhafter Monat zum Seefahren.

Wir besuchten auf Dave Connels dringenden Rat hin eine richtige Pionierfamilie. Fischer und Holzfäller bezeichnen sich oft selbst als Pioniere und brüsten sich mit den Gaben ihres Meerlands. «Jedesmal zur Ebbezeit ist bei uns ein Tisch gedeckt», sagen sie stets. Aber die Fischer und Holzfäller ergänzen die Freigebigkeit des Meeres, indem sie mit Fischen und Baumstämmen Handel treiben. Die Hallidays, Daves Lieblingspioniere, lebten nur von Ackerbau und Viehzucht.

Wir hatten beabsichtigt, auf diesen Besuch nur einen Tag zu verwenden, doch blieben wir drei Tage. Unsere eigenen Pionierabenteuer während eines fünfjährigen Aufenthalts im kanadischen Busch erschienen uns im Vergleich zu denen der Hallidays fast belanglos. Vor dreißig Jahren hatte Mr. Halliday ein grasbewachsenes Tal entdeckt, das versteckt in den Bergen lag. Dort gab es fast keine Bäume, was um so erstaunlicher war, als in diesem Land die Bäume rascher wachsen, als die Menschen sie fällen können. Gegen das Wunder, fixfertiges Weideland in dieser Wildnis zu finden, stand der Nachteil völliger Abgelegenheit. Die nächste Niederlassung, das Indianerdorf Alert Bay, war so weit entfernt, daß man es selbst bei gutem Wetter nur nach zweitägiger Ruderfahrt erreichen konnte und im Winter ist das Wetter in der Queen Charlotte Strait selten gut.

Mr. Halliday baute eine Blockhütte und bezog sie mit seiner Frau und seinen beiden Kindern. Der Familienbesitz bestand damals aus einem Ruderboot, der Hütte, sechs Stück Vieh und Lebensmitteln im Werte von fünfzig Dollar. Aus diesem mageren Anfang waren inzwischen ein Motorboot, ein großes Haus und eine Viehherde, die ein beträchtliches Einkommen brachte, hervorgegangen. Das Haus sah wie ein englisches Landhaus aus, es hatte fließendes Wasser und elektrisches Licht. Fünf erwachsene Kinder hatten inzwischen Schulen und Universitäten besucht.

Die dreißig Jahre hatten unendlichen Mut erfordert und mancherlei Mühsal gebracht. Aber sie hatten keinerlei Narben hinterlassen: weder der Mann noch die Frau war frühzeitig gealtert oder von der Arbeit verbraucht. Unsere Gastgeberin kredenzte uns den Tee in einem behaglichen Raum, dessen Wände mit Büchern bedeckt waren. Wir unterhielten uns über einen jüngst erschienen Dramenband. Ich konnte mir Mrs. Halliday nicht anders vorstellen als an einem niedrigen Teetisch, auf dem Silber und feines Porzellan standen, doch ich wußte, daß sie in einer einsamen Blockhütte Kinder geboren hatte, niemand zur Seite als nur ihren Mann.

Beim Nachtessen zerlegte unser Gastgeber den Braten und erzählte uns von seinen Anstrengungen, seine Viehzucht durch den Ankauf von Rassetieren zu verbessern. Doch siebzehn Jahre lang hatte er die Viertagereise nach Alert Bay und zurück nur gemacht, um den Eingeborenen Fleisch für zehn Cents das Pfund zu verkaufen.

Lachend berichtete er uns von diesen Zeiten des Tauschhandels, wo weder die Indianer noch er selbst Geld hatten. Oft besaß er nicht einmal einen Vierteldollar, um den Eingeborenen, der ihnen die Post brachte, zu entlöhnen; dann mußte der Bote sich mit Gemüse begnügen. Mr. Halliday zeigte mir seine Buchhaltung, vor allem das Fleisch- und Butterbuch. Siebzehn Jahre waren vergangen, bis er zum erstenmal einen Überschuß verzeichnen konnte: Achtundzwanzig Dollar.

Sieben Jahre unablässigen Kampfes! Ich kam mir ganz klein und häßlich dagegen vor. Ich dachte an die Schwierigkeiten, mit denen wir selbst zu ringen gehabt hatten, und als mir einfiel, wie in der größten Not der Scheck eines Verlegers gekommen war, und wie wir dann alles, was nötig war, eingekauft hatten, fragte ich Mr. Halliday, was er denn mit seinem Überschuß gemacht habe.

Er kicherte. «Ich kaufte einen Küchenschrank und verlud ihn ins Ruderboot. Dann kam ein Südwestwind auf, der mich zwang, mitsamt meinem Küchenschrank drei Tage lang irgendwo am Ufer zu campieren. Meine Frau ahnte nicht, was ich geladen hatte, sie wußte nur, daß ich sonst bei solchem Wetter ruhig heimruderte. Sie verbrachte drei Tage mit dem Gedanken, ich sei ertrunken, bis ich schließlich mit meinem Einkauf auftauchte.»

Robert schlug sich vor Vergnügen auf die Schenkel. Auch er hatte seine Erfahrung mit überraschenden Geschenken gemacht, die dann höchst unangenehme Folgen hatten.

In den letzten Jahren war es den Hallidays wesentlich besser gegangen. Ein nahe gelegenes Holzlager, wo man die Stämme verarbeitete, war ein beständiger Abnehmer ihrer Erzeugnisse geworden.

«Aber wir hätten uns auch ohne dieses Lager durchgebissen», fügte Mr. Halliday rasch hinzu.

Ich war überzeugt davon. Diese Art Mut ist unbesieglich.

Einen Nachmittag verbrachten wir bei der alten Blockhütte. Mrs. Halliday trug einen Teekorb hinaus, und es gab ein Gartenfest unter einem knorrigen Apfelbaum. Ringsum blühten Blumen. Eine Pionierfrau, die viele Tonnen Butter hergestellt, ihre Kinder aufgezogen und doch noch Zeit und Kraft für einen Garten gefunden hatte – das besagte alles.

Mr. Halliday führte mich durch sein erstes Heim. Er bekannte mir, daß er hin und wieder noch eine Nacht darin schlief. «Meine Familie versteht nicht, warum ich an dieser alten Bude noch immer hänge», sagte er. «Geburt und Tod ... gute Zeiten und schlechte ... Es mag verrückt klingen, daß man die Erinnerung an diese ersten harten Jahre pflegt.»

Meinen Ohren klang es nicht verrückt. Robert und ich hatten ebenfalls ein Blockhaus besessen, ebenfalls harte Zeiten durchgemacht und Verzweiflung und Freude erfahren. Auch wir durchwanderten mitunter im Geist die Vergangenheit.

*

Zögernd und widerstrebend fuhren wir gen Süden, denn statt daß wir vertraute Stätten vor unserem Bug auftauchen sahen, ließen wir sie jetzt hinter uns zurück. Als ein Vorgebirge uns den Blick auf einen geliebten weißbemützten Gipfel raubte, sagten wir abermals einem Freund Lebewohl.

Im Knight Inlet hatten wir wieder einmal Gelegenheit, Wale zu beobachten. Sie schienen in diesen Gewässern Regatten abzuhalten. Wir hatten uns inzwischen mit diesen Tieren befreundet und seit der ersten aufregenden Begegnung Finnwale und Buckelwale unterscheiden gelernt. Der Atemstoß des Finnwals ist eine dünne, hohe Säule, und die Geschwindigkeit des Tieres hat ihm den Namen «Windhund des Meeres» eingetragen. Der Atemstoß des Buckelwals verbreitert sich zu einer niedrigen, buschigen Wolke: Wenn der Wal taucht, sieht es aus, als ob ein großer, schwarzer Schmetterling einen kurzen Augenblick auf dem Wasser säße.

Die meisten Wale, denen wir diesmal begegneten, waren Buckelwale, die auf ihre besondere Art tauchten. Plötzlich erschien ein großer Buckelwal an Steuerbord. Ich stand am Steuerrad, und zu meinem Pech befand sich der Captain im Maschinenraum. Ich erwartete von dem Wal, daß er gemäß dem guten Benehmen seiner Gattung tauchen würde, aber er kam fortwährend näher. Er war etwa fünfzehn Meter lang, doch mir kam er vor wie der Leviathan. Ich wußte, daß ich etwas tun mußte, denn dieser Wal kannte offenbar weder Schiffsschrauben noch Verkehrsregeln. Wenn ich ihm aber auswich, so war ich nicht sicher, ob er das richtig auffassen würde. So wie die Lage war, drohten wir zur selben Sekunde an genau dem gleichen Fleck des Ozeans zusammenzustoßen.

Wie erstarrt stand ich am Steuerrad und tat nichts, bis er nur noch zwanzig Meter von mir entfernt spuckte. Ich konnte seinen runden Kopf und die hellen Flecke auf seinem Leib sehen. Da stürzte ich zur Achterluke.

«Ein tauber Wal!» brüllte ich. «Er wird uns versenken!»

Roberts Kopf tauchte auf. Er glaubte, daß ich einen Scherz machte, und fand den Scherz keineswegs lustig. Ich streckte den Zeigefinger aus, aber da war nur noch jener sanfte Wirbel zu sehen, der entsteht, wenn ein Wal taucht. Der Fleck war weniger als zehn Meter entfernt.

Robert starrte darauf. «Oh!» stieß er hervor. «Warum hast du mich nicht früher gerufen?»

Anscheinend war der Wal nicht taub, doch zweifellos war er schwerhörig. Er tat uns kein Leid an, aber die Entfernung bis zu seiner Tauchstelle war zu gering, als daß uns diese Tatsache getröstet hätte.

Am nächsten Morgen lagen wir vor Anker, als der jähe Ausbruch einer Kanonade jenseits eines Landvorsprungs Robert aus seinem Studier-Maschinenraum und Bobs und mich aus der Kajüte stürzen ließ. Das Geknatter tönte so, als ob eine Revolution ausgebrochen wäre, und wir beeilten uns, mit dem Ruderboot loszufahren, um die Sache zu untersuchen. Als wir um den Landvorsprung fuhren, mahnte Robert uns, ihn nicht in eine Heldenrolle zu drängen. Sollten bewaffnete Streitkräfte schießen, so könnten sie seinetwegen damit fortfahren, er würde sie nicht hindern. Die Kanonenschüsse kamen von einem schäumenden Wassergebilde eine Meile weiter im Kanal. Unsere Neugier überwog die Zurückhaltung: Wir fuhren näher heran und entdeckten, daß wir das Glück hatten, drei große Buckelwale beim «Lobtailen» zu beobachten. Wir hatten schon davon gelesen, doch kaum gehofft, jemals dieses Schauspiels teilhaftig zu werden. Die Wale, die wir bis jetzt getroffen hatten, waren stets auf der Wanderschaft begriffen, und es fehlte ihnen an Zeit, sich zu belustigen.

Diese drei Wale standen buchstäblich auf dem Kopf, den hinteren Teil des Leibes in die Luft gestreckt. Ihre riesigen Schwanzflossen beschrieben große Halbkreise: so peitschten sie das Wasser erst auf der einen, dann auf der andern Seite. Sprühregen und Schaum, haushoch aufschießende Wassersäulen, peitschende Schwanzflossen, ein kanonendonnerähnliches Getöse – das Walturnen bietet ein überaus fesselndes Spektakel.

Bobs sah voll Spannung mit weit aufgerissenen Augen zu. Wir saßen im Ruderboot, sehr nahe an der Küste. Wenn diese drei wilden Turner näher kommen würden . . . gern hätten wir dann Bäume zum Hinaufklettern gehabt.

Die Theorie, daß das «Lobtailen» nichts anderes als ein Tauchen nach Muscheln sei, hat viele Gegner gefunden. Die meisten

Wissenschaftler halten es für eine Art Spiel. Ich selbst bin der Meinung, daß es sich dabei um einen Wettbewerb handelt, welcher Wal am längsten auf dem Kopf stehen und das Wasser am höchsten aufpeitschen kann. Wenn das stimmt, so blieb das Spiel diesmal unentschieden, denn alle drei hörten zu gleicher Zeit auf und schwammen ruhig davon. Sie mochten von dem Spaß höchst aufgemuntert sein, aber ich war ganz erschöpft von dem Entzücken, das mir das Schauspiel bereitet hatte – hundertfünfzig Tonnen Wal, die wahre Geiser aufgewirbelt und das Meer in Schaum verwandelt hatten.

*

Post von zwei Monaten erwartete uns bei den Yucluetaws. Es ist seltsam, wie anders man sich zur Post einstellt, wenn man wochenlang davon abgeschnitten ist. Anfangs ist man überzeugt, daß schwerwiegende Ereignisse eingetreten sind, von denen man nichts erfährt, dann aber, wenn Tag um Tag vergeht, ohne daß man Briefe, Zeitungen oder Zeitschriften erhält, schwindet jegliches Interesse. Die Geschehnisse in der Außenwelt werden immer nebensächlicher, bis sie schließlich völlig bedeutungslos erscheinen. Ich hatte fast vergessen, daß Robert mehrere Manuskripte abgesandt hatte, deren Schicksal uns der nächste Postsack verraten würde.

So fuhren wir nicht gleich zu Henry Maurin, sondern bogen vorher ab, wodurch wir Gelegenheit hatten, einen Waldbrand zu beobachten, bei dem sich an die zweihundert Männer bemühten, das Feuer auf eine Bergseite zu beschränken. Ein Boot mit einem Radiosender lag am Ufer. Das war etwas ganz Neues, und der Gedanke lockte uns, dem Besitzer des Waldladens eine Einladung zum Essen an Bord telegrafisch zukommen zu lassen. Auf unserem Weg nach Norden hatten wir mit ihm und seiner Frau zusammen gespeist. Eine vierstündige Fahrt und zwei Stromschnellen lagen zwischen uns und unseren Gästen. Der Captain zog die Gezeitentabellen zu Rate und erklärte, daß wir es schaffen würden, wenn wir die Greenpoint und die Whirlpool Rapids zur gleichen Stillwasserzeit durchliefen. Wir schickten unsere Einladung ab und gondelten los.

Schon einige Male hatten wir Gäste zum Tee an Bord gehabt und auch ein paar eigenartige Tischgäste, doch dies war zum erstenmal ein wirklich gesellschaftliches Ereignis. Ich plante ein höchst eindrucksvolles Festessen. Kaum war der Anker an Bord, so wurde aus dem geplagten Maat eine besorgte Hausfrau. Ein

Huhn, das sich in einem Floßhühnerstall halsstarrig geweigert hatte, Eier zu legen, war uns von dem erbosten Eigentümer geschenkt worden. In frikassiertem Zustand sollte es die pièce de résistance des Abendessens bilden, aber dann mußten auch Preiselbeeren, Pfannkuchen und Biskuits her. Ein selbstgebackener Kuchen sollte das Büchsenkompott krönen. Die Vorspeise sollte mein Trumpf sein: Eingemachte Artischockenböden, mit Kaviar gefüllt, hartgekochte Eier mit Kapern, Tomatenaspik und das Ganze garniert mit reifen Oliven und getrockneten gelben Rübchen, die ich in einem nassen Sack an Deck hängte, damit sie Feuchtigkeit aufnahmen.

Die Vorbereitungen zu diesem lukullischen Mahl nahmen Zeit in Anspruch; die Kombüsenpflichten gingen jetzt vor den Seefahrerpflichten. Als wir die letzte Strecke der Whirlpool Rapids durchliefen, schaute ich nicht einmal hinaus. Meine ganze Aufmerksamkeit war darauf gerichtet, die vielen Bestandteile der Mahlzeit vor dem Hinabfallen zu bewahren. Und später überhörte ich Roberts Rufe, bis sein befehlender Ton mich eiligst an Deck sausen ließ. «Es riecht verbrannt», sagte er. «Feuer an Bord. Nimm das Steuer.»

Er verschwand unter Deck, ohne mir überhaupt anzugeben, wo wir uns befanden. Bobs saß auf einer Kiste hinter mir, sie sah so erschrocken aus, wie ich mich fühlte. Der Gedanke, daß irgend etwas an Bord eines von einem Benzinmotor getriebenen Fahrzeugs brennt, ist schon an und für sich entnervend, doch unser Fall war besonders schwierig, denn die Greenpoint Rapids lagen gerade vor uns. In wenigen Sekunden würden wir sie erreicht haben, und die Ebbe war schon stark und wurde mit jedem Augenblick stärker. Ich wagte nicht, die «Triton» hindurchzusteuern, und wenn ich es nicht sogleich tat, kamen wir überhaupt nicht mehr durch.

Ich kämpfte noch immer mit mir, als der Captain wieder erschien. Er sah ganz entsetzt drein, als er berichtete, daß es auch in der Kajüte und sogar im Maschinenraum nach Rauch röche.

Der erste schwere Ansturm der Rapids prallte gegen unseren Bug. «Wir müssen erst durch die Greenpoints», sagte er und packte das Steuerrad. «Nachher wird das Feuer gesucht.»

Ein Feuer, das erst gesucht werden muß, ist doppelt erschreckend. Ein Schiff brennt zehnmal leichter als ein Haus, denn es ist der Zugluft stärker ausgesetzt. Doch was das Schlimmste war: Wir hatten zwei Benzintanks und mehrere Tanks mit Schmieröl und Petroleum an Bord, die das Ihrige zur Ausbreitung des Brandes beitragen würden. Irgendwo in einem versteckten Winkel schwelte und mottete Feuer, das jeden Augenblick auflodern konnte . . .

«Eine von deinen verdammten Zigaretten», sagte der Captain. «Wahrscheinlich ist sie durch eine Ritze gefallen. Sobald wir durch die Rapids sind, wird das Holzwerk zerhackt.»

Er hatte mich schon oft als feuergefährlich bezeichnet. Da ich immer sehr sorgsam und bedacht beim Rauchen war, schob ich seine warnenden und drohenden Bemerkungen der üblichen Mißbilligung zu, die gemäßigte Raucher gegen diejenigen empfinden, die sehr viel rauchen. Daß er mich jetzt ohne jeglichen Beweis der Brandstiftung bezichtigte, war nicht gerade freundlich von ihm, doch war ich viel zu besorgt, um mich darüber zu ärgern. Ich rannte in solcher Angst und Verzweiflung durch alle Räume, daß ich überhaupt nichts riechen konnte. Ich hetzte Bobs umher, damit sie ebenfalls herumschnüffelte, aber auch sie entdeckte keinen Brandgeruch. Schließlich begab ich mich wieder nach oben und meldete, daß unsere Nachforschungen ergebnislos verlaufen seien.

Der Captain riß das Steuer scharf herum. Er mußte sich durch eine reißende Strömung kämpfen, eine Insel an Steuerbord, zwei Felsen an Backbord. Unter ihm schwelte ein Feuer. Mein Bericht zerbrach den Strohhalm, an den er sich geklammert hatte.

«Jedermann kann es riechen», sagte er im allerschneidigsten Kapitänston. «Ich kann es bis hierherauf riechen.»

Fassungslos starrte ich ihn an, und da sah ich, was ich vor lauter panischer Angst vorher nicht bemerkt hatte. Ein dünner Rauchfaden kräuselte sich aus seiner Hosentasche. Ich blickte darauf, bis ich meiner Sache völlig sicher war.

«Ich gehe jetzt hinunter und koche weiter», sagte ich.

Halbwegs auf der Kajütentreppe drehte ich mich um. Sein Gesicht drückte maßlose Verwunderung aus. «Jedermann kann Rauch riechen, wenn er das Feuer mit sich herumträgt», fügte ich hinzu. «Geh, spring über Bord, dann wird das Feuer gelöscht sein.» Es vergingen zehn Jahre, bevor er wieder einmal Zigaretten mir gegenüber erwähnte. Schon am Abend jenes denkwürdigen Tages zog ich Gewinn aus dem Vorfall. Ohne Murren vertauschte er seinen Overall mit einem schmucken weißen Yachtanzug, als wir uns dem Hafen näherten. Ein tipptopper Gastgeber begrüßte die Geladenen, während er sonst immer erst mit dem Umziehen begann, wenn die Gäste eintrafen. Fast tat er mir leid, wie er sich bemühte, sein Unrecht wiedergutzumachen.

Die umgebaute «Triton»

Die Inlets sind voll von kleinen Inseln

SIEBZEHNTES KAPITEL

Beschauliches Dasein als Meerlandbewohner

Der Yucluetaws-Postsack hielt die Neuigkeit für uns bereit, daß drei Novellen verkauft waren. Das half uns sehr. Wir hatten Einnahmen nötig und hofften auf die Tantiemen des Winters, da wir ja die «Triton» umbauen wollten.

Die Durchsicht der Post warf auch andere Fragen auf, die unser Herbstprogramm betrafen. Ein Agent schrieb, daß er gerade das richtige Haus für uns in San Francisco gefunden habe. Bobs mußte in eine Schule geschickt werden, und das kostete ebenfalls Geld. Der Bootsmann zeigte für dieses Problem nicht das geringste Interesse. Robert stand dem «richtigen Haus» ebenso kühl gegenüber. Er knüllte die Briefe zusammen.

«Wir brauchen noch nicht zu antworten», sagte er. «Es fährt ohnehin kein Postdampfer.»

Robert und ich denken für gewöhnlich immer gleichzeitig über ein und dieselbe Frage nach. Ich hatte mich im Geiste mit wachsendem Grauen mit der Schule, dem Haus und dem kommenden Winter beschäftigt. Als wir die Strait of Georgia hinunterfuhren, drehte Robert sich ganz plötzlich zu mir um.

«Was hältst du von diesem englischen Pensionat in Victoria?» fragte er.

Im vergangenen Winter hatten wir mit Eltern gesprochen, die ihre Töchter dorthin geschickt hatten.

«Zum Herbsteintritt ist es zu spät für Bobs», erwiderte ich. «Sie könnte aber im Winter eintreten.»

«Es schadet ihr gar nichts, wenn sie noch ein halbes Jahr unter unserer Fuchtel bleibt», meinte er.

Da wußte ich, daß wir gleicher Meinung waren. Zwei Heime, eins auf dem Wasser und eins an Land, entsprachen nicht unserem Geschmack und auch nicht unseren Mitteln. Auf eins konnten wir verzichten. An diesem Abend hielten wir einen Familienrat ab. Bobs war begeistert von der Aussicht, einen Winter im Norden zu verbringen.

Sie nahm sogleich ihr Rechenbuch vor, das sie den Sommer über hätte durchackern sollen, und widmete sich mindestens fünf Minuten mit ernster Hingabe einer kniffligen Aufgabe. Die Lernmethode ihrer Schule gründete sich auf selbständiges Arbeiten – eine gute Methode, wenn man sich für den Gegenstand interessiert. Vor den Anforderungen des Rechnens schien sie jedoch nicht bestehen zu können.

In ihrem gegenwärtigen Zustand eignete sich die «Triton» nicht für ein Herbstheim, für Arbeitsstunden und Bücherschreiben. So faßten wir den Entschluß, unseren Fuß auf festen Boden zu setzen und hier an der Küste an einem größeren Hafenplatz ein Blockhaus zu mieten, bis die «Triton» umgebaut war.

Binnen einer Woche hatten wir ein möbliertes Dreizimmer-Blockhaus gefunden. Es enthielt sogar ein Klavier. Außerdem hatte es eine gemütliche Kaminecke und war auch sonst in jeder Beziehung reizvoll. Davor schaukelte ein Floß, an dem die «Triton», die – bis sie auf die Werft kam – als «Bürohaus» dienen sollte, liegen konnte. So waren wir in der Lage, uns auszubreiten und einander aus dem Wege zu gehen.

Wir wurden nun richtige Meerlandbewohner, denn wir lebten sowohl auf dem Wasser als auch an Land. In unserem Rettungsboot fuhren wir zum Laden und zur Post. Wir sammelten Holz an der Küste, das wir dann mit der «Triton» zum Haus schleppten. Fischer besuchten uns. Ein alter Captain erzählte uns Seegeschichten aus früheren Zeiten und lehrte uns Seemannslieder. Wir machten Spaziergänge zu Binnenseen, unternahmen kurze Ausflüge mit der «Triton» und lernten alle Leute in der Nachbarschaft kennen. Zwischendurch arbeiteten wir, um Wintertantiemen für den Umbau der «Triton» zu scheffeln.

Wenn wir uns jemals Gedanken wegen Bobs' Schulunterricht gemacht hatten, so wurden wir vollkommen beruhigt. Sie war noch viel beschäftigter als wir. Mitunter verschwand sie den ganzen Tag, um Erkundungsfahrten in der «Krabbe» zu unternehmen, wobei sie einen Kompaß mitführte. Dann überraschte sie uns mit einer Karte, auf der sie unseren großen Hafen und seine vielen Arme und Buchten mit allen Einzelheiten eingezeichnet hatte.

Die tägliche Rechenstunde war nicht gerade erfolgreich, doch dafür schrieb Bobs eine erstaunliche Anzahl von englischen Aufsätzen. Sie schrieb ein ganzes Heft voll über Clipperschiffe, für die sie großes Interesse hatte, und illustrierte die Aufzeichnungen. Sie begann einen Roman, in dem sie die Heldin durch atemraubende Seeabenteuer wirbeln ließ, das Ganze in sehr moderner Form geschildert. Ihre Phantasie war durch die Sachkenntnis keineswegs getrübt worden. Erstaunlich fanden wir allerdings ihre Verse, die sie in diesem Herbst machte; sie verrieten ein tiefes Gefühl für die Schönheit eines Meereswinkels, eines Sonnenuntergangs am Hafen, der Brandung des Ozeans.

Robert und Bobs verbrachten Stunden damit, das Verhalten und Betragen der Möwen und Kormorane zu beobachten, und nahmen heftig für die Kormorane Partei. Ihre Entrüstung über die Möwen war um so belustigender, als es völlig hoffnungslos war, die Möwen zu bessern. Stundenlang hockten die Möwen am Strand und rührten sich nicht, dachten überhaupt nicht daran, zu fischen, nur wenn ein Kormoran sich unterstand, in den Hafen zu fliegen, erhoben sie sich sogleich mit Gekreisch in die Luft.

Es war die Zeit der Heringszüge, aber die Millionen von kleinen Fischen schwammen zu tief für die Möwen. Die Kormorane hingegen tauchten viele Meter tief und zogen ihre Beute an die Oberfläche, worauf die faulen Möwen ihren Anteil an der Mahlzeit forderten. Dagegen hätten Robert und Bobs gar nichts einzuwenden gehabt. Aber der Kormoran kann einen Fisch nicht unter Wasser verzehren. Er muß ihn in der Mitte packen und an die Oberfläche kommen, um jene rasche Seitwärtsbewegung zu machen, die nötig ist, damit er den Fisch verschlucken kann. Zwanzig Möwen waren jedoch bereit, zuzuschnappen, wenn der Hering zur Seite schnellte. Selten erhielt der Kormoran die so schwer errungene Beute. Das war die einzige Gelegenheit, bei der Robert und Bobs ein Gefühl für soziale Ungerechtigkeit entwickelten.

Ausflüge auf See, Spaziergänge, Geplauder mit Seeleuten, Hafenleben, Ruderfahrten in der «Krabbe», endlose Schriftstellerei und begeistertes Schwelgen in Büchern – da blieb keine Zeit für die schulgemäße Erziehung einer Zehnjährigen. Manchmal machte ich mir Gedanken, ob unser Entzücken über Bobs' Aufsätze und Verse nicht vielleicht nur eine Entschuldigung vor uns selbst darstellte. Aber ich wußte, daß sie voll beschäftigt und glücklich war.

Ehe wir's uns versahen, nahte der Winter. Wenn die «Triton» zu einer zeitigen Frühlingsfahrt bereit sein sollte, mußten wir mit der Arbeit beginnen. Der Captain ließ Bobs für einen weiteren Monat von der Schulpflicht befreien.

«Wenn die 'Triton' umgebaut wird und wir uns wieder hier niederlassen, ist noch immer Zeit genug für den Schulbesuch», sagte er.

So wurde Bobs' Bildungsgang abermals verschoben, und an einem dunklen, kalten Januarmorgen machten wir uns um vier

Uhr auf den Weg nach Seattle. Vor uns lagen zwei lange Winterwettertage im Pazifik. Draußen in der Strait of Georgia entdeckten wir, daß dichter Nebel meterhoch über dem Wasser hing, er sank erst, als das verspätete Tageslicht kam. Nur für eine kurze Stunde sahen wir an diesem Tag die Küste und dann überhaupt kein Land mehr, bis wir Seattle erreichten.

So kalt war es an diesen beiden Tagen, daß weder Robert noch ich länger als eine halbe Stunde am Steuerrad stehen konnten. Am zweiten Morgen war das ganze Boot mit einer Eisschicht überzogen. Der Nebel umhüllte uns noch dichter. Aber wir ließen die Pfeife kein einziges Mal ertönen. Wir verzichteten darauf, die Entfernung vom Ufer festzustellen. Wir fuhren dahin wie ein großes Schiff, mit stetem Kurs und gleichbleibender Geschwindigkeit.

Es war dann großartig, in den Hafen des Union Lake einzufahren, nachdem unsere Freunde überzeugt gewesen waren, wir würden es nicht schaffen. Sie hatten uns in einem hundert Meilen entfernten Schlupfhafen vermutet. Wir fanden, daß wir, als Mannschaft betrachtet, einer neuen «Triton» wert seien.

Eine Woche lang verhandelten wir mit Bootswerften. Dann sahen wir zu, wie die «Triton» aus dem Wasser gehoben und auf die Helling gebracht wurde. Und zum erstenmal nahmen wir die Linie und die Tiefe ihres Rumpfes wahr.

«Das wird die schönste Siebzehnmeter weit und breit», sagte der Schiffsbauer.

Ich verbrachte meine Zeit damit, die Ausstattung für den neuen Schiffshaushalt zusammenzukaufen, einen Herd, eine Badewanne, das Zubehör für die elektrische Einrichtung, Möbel und Farben zum Anstreichen. Der Schiffsbauer schlug uns vor, während des Umbaus in Seattle zu bleiben, aber wir wußten beide, daß wir keine Zeile schreiben würden, wenn unser Boot in Besuchsweite war. So trennten wir uns von der «Triton» und kehrten in unser Hafenblockhaus zurück, wo wir die Wochen und Monate zählten, bis wir unser schwimmendes Heim wieder beziehen könnten.

ACHTZEHNTES KAPITEL

«Ein Schiff muß eine elegante Linie haben»

Viel geschah, bevor wir die «Triton» wiedersahen. Wir weilten noch keine Woche in unserem kleinen Blockhaus, als wir entdeckten, daß die Begeisterung der Buchleser sich nicht unbedingt in fetten Tantiemenschecks ausdrückt. Dieser Schlag ereilte uns, einen Tag nachdem der Bootsbauer uns als Beweis seiner raschen Arbeit eine Fotografie der im Umbau begriffenen «Triton» geschickt hatte. Das Schiff hatte kein Heck mehr, und das Innere des Maschinenraums war nach außen gekehrt. Ich blickte von dem Bild der skelettierten «Triton» zu der Zahl auf dem Scheck.

«Jetzt können wir nicht mehr zurück», sagte Robert.

Der nächste Schlag war schlimmer. Bobs erwachte eines Morgens, als die Strait of Georgia vom schlimmsten Winterwind aufgewühlt wurde und das nächste Dampfschiff erst in zwei Tagen fällig war, mit akuter Blinddarmentzündung. Einsamkeit ist wunderbar, wenn alles gut geht. Jetzt aber mußte Bobs in ein Spital. Es bestand nicht die geringste Aussicht, in diesem Sturm nach Vancouver zu gelangen; aber wir wußten, daß eine große Papierfabrik fünf Stunden aufwärts an der Küste ein Spital hatte, wo ein geschickter Chirurg tätig war.

Robert begab sich zum Hafen, um ein Fischerboot zu mieten, während ich alles Nötige zusammenpackte und mich zu erinnern versuchte, was man gegen Blinddarmentzündung unternimmt.

Als wir Bobs an Bord trugen, tat der Eigentümer des Bootes uns unmißverständlich kund, daß er nicht an unser Durchkommen glaubte. «Aber wenn ein Kind krank ist, muß man alles versuchen», fügte er hinzu.

Nur die Frage von Leben und Tod konnte uns veranlassen, uns dem stürmischen Meer anzuvertrauen. Als wir den letzten geschützten Punkt hinter uns hatten, lernte ich den Unterschied zwischen dem Schönwettermeer und einem Wintersturm im nördlichen Pazifik kennen.

Es gab keine Möglichkeit zur Umkehr, nachdem wir einmal losgefahren waren, denn wir hatten den Sturm im Rücken, eine gefährliche Sache für ein kleines Boot bei schwerer See. Wir mußten weiterfahren, und wenn wir aufluvten oder eine Sturzsee übers Heck bekamen, waren wir rettungslos verloren.

Vier Stunden verbrachten wir in dieser Ungewißheit. Robert stand im Steuerhäuschen. Ich saß bei Bobs, die in einer Koje lag, und starrte auf die Berge von graugrünem Wasser, die sich achtern auftürmten. Jeder dieser Berge, der uns in Frieden ließ, war ein Meilenstein. Die Fugen des Bootes klafften unter dem Anprall der Wogen, und das Wasser rieselte hinter Bobs durch die Planken.

Robert kam herunter und teilte mir mit, daß das Schlimmste erst noch kommen würde. «Ich muß die Wellen breitseits nehmen, wenn wir die Buhnen hinter uns haben», sagte er.

Ich schlüpfte in einen Rettungsgürtel und zog auch Bobs einen an. Dann setzte ich mich wieder zu ihr und wartete. Einmal war ich überzeugt, daß wir kentern würden, dann wurde die Fahrt plötzlich ruhiger, und wir fuhren an Land. Wir hatten das Spital telegrafisch verständigt, daß man alles für eine sofortige Operation vorbereiten sollte, und der ganze Stab verfolgte unsere Ankunft von einem Fenster aus. Keiner hatte geglaubt, daß wir es schaffen würden. Die Krankenschwestern zitterten genau so wie ich, so sehr hatten sie sich aufgeregt.

Nach der Operation bekam Bobs noch eine Bauchfellentzündung, so daß sie zwei Monate im Spital bleiben mußte. Sehr langsam nur erholte sie sich dann. Niemand dachte an die «Triton». Während der Rekonvaleszenzzeit im Frühling war ich ganz überrascht, als plötzlich ein Regen von Schiffsrechnungen einsetzte. Bei dieser Gelegenheit durften wir feststellen, daß auf den Kostenvoranschlag eines Bootsbauers nicht viel zu geben ist.

*

Es grenzte fast ans Wunderbare, daß wir wohlbehalten nach Seattle zurückkehren und die «Triton», tipptopp bis zum kleinsten Schrank, in ihrer fertigen Gestalt wiedersehen konnten. In stummer Bewunderung unternahmen wir eine erste Besichtigungsrunde mit dem Bootsbauer. Wir bewunderten ihn, weil er unsere Pläne hatte Wirklichkeit werden lassen, und er bewunderte uns als Schiffsarchitekten. Noch nie hatte er mit so sorgfältig und fehlerlos ausgearbeiteten Plänen zu tun gehabt. Nun, wir hatten auch jeden Millimeter Raum im Schiffsrumpf ausgemessen.

Der vordere Baderaum, der für den Captain und mich bestimmt war, enthielt eine Toilette, ein Waschbecken, das Medizinschränkchen und einen großen Kleiderschrank. Daran schloß sich unser Schlafzimmer mit zwei Kojen, dem Toilettentisch, einem großen Spiegel an der Tür und Schränken überall. Mein Schreibmaschinentisch verschwand unter der hohen Koje des Captains. Das Ganze war in Narzissengelb und ein wenig zartem Grün gehalten, Farben, die das Mißtrauen des Bootsbauers erregt hatten, und die jetzt großen Erfolg ernteten.

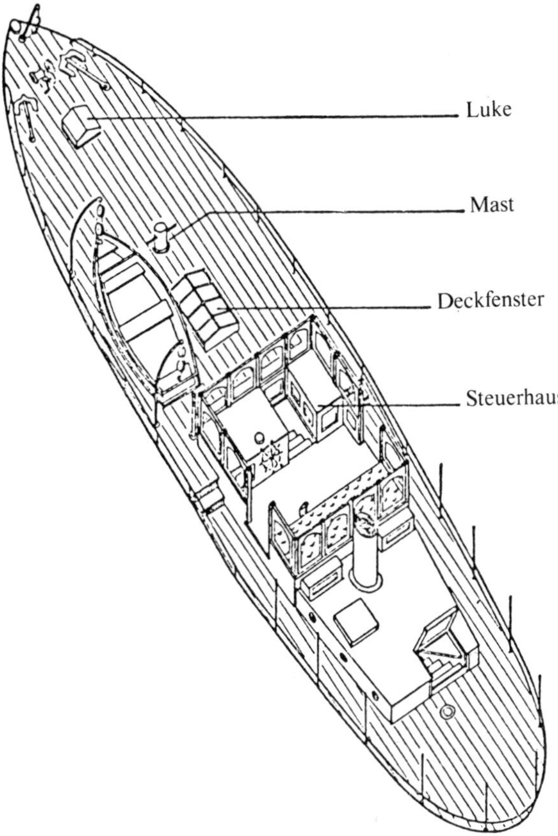

Das Deck der umgebauten «Triton»

Aber noch mehr als die Farben und die großen unterteilten Schränke begeisterte uns die Aussicht, ein Schlafzimmer mit anstoßendem Bad zu besitzen.

Die Hauptkajüte war geräumig genug, um Platz für einen Stuhl, zwei Schränkchen und zwei Kojen zu bieten, und doch konnte man sogar darin noch tanzen. Der Eßtisch wurde in seinen Mußestunden zusammengeschoben am Schott aufgehängt;

er ließ sich mit einem Griff zum Gebrauch herrichten. Da wir als Amateur-Schiffsarchitekten an keinerlei Überlieferung gebunden waren, hatten wir es gewagt, vom üblichen Wege abzuwei-

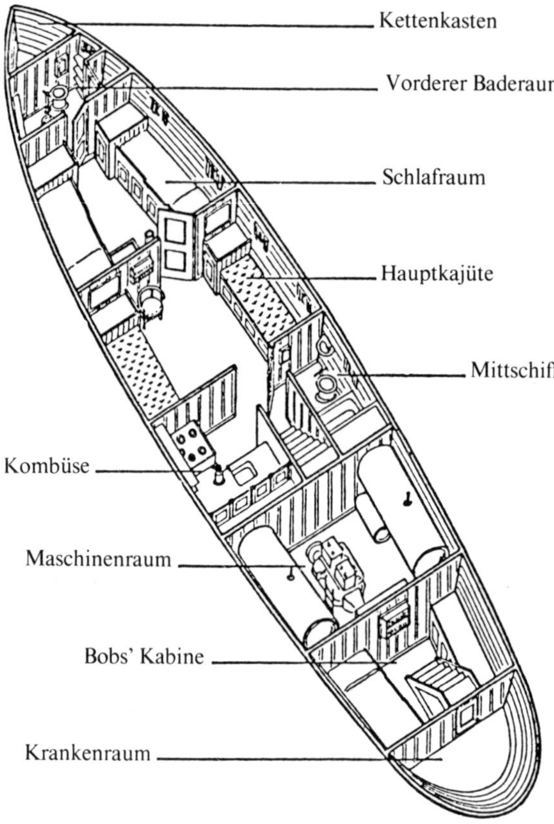

Die Räume unter Deck

chen und die beiden Seiten der Hauptkajüte verschieden zu gestalten. An Backbord befand sich eine gewöhnliche Koje, an Steuerbord eine niedrige Couch. Das sollte mein besonderes Reich werden, und ich hatte mir dafür eine Extralampe bestellt.

Der Captain hatte erklärt, er könne sehr bequem lesen, wenn er in der Koje lag. Bobs erprobte den Stuhl und stellte fest, daß sie gut hineinpaßte. Wir nahmen Besitz von einem Wohnraum und nicht von einem Eisenbahnabteil, wie es die «Triton» vorher aufgewiesen hatte. Wir hatten uns vorgestellt, daß unsere Hauptkajüte durch den Umbau verbessert werden würde, aber dieses Wunder hatten wir denn doch nicht erwartet.

Die Kombüse war unsere größte Leistung. Alles, was zur Platz- und Arbeitsersparnis beitragen konnte, war ausgeklügelt worden. Der Raum hatte seine eigene Lüftungsluke. Ein metallener Küchentisch von ein Meter achtzig Länge und ein Meter zwanzig Breite enthielt einen versenkbaren Ausguß. Der Petroleumofen, der sich wie ein Gasofen regeln ließ, stand an einer Ecke des Tisches. Die Gestelle fürs Geschirr waren darüber montiert, die Schränke für die Nahrungsmittel darunter angebracht. Außerdem hatte ich einige Schubladen zur Verfügung. Ich konnte in dieser Küche ein Mahl für zehn Personen zubereiten, ohne nur einen Schritt machen zu müssen.

Gegenüber der Kombüse lag der Mittschiffsbaderaum. Die Wanne hatte gepaßt, aber sie hätte keinen Millimeter länger sein dürfen.

«Wir haben sie mit einem Schuhlöffel hineingesetzt», sagte der Bootsbauer.

Auf jeden Fall war sie da! Und zudem gab es eine Dusche, die je nach Belieben Salz- oder Süßwasser spendete. Die Wanne wurde durch eine elektrische Pumpe geleert, eine wahrhaft köstliche Sache, wie jedermann weiß, der jemals eine Handpumpe bedient hat, um eine Wanne unterhalb der Meeresfläche zu leeren. Dabei entsteht nämlich ein solcher Schaum, daß man gleich frisches Wasser einlassen muß, wenn das alte glücklich abgeflossen ist.

Der Mechaniker, der die Leitungen gelegt hatte, war offensichtlich von guten Einfällen angeregt worden. Ein unschuldig aussehender Schalter am hintern Schott setzte eine Maschinerie in Bewegung, die je nach Bedarf Salzwasser in die Dusche zauberte, die Wanne leerte, den Schiffsrumpf auspumpte oder das Deck mit Wasser überflutete. Es vergingen Wochen, bevor ich es wagte, an diesem Schalter ohne genaue fachmännische Anweisungen zu drehen. Und auch dann tat ich es nur zitternd, seit ich einmal, anstatt die Wanne zu entleeren, einen Schauer eisigen Seewassers hervorgezaubert hatte. Mit einem Entsetzenssprung landete ich mitten in der Hauptkajüte, und mein Angstschrei konnte an der Küste gehört werden.

Die Kajütentreppe führte zum Steuerhaus. Ein Kartentisch bot für so viele Karten und Tabellen Platz, als Robert sich nur zulegen wollte. Eine Koje befand sich in solcher Höhe, daß ein Faulpelz in bequemer Lage das Manövrieren des Schiffes verfolgen und gleichzeitig die Umgebung durchs Fenster betrachten konnte. Dieses Steuerhaus wurde unser Sonnenplatz und Extraraum. Da es von der Kombüse her heizbar war, brauchte der Steuermann weder im Herbst noch im Winter zu frieren. Nur der Maschinist mußte sich hinausbegeben. Ich konnte hier einem scharfen Südostwind standhalten, ohne einen Sweater anzuziehen. Steuerhaus, Kombüse, Hauptkajüte, Schlafzimmer und Badezimmer waren miteinander verbunden.

Ich erging mich in begeisterten Ausrufen über die Bequemlichkeit unseres neuen Schiffes, und der Captain sparte nicht mit anerkennenden Worten über seine Stabilität und Seetüchtigkeit. Hierauf beeilte sich der Bootsbauer die Rede auf die hohen Rechnungen zu bringen.

«Da sehen Sie, wohin das Geld ging», sagte er. «Der Mann, der das Steuerhaus errichtete, hat es für die Ewigkeit gebaut. Der ganze Ozean hat nicht genug Wasser, um es fortzuschwemmen. Ich mahnte ihn, ja gute Arbeit zu leisten und nicht an die Kosten zu denken. Sie können nicht in einer Zündholzschachtel reisen.»

Der Maschinenraum lag mittschiffs zwischen zwei luft-, wasser- und gasdichten Schotten. Außer dem Motor und den Benzintanks enthielt er eine elektrische Schaltanlage. Die Akkubatterien mußten nun nicht mehr vom Motor geladen werden. Ich betrachtete diese Neueinrichtung mit tiefer Zuneigung, denn jetzt konnte ich mit dem Strom ohne alle kleinlichen Bedenken umgehen. Wir weihten die luxuriöse Anlage mit einem elektrischen Bügeleisen, einem Staubsauger und einer elektrischen Nähmaschine ein.

Die Decklänge von fünfzehneinviertel Metern bescherte uns noch viel mehr als ein längeres Achterdeck und einen Raum für Bobs. Sie schenkte dem Boot eine anmutige Form. Schiffe mit breitem Heck, mag ihr Bug auch noch so schön sein, sehen immer aus, als hätte man ihnen ein Stück abgesägt, weil sie sonst zu lang geraten wären. Sie erinnern dadurch an eine Schachtel. Aber ein Schiff muß eine elegante Linie haben.

Die elegante Line der «Triton» war nicht am Zeichentisch entstanden. Zwar hatte der Erbauer das halbelliptische Heck erst auf dem Papier skizziert, doch bevor er den Umbau in Angriff nahm, hatte er ein kleines Modell angefertigt und so lange daran herumgebastelt, bis die elegante, sanft geschwungene Linie vom Bug zum Heck sein schönheitsdurstiges Auge befriedigte.

Bobs war ganz verliebt in ihr Extraquartier. Wir hegten allerdings den Verdacht, daß sie ihre Ungebundenheit weidlich ausnützte, um abends im Bett zu lesen, denn sie schlief morgens immer sehr lange. Aber das fiel weniger ins Gewicht im Vergleich zu der Annehmlichkeit, daß sie nun ihr eigenes Reich hatte. Wir konnten einander jetzt auf der «Triton» aus dem Wege gehen, und die Möglichkeit der Zurückgezogenheit und des Alleinseins gilt in unserer Familie mehr als jede andere Bequemlichkeit.

Ein Sonnendach über dem Achterdeck erlaubte mir, in einem großen Schrank hinter dem Steuerhaus Frischgemüse aufzubewahren und auch bei schlechtem Wetter Wäsche aufzuhängen.

Der erste Rundgang durch ein neues Schiff ist der allerschönste Teil der Besitzergreifung eines schwimmenden Heims. Weniger erfreulich war der Bericht des Captains, nachdem er sämtliche Rechnungen überflogen hatte. Er sah ganz gebrochen aus, als er an Deck kam.

«Jedes bißchen kostet mehr, als wir gedacht haben», sagte er. «Aber dafür ist nichts an der Arbeit auszusetzen. Es wäre viel schlimmer, wenn man das Schiff verpfuscht hätte.»

Stets hatte man uns gesagt, daß der Besitz eines eigenen Heims ein Zeichen von Achtbarkeit und Ehrgeiz sei. Einige Freunde von uns, die sich von Banken Geld geliehen hatten, um ein Haus zu bauen, sprachen von ihren Rückzahlungen, die sich auf zehn und sogar fünfzehn Jahre erstreckten, als ob sie dadurch aus der Masse herausgehoben würden. Wir, die wir stets nur Mieter gewesen waren, gehörten in ihren Augen zu den moralisch Minderwertigen. Ich hatte nie begriffen, warum ein Mensch, der pünktlich an jedem Ersten seine Miete zahlt, weniger gelten soll als derjenige, der eine Hypothek verzinst und langsam tilgt.

Jetzt gehörten auch wir zu den achtbaren Leuten mit Schulden und einem eigenen Heim.

«Und wir können mit unserem Heim noch auf Abenteuer ausziehen», fügte ich hinzu.

Der Captain sah sehr erleichtert drein. «Ich fürchtete, du würdest dich sorgen, weil wir uns hineingeritten haben», bekannte er.

Mich sorgen! Ich war begeistert. Ich setzte die tragbare Nähmaschine auf den Tisch in der Kajüte und stellte winzige Vorhänge und Kissenbezüge her. Seit dem Abschied von unserem kanadischen Blockhaus hatten wir unsere Eigenheim-Instinkte nicht mehr ausleben können. Ich strich Nahrungsmittelbehälter je nach Inhalt in verschiedenen Farben an und ordnete das Porzellan nach Muster und Farbe in die Kombüsengestelle ein. Dazu kaufte ich noch einige besondere Stücke. Als dann auf dem Tisch Tassen standen, die mit einem Segelboot in der gleichen Farbe wie die Wände geschmückt waren, erntete ich lebhaften Beifall. Bobs begann sogleich Untersetzer mit Tangmotiven zu bemalen und mit exotischen Fischen, die mit Glotzaugen durch einen Unterwasserwald starrten. Es war eine richtige Orgie im Schiffsdekorieren.

Während der Captain sich im Maschinenraum einrichtete, bezog Bobs ihr Quartier. Sie bestellte sich Bücherregale und Schrankfächer und gab dem Schiffszimmermann Einzelheiten an, die ihn restlos verblüfften. Offensichtlich war er kein Vater, denn er stand den seltsamen Wünschen eines elfjährigen Kindes völlig verständnislos gegenüber. Bobs brauchte für das Verstauen ihrer Sachen so viel Zeit wie wir für die Einrichtung des ganzen Schiffes. Als sie fertig war, rief sie uns zu sich. Ihre verschiedenartigsten Besitztümer waren eingeordnet, und tatsächlich hatte jedes Stück seinen Platz erhalten – Kleider, Bücher, Schreibzeug, Malsachen, Zeichenblöcke, allerlei Sammlungen, die vor allem mit der Seefahrt zusammenhingen, eigenartig geformte Steine, Silberpapier, Buntpapier, Plastilin, ein Segelboot, ein Handwerkskasten und ein Satz Schnitzwerkzeuge. Tangschnitzen war unser neuester Bordzeitvertreib. Ein Rest nassen Tangs an Deck ist noch viel wirksamer als eine Bananenschale.

Als wir Bobs' Raum besichtigten, fragten wir uns unwillkürlich, ob hier ein Mädchen, ein Junge oder eine raffsüchtige Schiffsmannschaft hauste. Und dann erblickten wir eine Kartonschachtel, die vor der Luke zum Krankenraum angebracht war.

«Das Ding kann dort nicht bleiben!» lehnte sich der Captain auf. «Ich muß mit einem Sprung ans Steuerruder gelangen können!»

«Warum hast du überhaupt eine leere Schachtel an der Luke befestigt?» fragte ich.

«Aber das ist doch mein Theater!» rief Bobs. «Ich will Marionettenspiele machen.»

Der Captain hielt eine lange Rede über Ordnung und Untadeligkeit an Bord.

Ich ergriff seinen Arm und führte ihn an Deck. «Es ist ihr Raum», sagte ich. «Der erste schwere Seegang wird dort ein heilloses Durcheinander anrichten. Laß sie ihre Erfahrungen nur selbst machen.»

Dann betrachtete ich das andere «Spielzimmer». Ich mußte

lachen, wie sehr der Maschinenraum Bobs' Schlachtfeld glich. Zweiundzwanzig Schraubenschlüssel, jeder in einer eigenen Schlinge, hingen an einem Schott. Auf einem langen Bord standen Schachteln mit Nägeln von verschiedener Größe, Bolzen, Schrauben und allen möglichen Ersatzteilen. Kein Motor der Welt konnte so vielerlei Dinge benötigen, aber der Captain führte sie mit dem gleichen Stolz vor wie eine Hausfrau ihre Vorräte. Der Malermeister hatte das getan, was Robert als «Auffrischung des Maschinenraums» bezeichnete. Jetzt stand ein grauschimmernder Motor auf einem ziegelroten Fußboden in einem Raum mit – im buchstäblichen Sinn des Wortes – blendendweißen Wänden. Ich wandte rasch den Blick von diesem Glanz.

«Himmel!» sagte ich. «Welch eine Pracht!»

Der Captain erwiderte, daß alles nach praktischen Gesichtspunkten gestaltet worden sei.

Ich hatte mir vorgestellt, daß mit dem Verstauen und Einordnen unser schwimmendes Heim vollendet sei, wie es nach dem Einzug in ein Haus der Fall ist. Damals wußte ich noch nicht, daß ein Schiff niemals endgültig bezogen wird. Stets tritt irgend etwas ein, das eine Umstellung oder Verbesserung erfordert. Und ebensowenig ahnte ich, daß man ein Boot um so tiefer ins Herz schließt, je mehr Anforderungen es an einen stellt.

So war es mit der «Triton». Nie gab es eine Zeit, wo wir nicht irgendeine Verbesserung planten. Und mit jeder Verbesserung wuchsen unser Stolz und unsere Liebe. Wir hatten gedacht, ein schwimmendes Heim sei nichts weiter als ein Mittel zum bequemen Leben, während wir unterwegs waren. Doch ist es weit mehr als das. Es ist ein Teil des Lebens überhaupt. Ich lernte verstehen, wieso ein Seefahrer sein Schiff über alles liebt. Mannschaft und Schiff besitzen einander; Opfer und Dienst sind Ausdruck dieser Liebe.

NEUNZEHNTES KAPITEL

Der «vierte Mann» an Bord

Wenn man ein Schiff liebt, muß man für es und mit ihm leiden. Als wir an einem windigen Tag auf dem Lake Washington eine Wettfahrt veranstalteten, erlitten wir eine Motorpanne, und die fröhliche Fahrt endete damit, daß wir von einem Schlepper ans Ufer gezogen wurden

Das war eine traurige Heimkehr. Der Captain versuchte zu verbergen, wie besorgt er wegen des Schadens war, und die Männer am Landungsplatz erzählten, daß Wettfahrten stets mit dem Abschleppen eines Bootes endeten. Der Maschinist, den wir für die Wettfahrt angestellt hatten, damit der Captain frei wäre, zeigte tiefe Reue und großes Bedauern. Er war seekrank geworden. Die Öllampe hatte ausgesetzt, er hatte den Öldruckmesser nicht beobachtet, und so war es zu der Panne gekommen.

Die Kolben hatten sich festgefressen, und die Zylinder waren so arg mitgenommen, daß der ganze Zylinderblock ausgewechselt werden mußte. Robert teilte uns das volle Ausmaß des Schadens am nächsten Tag mit.

«Mit Alaska ist es für dieses Jahr aus», sagte er. «Mit dem defekten Motor wage ich mich nicht auf die lange Fahrt. Und bis der neue Zylinderblock kommt, ist es zu spät zum Aufbruch.

Der Motor konnte soweit hergerichtet werden, daß er seinen Dienst wieder tat, aber er war nicht mehr der alte, und die funkelnde Pracht nützte nicht viel. Äußerer Anstrich, Badewanne und Staubsauger machen kein Schiff. Die Kraftquelle ist sein Herz. Selbst der schönste Mann kann kein Frauenliebling werden, wenn eine Krankheit ihn an den Rollstuhl fesselt. Aber wir liebten die «Triton» darum nicht weniger. Wir hatten nur großes Mitleid mit ihr.

Auf unserem Weg nach Norden machten wir einen Halt, um unseren vierten Mann an Bord zu nehmen, einen irischen Terrier, der seit dem Frühjahr zur Familie gehörte. Als Bobs zum erstenmal ihr Verlangen nach einem Hund kundtat, erhob der Captain Einspruch. Ein Hund habe auf einem Schiff nichts zu suchen. Er sei sowohl selbst unglücklich als auch eine Plage für die Mannschaft, denn er müsse am Abend und am Morgen an die Küste gebracht werden. Gewiß, Bobs könne das bei gutem Wetter tun, aber wer würde den Hund bei Regen und Sturm zur

Küste rudern? Robert bot ihr ein Kätzchen an, sogar zwei, wenn es sein mußte – eine letzte verzweifelte Ausflucht, denn er wußte, daß Kinder und Hunde zusammengehören.

Während Bobs' Rekonvaleszenz trugen wir einem Hundezüchter unser Hundeproblem vor.

«Irische Terrier passen sich jeder Lage an», sagte der Züchter. «Sie sind so anpassungsfähig wie Frauen. Sie brauchen solch ein Tier nur zwei Tage an Bord zu haben, und Sie meinen, er sei auf dem Wasser geboren.»

Wir suchten uns eines dieser Wundertiere aus. Einen Hund kann man nicht anders kaufen als ein Schiff. Wir bezahlten die geforderte Summe und fragten Lua, ob er uns als Familie betrachten wolle. Eigentlich hieß er Luagh, was auf Gälisch so viel wie «geschwind» heißt, aber der Hundezüchter hatte ihn in Lua umgetauft. Sein Stammbaum war höchst eindrucksvoll. In den letzten drei Generationen waren elf seiner Verwandten preisgekrönt worden. Er war ein Enkel des berühmten «Turf Commander». Lua vergoldete Bobs' Genesungszeit. Er war schon ein Teil der Familie, als wir ihn dem Hundezüchter in Pension gaben, während wir die «Triton» in Seattle abholten.

Ich glaubte als einzige an Luas Anpassungsfähigkeit. Der Captain lächelte spöttisch, als ich Luas Behausung, eine mit Eisenblech beschlagene Holzhütte, auf dem Vorderdeck aufstellen ließ. Nicht nur der Captain lächelte über diesen riesigen «Stall», auch unsere Besucher machten sich darüber lustig. Jeder besichtigte das Gebäude mit mehr oder minder lautem Zweifel, und als der Captain Sand auf den Boden streute, tat er es aus Schonung für mich. Er wußte, wer den Hund ans Ufer rudern würde.

Er ruderte Lua am ersten Tag ans Ufer. Nach der Rückkehr fanden wir uns alle auf dem Vorderdeck ein, um Lua zu loben. Lua hörte sich unsere Bemerkungen aufmerksam an. Bobs nahm ihn beiseite und setzte ihm seine Pflichten in allen Einzelheiten auseinander.

«Das wird viel nützen», spottete der Captain.

Er tat in den höchsten Tönen Abbitte, als Lua am nächsten Morgen auf dem Vorderdeck herumspazierte, als ob er noch nie von einem Baum oder einem Laternenpfahl gehört hätte. Kein Hund hat wohl jemals so viel Beifall geerntet. Bobs verbrachte den ganzen Vormittag damit, ihn zu umarmen und ihm zu versichern, daß er bewundernswert sei. Und Lua sonnte sich in ihren Lobsprüchen.

Das Deck der «Triton» blieb für ihn tabu. Ebenso das der «Dawn», nachdem wir die Whites getroffen hatten. Aber Lua zeigte eine tiefe Abneigung gegen jedes andere Schiff. Seine gekränkte Miene sagte deutlich, daß er sich nur sehr ungern an Bord eines andern Fahrzeugs befand. Das war durchaus sein Recht als guter Seemann.

Er bewies auf alle mögliche Weise seine Anpassungsfähigkeit an die Welt des Meeres. Er vergrub Hundekuchen unter einem Tauhaufen auf dem Vorderdeck. Mitunter holte er sich einen Happen davon als Zwischenmahlzeit, aber meist vergewisserte er sich nur, daß seine Vorräte noch vorhanden waren. Als der Schiffer einmal im Übereifer der Schiffsreinigung ein paar Stückchen Hundekuchen zur Seite fegte, eilte Lua herzu und schob sie mit vorwurfsvollen Blicken an ihren Platz zurück. Dieser Tadel bewirkte, daß wir seinen Aufbewahrungsort ebenso heiligten wie er das Deck.

Sogleich wurde Lua ein steter Passagier in der «Krabbe». Bobs nannte die Ruderstunden «Lua zur Übung spazierenfahren». Wir fürchteten, er könnte das Boot zum Kentern bringen, doch hätte Lua unsere Sorge begriffen, so hätte er sich nicht vorsichtiger benehmen können. Er sprang niemals früher in die «Krabbe», bis Bobs saß und den Befehl dazu gab. Dann nahm er mit der Würde eines Admirals seinen Platz am Heck ein und sah ernsthaft zu, während sie umherruderte. Die Ausschiffung vollzog sich ebenso reibungslos. Er verließ die «Krabbe» als erster und kletterte das Fallreep empor, während Bobs das Fahrzeug festhielt. Er wurde der Ausflüge niemals müde. Er widerlegte alle pessimistischen Voraussagen. Bobs war begeistert, und ich frohlockte im stillen. Der Hund auf dem Schiff benahm sich tadellos.

Aber der Captain war immer noch mißtrauisch, was Luas Benehmen an Land betraf. Ein lebhafter, einjähriger irischer Terrier mußte seiner Meinung nach unweigerlich Unannehmlichkeiten heraufbeschwören. Sicher würde er hinter irgendeinem Tier herhetzen. Bobs würde nach ihm suchen, und beide würden sich verirren. Oder er würde verschwinden, worauf wir nicht weiterfahren könnten, weil wir ihn voll Verzweiflung suchen müßten.

«Denn du weißt, was es für Bobs bedeutet, wenn sie ihn verliert» schloß Robert.

Bobs behauptete steif und fest, daß Lua an Land nie von ihrer Seite wich, aber ihre Glaubwürdigkeit als Zeugin stand auf schwachen Füßen. So hatte sie auch gesagt, daß Lua ganz brav am Ende ihres Bettes schlief, obwohl wir den Hund am Morgen auf ihrem Kopfkissen fanden und sie selbst auf Luas Decke. Zwischen ihnen herrschte jene Gleichheit, wie es sie nur zwischen Kind und Hund geben kann. Bobs betrachtete Lua als Menschen, und er sah in ihr zweifellos einen Hund.

Der Captain war immer sehr unruhig, wenn die beiden an Land fuhren. Eines Nachmittags, als wir ihnen nachruderten, um zu sehen, wo sie blieben, hatten wir Gelegenheit, heimlich zu beobachten, wie sie gemeinsam damit beschäftigt waren, ein Backenhörnchen auszugraben. Die «Krabbe» war mit einer langen Leine angebunden, sie wurde von der Flut hin und hergetrieben, und durch diese Bewegung stieß das Boot gegen einen Felsen. Beim ersten knirschenden Ton hörte Lua auf zu graben, stürzte zum Ufer und zerrte mit den Zähnen an der Leine, bis die «Krabbe» gesichert war. Beruhigt kehrte er dann zum dem Backenhörnchen zurück.

Ich blickte den Captain an. «Das gibt's doch wohl nicht!» sagte er.

Luas Hundegehirn hatte auf irgendeine Weise erfaßt, daß das Ruderboot eine wichtige Rolle in seinem Leben zu Wasser spielte, doch hätten wir niemals erwartet, daß er auch wußte, wie völlig er auf das Boot angewiesen war, wenn er auf die «Triton» zurückkehren wollte. Einige Tage später lieferte er uns den Beweis dafür, wie genau er den Zweck des Bootes kannte.

Betty und Stewart kamen in den Hafen gefahren, wo wir schon mit großer Ungeduld nach ihnen ausschauten. Beglückt über das Wiedersehen, sprangen wir drei ins Rettungsboot. Damals wußten wir noch nicht, daß das Deck der «Dawn» für Lua ebenso tabu sein würde wie unser eigenes, und der Captain befürchtete einen unangenehmen Zwischenfall bei der Begrüßung. Er befahl Bobs, den Hund zurückzulassen.

Einsam und verlassen saß Lua auf dem Achterdeck und beobachtete unser Treiben an Bord der «Dawn». Da beide Schiffe nur ungefähr hundert Meter voneinander entfernt lagen und es für Lua ein leichtes war, herüberzuschwimmen, nahmen wir an, daß er über Bord springen und zu uns kommen würde. Lua aber lief zum Vorderdeck, wo die «Krabbe» am Haltetau hing, kletterte in das Boot, setzte sich ins Heck und wartete. Entweder glaubte er, daß die «Krabbe» wie ein Zauberteppich von selbst über das Wasser schweben würde, oder seine Handlungsweise war als stumme Aufforderung aufzufassen.

Die Whites verstanden sich auf Hunde und liebten sie ebenso wie wir. Stewart kletterte in sein Rettungsboot. «Er verdient ein

Wassertaxi», sagte er. «Komm, Bobs, sag deinem Hund, was er tun soll.»

Von da an hatte Lua, wie auch Bobs, zwei schwimmende Heime.

*

Wir konnten nicht nach Alaska fahren, aber wir wurden vollauf entschädigt. Die Whites hatten uns wissen lassen, daß es wahrscheinlich ihre letzte Seefahrt sein würde, und daß wir den ganzen Sommer beieinander bleiben könnten. Da die beiden Captains täglich arbeiten wollten, stimmten sie darin überein, ein verhältnismäßig geruhsames Leben zu führen – vormittags schreiben, nachmittags fahren oder allerlei Wassersport treiben und in den warmen Gewässern der Südecke British Columbias herumplätschern, die wir Bananenland getauft hatten.

Während die Captains die Seekarten studierten, tauschten Betty, Bobs und ich die Neuigkeiten eines ganzen Jahres aus.

Zwölf Monate lang hatte ich Betty White vermißt, aber erst jetzt, als ich wieder mit ihr zusammen war, merkte ich, wie sehr sie mir gefehlt hatte. Sie hatte eine ausgesprochene Begabung für zweidimensionale Freundschaften, deren Wurzeln sich sowohl in die Breite als auch in die Tiefe erstreckten. Sie lachte gern und kannte keine Launen, und sie wußte ganz genau Wertloses von Wertvollem zu unterscheiden.

«Wie kann solch ein Zwerg wie du mein ganzes Dasein so völlig verwandeln?» scherzte ich, auf ihre körperliche Kleinheit anspielend.

Wir vollführten einen Seemannstanz an Deck und schmiedeten die herrlichsten Pläne.

Gemeinsam und manchmal auch getrennt fuhren die «Dawn» und die «Triton» durch den Sommer. Es gab keine Abenteuer, wenn man Zufriedenheit und Heiterkeit nicht als Abenteuer betrachten will. Für uns waren sie es. Ein Schiff, so neu, daß wir es noch immer anstaunten, eine herrliche Spielfläche, liebe Freunde, mit denen man alles teilte – das war nahezu die Vollkommenheit.

Beim gemeinsamen Fahren gibt es keinerlei Gastgeber- oder Gastpflichten. Jede Familie hat ihr eigenes Heim, doch die andere ist mit einem Ruf durchs Megaphon zu erreichen. So waren wir unabhängig voneinander und genossen doch die Freude, das Leben mit Menschen zu teilen, die den gleichen Geschmack hatten wie wir.

Ganz verwundert stellte ich fest, daß im Bordtagebuch schon der Augustmonat auftauchte. Der Sommer verging so rasch mit Arbeitsvormittagen, gemeinsamen Fahrten, zeitweisen Trennungen, wenn entweder die «Dawn» oder die «Triton» eine Tagesfahrt unternahm, mit Wiedersehen, Fischen, Küstenforschungen, Einladungen an Bord, Muschelsuchen und Schwimmen.

Lua nahm an allen unseren Unternehmungen teil. Er verstand sie mitunter nicht, aber er hielt sich trotzdem an unserer Seite. Höchst verwundert schaute er zu, als er zum erstenmal Gelegenheit hatte, Stewart und Robert nach Muscheln graben zu sehen. Backenhörnchen – er kannte kein anderes Spiel, bei dem man graben mußte – lebten nicht unterhalb der Flutgrenze. Schließlich begann auch er zu graben, als wollte er sagen: «Weiß der Himmel, es ist blöd, aber ich will doch mitspielen.»

Als wir lachten, blickte er mit glänzenden Augen auf. «Spaßig, nicht wahr?» schien er zu sagen. «Ich will euch einmal zeigen, was graben heißt.» Und der Sand flog nur so, während er sich selbst außer Sicht grub.

Bobs stöberte vergeblich in ihren Seebüchern, um einen Titel für Lua zu finden. Er gehörte zur Mannschaft aber niemand kannte seinen Grad. Er erfüllte verschiedene Pflichten. Wenn der Motor stotterte, war er ebenso schnell auf den Beinen wie der Captain. Er wußte, daß Gewässer mit Tang und Felsen eine Verminderung der Geschwindigkeit und äußerste Vorsicht erforderten. Gerieten wir in ein solches Gebiet, so stand er am Bug, blickte besorgt aufs Wasser und dann zum Steuermann zurück, wie um zu sagen: «Siehst du denn nicht den Tang? Was für eine Sorte Seemann bist du eigentlich?»

Sein Lieblingssport war, die Delphine zu erschrecken. Sowie das erste Geplätscher verriet, daß sie vor unserem Bug umherhüpften, jagte er zum Vorderdeck. Mit ohrenbetäubendem Gebell drohte er ins Meer zu springen und sie zu vernichten, während er sorgsam darauf bedacht war, nicht zu nahe an die Reling zu kommen. Aber sein Gebaren erlaubte ihm, stolz davonzuschreiten, wenn die Delphine verschwunden waren.

Hunde sind sprichwörtlich schlechte Seeleute, und Lua machte keine Ausnahme von der Regel. Wenn die See hoch ging, verzog er sich nicht nur manchmal, sondern stets nach unten. Er ließ es erst gar nicht darauf ankommen, seekrank zu werden. Ein oder zwei Aufschluckser genügten ihm, um sich sogleich in die Hauptkajüte zurückzuziehen und sich hier auf den Boden zu legen, dem tiefsten und wenigst bewegten Platz des

Schiffes. Auf dem Weg dorthin machte er stets auf der Kajütentreppe halt und sandte dem Captain einen vorwurfsvollen Blick zu, weil er nicht dafür sorgte, daß das Boot sich besser aufführte.

Aber selbst der Fußboden in der Hauptkajüte versagte eines Nachts seinen Dienst, als wir in der Strait of Georgia in einen Sturm gerieten. Es war mein Einfall gewesen, eine Mondscheinfahrt zu unternehmen, und wie fast bei allen meinen glanzvollen Vorschlägen ging die Sache schief.

Wir lagen in einem ruhigen Hafen. Beim Essen hatten wir Bobs erzählt, wie wir über die großen nördlichen Seen oft bei Nacht gepaddelt waren, um den Wind bei Tage zu vermeiden. Vielleicht waren es ihre Bewunderung und Begeisterung, die mich dazu verführten, plötzlich den Vorschlag zu machen, daß wir die Strait of Georgia-Fahrt in der Nacht machen wollten.

«Es war dumm von uns, immer während der Nacht vor Anker zu liegen», meinte ich.

Um neun Uhr abends gondelten wir los. Als wir das Meer von schimmerndem Grau zu glänzendem Quecksilber wechseln sahen, gönnte ich mir einen Genuß. Ich saß mit Bobs und Lua auf dem «Sofa» im Steuerhäuschen, der Captain stand am Steuerrad, und alle waren wir von abenteuerlicher Spannung erfüllt.

«Warum müssen wir immer bei Tageslicht fahren?» fragte ich. «Wir sollten das öfter unternehmen.»

Der Captain war durchaus meiner Meinung, selbst als kleine Katzenpfoten das Wasser bewegten, doch später, als Bobs zu Bett ging, änderte er seine Ansicht, denn überall auf dem Schiff begann etwas zu klappern.

Der Sturm setzte ein, als wir uns gerade in der Hauptkajüte befanden. Ich brachte Bobs rasch hier zu Bett, Lua legte sich ganz von selbst auf seinen bevorzugten Schlechtwetterplatz.

Wir hatten schon von diesem eigenartigen Nachtwind gehört, der in dieser Gegend ganz plötzlich und ohne jede Warnung aufkommen kann. Bald schlingerten wir heftig; das Klatschen der Wellen erhöhte noch die durch die Dunkelheit verursachte Verwirrung.

Ich hörte unten das Geräusch von niederstürzenden Gegenständen und rannte hinunter. Der Captain rief mir noch nach, nicht zu lange fortzubleiben. In der Kajüte sausten die Bücher wie Geschosse aus den Regalen, sooft eine schwere Woge gegen den Schiffsrumpf klatschte. Bobs schlief fest, aber Lua, der am Fuß des Bettes saß, blickte äußerst unglücklich drein. Ich legte sämtliche Bücher und losen Gegenstände auf den Boden, um ihnen den Weg dorthin zu erleichtern.

Ins Steuerhaus zurückgekehrt, klammerte ich mich fest und fragte den Captain, was wir unternehmen könnten.

«Marble Bay ist der einzige Hafen», erwiderte er. «Aber wir können ihn in der Dunkelheit kaum finden.»

Wir befanden uns in der Nähe einer Insel, die innerhalb von siebenundzwanzig Meilen Küstenlinie diesen einzigen Hafen hatte. Und dieser eine Hafen war nur ein schwarzer Einschnitt unter einem Berg. Der Mond war untergegangen. Die jagenden Wolken, die schwere See, das Heulen des Windes in der Dunkelheit hatten mich von meinem Verlangen nach Nachtfahrten vollständig geheilt.

Der Captain sagte, daß die «Triton» sich bewähre. Aber wenn sie krängte, so daß das Deck fast senkrecht stand und das Wasser hinabtropfte, fragte ich mich, ob sie sich wieder aufrichten würde, wie ihr früherer Besitzer versichert hatte. Und während sie sich wirklich dazu entschloß, rutschte mir mein Magen in die Kehle.

«Es besteht kein Grund zu Befürchtungen, solange es nicht schlimmer wird», sagte der Captain.

In diesem Augenblick erfaßte uns ein Wellenberg. Alles im Schiff rutschte nach Backbord, eingeschlossen ein kleines Mädchen und ein Hund. Ich schleppte mich zur Hauptkajüte. Bobs, Lua, Decken und Kissen – alles lag auf dem Fußboden. Bobs schlief weiter, aber Lua wickelte sich aus dem Durcheinander heraus und blickte mich anklagend an. Er schien zu denken, daß ich irgendwie für das Unglück verantwortlich wäre. Und das war ich ja auch in gewisser Weise.

Ich breitete auf dem Boden aus, was ich nur an Kissen und Decken fand, und verließ die beiden, die nun wenigstens auf weichem Bettzeug hin und her rutschen würden. Für Bobs war es so besser, als wenn sie wachte und Angst ausstand.

Als der Sturm den Höhepunkt erreichte und wir alle Hoffnung aufgegeben hatten, Marble Bay zu finden, entdeckten wir plötzlich ein Licht auf der Insel. Das konnte nichts anderes bedeuten als die Einfahrt zur Bucht, denn es war sicher eine Lampe in einem Wohnhaus.

Der Gedanke an dieses beleuchtete Landhaus ließ mir unsere Lage nur noch schlimmer erscheinen. Ich murmelte nicht wie alle guten Seeleute: «Gott stehe allen Landratten in einer Nacht wie dieser bei.» Ganz im Gegenteil.

«Glaubst du, daß der Kerl dort drüben lang genug aufbleiben wird, damit wir in die Marble Bay einfahren können?» fragte der Captain.

Ich hatte keine Hoffnung, aber ich flehte den Mann an, wachzubleiben. Mit jeder Sekunde mehrte sich mein Zweifel. Als es zwölf schlug, waren wir sicher, daß das Licht verschwinden würde. Ich sah unseren ahnungslosen Wohltäter im Geist vor mir, wie er auf die Uhr schaute, gähnte, sein Buch zuklappte und erklärte, daß man nicht länger als bis Mitternacht lesen solle. Aber das tat er nicht, und so bangte ich vor dem nächsten Glockenschlag.

Die Küste war jetzt ein schwarzer Schatten unter einem Berg. Das Licht war unsere einzige Chance, den Hafen zu finden, aber wir konnten nicht peilen, da das Schiff zu sehr krängte. Der «Kerl dort drüben» las noch immer. Ich beschwor ihn, nur noch eine einzige Seite zu beginnen, als wir durch die enge Einfahrt glitten und das erleuchtete Fenster hinter uns hatten.

Doch waren wir erst halb gerettet. Auf beiden Ufern befanden sich vorstehende Felsklippen. Der Captain am Bug, der Maat am Steuerrad, so vollführten wir ein tadelloses S – und dann waren wir im Hafen. Noch nie ist ein Anker mit einem glücklicheren Plumps aufs Wasser geklatscht.

Ich führte einen schläfrigen Bootsmann und einen vorwurfsvollen Hund in ihr Quartier und ging zu Bett, ohne eine Bemerkung zu machen, daß es herrlich sei, bei Mondschein zu fahren, und daß es ratsam sei, eine lange Fahrt in windstiller Nacht zu unternehmen.

Aber ich unternahm am nächsten Morgen einen Küstenbesuch. Ich war so sicher, auf einen eifrigen Leser zu stoßen, daß ich Bücher und Magazine als Dankesgabe mit mir schleppte. Doch da erfuhr ich, daß jede, jede Nacht eine Lampe in dem Fenster brannte. Eine Missionarswitwe, deren Mann stets zu Wasser unterwegs gewesen war, stellte sie auf. Früher hatte sie es für ihren Mann getan, doch da sie wußte, daß auch andere Seefahrer daran gewöhnt waren, hatte sie die Gewohnheit beibehalten.

ZWANZIGSTES KAPITEL

Die eiserne Faust im Samthandschuh

Gegen Sommerende liefen die «Triton» und die «Dawn» in den Hafen von Seattle ein. Betty und Stewart hatten beschlossen, ein neues Boot anzuschaffen und im nächsten Jahr mit uns nach Alaska zu fahren. Die Schiffspläne von Freunden sind fast so aufregend wie die eigenen. Die «Simba» war gezeichnet, benannt und in Auftrag gegeben, bevor Whites zu ihrem Winterheim in Kalifornien abreisten.

Die «Triton» lag im Hafen des Yachtklubs vertäut, obwohl wir drei uns keineswegs als Yachtreisende fühlten. Wir hatten Seefahrer gespielt, und Seefahrer blieben wir. Eine Yachtklubmütze im Schrank des Captains, die Klubflagge am Mast und gelegentliche Essen im Klub – das waren unsere einzigen Zugeständnisse.

Bobs und ich verbrachten viele Stunden damit, ihre Schulausstattung zu besorgen. Sie war in einer englischen Schule wenige Meilen außerhalb Vancouver angemeldet. Als wir miteinander die Schule besichtigten, fand ich im stillen, daß Bobs ein wenig ernst aussah. Ich blickte mich in dem großen Wohnraum um, der eine beschränkte Anzahl gepolsterter Stühle aufwies, und fragte Bobs, ob sie glaube, daß es ihr gelänge, solch einen Stuhl jemals zu ergattern.

Aber Bobs interessierte sich nicht für bequeme Stühle. Sie war begeistert von den niedrigen Arbeitstischen. «Auf ihnen kann man gut malen», erklärte sie.

So wurde sie angemeldet, und wir machten uns auf die Suche nach der vorgeschriebenen Ausstattung: Langen, schwarzen Wollstrümpfen, Arbeitsschürzen, Zopfbändern, Blusen, Röcken und einem ziemlich seltsamen blauen Faltenkleid, das für den Kirchenbesuch bestimmt war. Die Schulvorsteherin hatte mir besonders ans Herz gelegt, gerade dieses Gewand groß genug zu kaufen, «damit das Kind noch hineinwachsen kann».

In Seattle wurde die Nähmaschine in der Hauptkajüte aufgestellt; ich zeichnete, schneiderte und nähte jedes Kleidungsstück und etikettierte alles und jedes, außer Bobs selbst. Glücklicherweise hatten wir unsere Schiffsvorräte aufgegessen, so daß genügend Platz in den Schränken war für alle die Dutzende und Halbdutzende von Strümpfen, Schürzen, Taschentüchern, Wäschestücken und Uniformteilen.

Mehrere Male am Tag begab sich Bobs in unser ehemaliges Schlafzimmer, um voll Begeisterung ihre Schulausstattung zu besichtigen.

Ich betrachtete den wachsenden Haufen ebenfalls. Und wenn niemand dabei war, vergoß ich ein paar Tränen. Zwei Sommer und einen Winter lang war ich ununterbrochen mit Bobs zusammen gewesen. Wir drei hatten ein wirkliches Gemeinschaftsleben geführt, und nun sollte diese Zusammengehörigkeit ein Ende haben. Eine Phase der Elternschaft war für immer vorbei. Selbst wenn ich dazu imstande gewesen wäre, hätte ich die Zeit nicht festhalten wollen; aber ich trauerte um die Vergangenheit.

Der Captain betrauerte sie gleichfalls, doch als echter Mann erfand er eine Tarnung für seine Gefühle. Er nannte Bobs häufiger mit Spitznamen, murmelte etwas von Ferien, in denen die Allgemeinheit von ihrer Gegenwart befreit sein würde, und schlug ihr kräftig auf die Schulter.

Der Abschied von Bobs war nicht ganz einfach. Das Verfahren der englischen Schulen, solch einen Abschied kurz und schmerzlos zu gestalten, ist sehr geschickt ausgeklügelt und sicher richtig, aber im Augenblick des Geschehens doch etwas hart. Die Haltung der Schulvorsteherin sagte deutlicher als Worte, daß die englischen Schulen seit Generationen die Jugend vorbildlich erzogen haben, und daß sie ihren ganzen Stolz darein setzen, weiterhin erfolgreich zu sein. Aber als ich dann einem sehr zurückhaltenden Kind Lebewohl sagte, das ein blaues Faltenkleid trug und Schleifen im Haar hatte, und dessen Hauptsorge darin bestand, daß seine Mutter sich ebenso gefaßt zeigte wie die übrigen wohlerzogenen Eltern, da hatte ich das Gefühl, als hätte ich ein Paket beim Pförtner abgeliefert.

Es war geradezu eine Erlösung, die «Triton» wiederzusehen und Lua ebenso untröstlich vorzufinden, wie ich selbst es war. Des Hundes Welt war in Trümmer gegangen. Er vermißte seinen Kameraden. Er vermißte die Fahrten in der «Krabbe» und die Wettrennen an der Küste. Die sittsamen Spaziergänge über den Rasenplatz des Klubs, gefesselt an eine Leine, langweilten ihn im gleichen Maße wie Robert.

*

Wenige Tage später begaben wir uns auf unsere Herbstfahrt. Als wir in dem ersten kleinen Hafen am Puget Sound den Anker fallen ließen, hatte ich ein ganz sonderbares Gefühl. Vielleicht war es Herbstsehnsucht nach dem Land oder der menschliche Instinkt, nicht aus dem Rahmen zu fallen.

Betty hatte sich in ihr Heim in Kalifornien zurückgezogen. Bobs war in der Schule. Im Klub waren die Boote zum Überwintern aufgelegt worden. Lächerlicherweise war ich höchst erfreut, als sich herausstellte, daß ein benachbartes Fischerboot den Winter über das Heim seines Besitzers darstellte.

«Ich fühle mich tausendmal behaglicher auf dem Wasser», sagte der Fischer.

«Natürlich», bekräftigte der Captain. «So sind wir nun einmal.»

Wir waren wirklich so. Unser Schiff war etwas, das tatsächlich ein Heim vorstellte. Ich war von meinen eigenen Sachen umgeben. Ich war vollbeschäftigt und hatte es gemütlich. Es verging kaum ein Tag, und das sonderbare Gefühl war verschwunden.

«Es muß ein unvermittelt auftretender weiblicher Trieb gewesen sein», sagte ich. «Die erste Herbstkälte läßt eine Frau daran denken, das Wasser mit dem Land zu vertauschen, selbst wenn gar kein Grund dazu vorliegt.»

Mit jedem Tag, der verging, hatte ich weniger Grund, aufs Land zu flüchten. Wir hatten Freude an der Frische des frühen Morgens, an den bunten Herbstfarben auf den Hügeln, der warmen Oktober-Mittagssonne, wenn wir im Liegestuhl auf dem Vorderdeck lagen, an den Nachmittagsspaziergängen mit Lua und, am meisten, an den Abenden an Bord der «Triton». Dann hatten wir wirklich ein schwimmendes Heim – fest, schmuck, warm und gemütlich. Die Dunkelheit der kalten Herbstnächte erhöhte nur unser Wohlbefinden.

Die Welt draußen forderte mich dazu heraus, jeden Abend im Steuerhäuschen das Licht anzuzünden, obwohl Robert anfänglich Einspruch erhob. Die Extrabeleuchtung verlieh der «Triton» etwas Festliches. Ein richtiges Schiff sollte allerdings nicht so beleuchtet sein. Einer unserer Fischernachbarn setzte dem Streit zu meinen Gunsten ein Ende.

«Mir gefällt es, längsseits der «Triton» zu liegen», sagte er. «Bei euch sieht es immer so fröhlich aus. Da hat man das Gefühl, willkommen zu sein.»

Die Herbstfahrt stand unter dem Zeichen freundnachbarlicher Beziehungen. Die Lachsfischer waren von Cape Flattery zurückgekehrt und bereiteten sich auf die Winterruhe vor. Sie versammelten sich nachmittags in ihren Häusern, tranken Bier, rauchten und spannen ihr Garn. Wir versammelten uns mit ihnen.

Diese kräftigen, langsam sprechenden Männer hatten die abenteuerlichsten Dinge erlebt, und ihre Fachsimpelei war voll toller Überraschungen. Wenn etwa einer erzählte, wieso ein Mann in diesem Jahre keinen guten Fang gemacht hatte, war er plötzlich mitten in der Schilderung eines Sturmes, dem ein Boot tage- und nächtelang an einer felsengespickten Küste ausgesetzt gewesen war. Gerade wenn wir dann das Schiff mit Mann und Maus als rettungslos verloren aufgaben und uns törichterweise wunderten, wieso der Erzähler überhaupt anwesend war, geschah irgend etwas unglaublich Phantastisches, wodurch das Boot sicher in den Hafen gelangte.

Die Geschichten wurden ohne jeglichen Nachdruck erzählt, wie etwas ganz und gar Alltägliches. Ich höre seither alle Seegeschichten stets mit einem gewissen Mißtrauen an.

Wir hielten lange nachmittägliche «Fachsitzungen» ab, und nach einer besonders langen beschloß ich, am nächsten Tage wieder einmal Gastgeberin zu spielen. Ich lud ein paar gute Fischerfreunde zu einem Nachmittagsimbiß an Bord ein. Ich hatte einen Berg Pfannkuchen und einen Topf Kaffee bereit, als meine Gäste auf die Minute pünktlich zur festgesetzten Zeit eintrafen. Wir plauderten von vier Uhr ab bis zur Dunkelheit. Die Abendbrotzeit näherte sich. Ich öffnete Konservenbüchsen und briet ein paar Kilo Stinte, Lachsfische, die ich am Morgen von einem Schleppnetzfischer gekauft hatte. Die Unterhaltung ging weiter. Nach Mitternacht wurde mir klar, daß unsere Gäste hungrig waren. Der restliche Vorrat an Stinten wurde gebraten, noch mehr Büchsen wurden geöffnet, und ich schnitt einen Kuchen an.

Frisch gestärkt fischten wir weiter. Wir fischten den ganzen nördlichen Pazifik leer und erlebten sämtliche Abenteuer und Schicksalsschläge, die einem Fischerboot nur zustoßen können. Es war vier Uhr morgens – vor genau zwölf Stunden waren sie gekommen –, als unsere Gäste sich erhoben.

«Missus, so schön haben wir's seit Jahren nicht mehr gehabt», sagte einer. «Es geht doch nichts über eine nette Plauderei.»

Auch Robert und ich hatten es schön gehabt. Der Herbst ist die richtige Jahreszeit zum Geschichtenerzählen.

«Bring deine Geschichtenerzähler mit», wurde meine stehende Redensart.

Eines Morgens um zehn Uhr kam ein ehemaliger Robbenfängercaptain an Bord. Er war alt und gesundheitlich nicht ganz auf der Höhe; deshalb legte er sich auf die Couch. Dort lag er bis sechs Uhr abends und erhob sich nicht. Ebensowenig hörte er auf zu reden.

Seine Geschichten überboten an Spannung alles bisher Dagewesene. Ein Dutzend «Seewölfe» lebten an diesem Tage auf und dann ein weiteres Dutzend bücherfüllende Stoffe, von denen Jack London sich nicht hätte träumen lassen. Captain Jacobson war in den achtziger Jahren einer der ersten Robbenfänger gewesen und einer der letzten, der diese Jagd einstellte, als die Regierung dem Gemetzel ein Ende machte. Es gab nichts, was mit dem Tod der Tausende von Tieren oder mit den Männern, die sie töteten, zusammenhing, das er nicht kannte.

Er war ein Riese von einem Mann, mit den größten Händen, die ich jemals gesehen habe. Seine Finger waren gebogen und gekrümmt und doch zweimal so groß wie die Roberts. Er näherte diese mächtigen Haken meinem Gesicht, während er erzählte, wie er einen Mann an der Kehle gepackt hatte, und ich glaubte meine Halswirbel krachen zu hören.

Wir fuhren von einem behaglichen Ankerplatz zum andern. Mitunter blieben wir eine Woche, oft sogar länger. Auf diese Weise wurden wir mit unseren Herbstnachbarn sehr gut bekannt. Einige lebten in Booten, andere an der Küste. Wir hatten die beste Gelegenheit, sie kennenzulernen, denn wenn die Sommersaison vorbei ist, tritt für die Meerlandbewohner eine Zeit der Muße ein. Wir selbst wurden von der Geruhsamkeit angesteckt, und so entwickelten sich Freundschaften mit erstaunlich verschiedenartigen Menschen: Fischern, Farmern, Holzfällern, ehemaligen Seeleuten und Weltwanderern aller Art, die in seltsamen Heimen längs der Küste hausten, denn ein Mann, der einmal das Meer kennengelernt hat, ist nie mehr ganz glücklich, wenn die Flut nicht bis zu seiner Haustür steigt.

Bis jetzt hatte ich nicht gewußt, daß jede Jahreszeit auf dem Wasser ihren besonderen Zauber hat. In einem Schiff bekommt man den Jahreszeitenwechsel noch viel mehr zu spüren als in einem Haus. Die Tage vergingen nur allzu rasch.

Robert arbeitete sehr fleißig, um einen Roman zu beenden, der uns den Reihen der Heim-Abzahler entreißen sollte. Er schrieb täglich bis in den Nachmittag hinein. Manchmal schrieb auch ich, und allabendlich besprachen wir unser Werk. Nichts störte uns bei der Arbeit, keine Telefonanrufe, keine unerwarteten Gäste, keine Berührung mit der Außenwelt, die wir nicht selbst suchten. Ein Schiff, das vor Anker liegt, ist vor allen Überfällen gefeit. «Wollen Sie nicht an Bord kommen?» bedeutet mehr, wird nicht so leicht gesagt und ebensowenig so rasch erwartet wie eine einladende Geste an der Haustür eines Heims auf dem Land.

*

Eines Nachmittags, als ich auf dem Achterdeck saß, kam Robert von der Arbeit herauf und drückte mir zwei Kapitel des Romans in die Hand.

«Die beste Arbeit, die ich jemals geschrieben habe», rief er. «Lies die beiden Kapitel und komm dann und sag mir, wie glänzend sie sind.»

Ich geriet so außer mir vor Bewunderung, daß ich, kaum hatte ich die letzte Zeile gelesen, aufsprang, um ihm als sein «bester Freund und strengster Kritiker» meine Anerkennung zu zollen. Wir fanden, daß es gerade die richtige Gelegenheit für einen Extra-Spezialtrunk wäre, einen heißen Rum, der unter anderem Honig, Butter und Zitronensaft enthielt. Das hört sich vielleicht schrecklich an, aber das Gebräu ist ganz wunderbar in seiner Mischung von Milde und Stärke. Obwohl es schon einen Namen trug, hatte ich es «die eiserne Faust im Samthandschuh» getauft.

Robert holte die Zutaten herbei, stellte sie auf den Küchentisch und wollte gerade beginnen, alles abzuwiegen, als er mich fragte, wohin ich das Manuskript gelegt hätte. Mein erschrockener Blick und mein rasches Davonrennen sprachen deutlicher als alle Worte. Er verließ die Bar mit einem Satz und erreichte das Achterdeck genau so schnell wie ich. Keine einzige Manuskriptseite war auf dem Liegestuhl, auf den ich, wie ich mich deutlich erinnerte, die Blätter gelegt hatte.

Keiner von uns sprach, während wir, jeder für sich, in ein Ruderboot kletterten. Eine Brise, die das Wasser wellte, ließ silbrige Lichter aufglänzen, die unsere Hoffnung für Papierblätter hielt. Da die Flut einsetzte, unternahmen wir eine Hafenrundfahrt. Ich fand nichts. Robert kehrte mit einem einzelnen tropfenden Blatt zurück. Er legte es auf den Kartentisch im Steuerhäuschen.

Eine großartige Geste selbstmörderischer Absicht hätte keinen Wert gehabt; so fragte ich statt dessen nur, ob er noch im Sinn habe, ein Glas zu trinken.

«Zwei», sagte er. «Vielleicht drei.»

EINUNDZWANZIGSTES KAPITEL

Nicht jeder ist zum Polsterer geboren

Die «Simba», Bettys und Stewarts neues Schiff, vollführte einen höchst eindrucksvollen Einzug in den Hafen, als wir uns im späten Mai trafen. Stewart stand auf dem Vorderdeck, in sehr würdevoller Haltung, die Hand an einem Hebel, den er langsam drehte, worauf ein elektrischer Kran den Anker auswarf. Dann schlenderte er gemächlich nach hinten. Das Verankern des Bootes durch eigene Kraft war ein abgeschlossenes Kapitel in seinem Leben. Wir klatschten von der «Triton» aus Beifall. So würde wenigstens einer der beiden Captains sich bei den tiefen Ankerplätzen an der alaskischen Küste nicht das Herz überanstrengen.

Eingerichtet und bemannt sah das kühne, siebzehneinhalb Meter lange, mit einem Dieselmotor ausgerüstete Boot noch größer aus als auf der Werft, wo wir es zuletzt gesehen hatten. Betty und ich fanden es vor allem sehr begrüßenswert, daß das Vorderdeck auch Raum für einen Koch bot. Aber Robert war der Meinung, daß ein Techniker für eine Woche weitaus wichtiger wäre als ein Koch für den ganzen Sommer.

Die Maschinenfabrik hatte Charlie Drumm für eine Woche geschickt, damit er die letzte Instandsetzung besorgte. Nach einigen im Maschinenraum der «Simba» verbrachten Stunden war Robert Charlies eingeschworener Bewunderer.

Charlie erwies sich nicht nur als ganz ungewöhnlich begabter und tüchtiger Techniker, sondern er verstand sich auch auf Schiffe und kannte den nördlichen Pazifik. Er war Maschinist auf Heilbuttfängern gewesen, hatte auf Dampfern gearbeitet, eine Yacht von New York nach Seattle gebracht und allerlei interessante Abenteuer an der Küste erlebt.

«Er ist ein ganz famoser Kerl», sagte Robert.

Gerade als er seiner Begeisterung Luft gemacht hatte, kam Charlie im Rettungsboot gegen eine steife Nordwestbrise zu uns herübergerudert.

«He, Pink!» rief er von weitem. «Können Sie nicht Ihren Motor anlassen und unsere Kiste zurückholen, bevor sie den Berg hinauffährt? Ich habe gerade die Zündkerzen herausgenommen, und dieser Patentanker schätzt den Grund von British Columbia nicht.»

Die «Simba» hatte sich auch ein wenig an Stewarts Spiel mit dem elektrischen Kran beteiligen wollen, indem sie den Anker gehievt hatte und auf die Küste zugesegelt war. Die «Triton» nahm sogleich die Verfolgung auf, und unser Abschleppen war dann, als ob man einem Kapitalisten einen Nickel geliehen hätte. Von da an spöttelten wir alle, wenn Stewart sich auf seinen elektrischen Diener berief, und Stewart lachte ebenso herzlich wie wir. Charlie schüttelte sich vor Lachen über den wenig kapitänsmäßigen Wortwechsel.

Er wandte sich zu mir. «Mir gefällt die Art, wie die beiden sich gegenseitig hänseln», bemerkte er.

Während der zwei Tage, die die «Simba» im Hafen blieb, erweiterte sich unser Wortschatz dank Charlies rauher Redensweise erheblich, noch mehr aber freuten wir uns an seiner gesunden Lebenseinstellung und seiner Erzählerbegabung. Wir bedauerten, daß wir nicht die ganze Woche über seine Gegenwart genießen konnten, doch die «Simba» plante eine Fahrt, während wir auf unseren Bootsmann warteten. Die Schulbehörde hatte sich einverstanden erklärt, daß Bobs die Prüfungen mit den Vorteilen einer Seefahrt vertauschte. Sobald sie eintraf, sollten sich beide Schiffe in der Queen Charlotte Strait treffen, um nach Alaska zu gondeln.

Die «Triton» war klar bis auf die noch nicht vollzählige Mannschaft. In diesem Jahr konnten wir uns bestimmt auf den Motor verlassen. Im vergangenen Winter war Robert, der sehr streng gearbeitet hatte, zu der Überzeugung gelangt, daß er Ferien nötig hätte. Es waren etwas seltsame Ferien: Vierzehn Stunden täglich hielt er sich im Maschinenraum auf, wo er vor dem Einsetzen des neuen Zylinderblocks den Motor völlig überholte. «Keine zwei Teile des Motors werden mehr aneinanderhängen», sagte er, und das war denn auch zwei Tage später der Fall.

Als der Motor vollständig auseinandergenommen war, ging Robert auf die Suche nach einem Mechaniker. Vic Thurlow hatte den Ruf des besten Benzinmotor-Spezialisten der Stadt, und er machte diesem Ruf Ehre. Die Leidenschaft für kniffligste Kleinigkeiten, für jene unbarmherzige Sorgfalt, die erst Vollkommenheit verbürgt, brannte in ihm bis zur Weißglut. So kam es, daß Vic sechs Wochen lang mit Robert zusammen arbeitete, die, glaube ich, die glücklichsten seines Lebens waren. Sie saßen in Wagenschmiere und Öl, wuschen sich die Hände mit Benzin, wenn ich zum Essen rief, und schwatzten und diskutierten und fluchten fröhlich.

Sie gaben der «Triton» einen trockenen Auspuff und setzten einen zweiten Boschzünder sowie einen dritten Satz Zündkerzen ein, so daß wir drei Zündfunken in jeder Verbrennungskammer hatten. Sie brachten einen Ölkühler an, der gleichzeitig schmierte. Alles wurde bis ins letzte Detail verbessert. Sie machten viele Dinge, die ich nicht verstehen konnte und niemals verstehen werde, denen sie jedoch ungeheure Wichtigkeit beimaßen. Ich begriff nur, daß ein feuchter Auspuff, der Auspuffwiderstand verursacht und schuld daran ist, wenn die Ventile steckenbleiben und die Zündkerzen verschmutzen, ein abgeschlossenes Kapitel in unserem Leben war. Niemals mehr gab es das alte vertraute Stottern oder Zögern, das Lua und mich immer aufgeschreckt hatte. Solange wir Besitzer der «Triton» waren, versagte der Motor nie mehr in irgendeiner Weise.

Die beiden Männer verirrten sich auch aufs Vorderdeck, wo sie für die Ruderboote Davits erstellten, so daß auch Bobs und ich die Boote fieren konnten. Und da wir jetzt den Mast nicht mehr brauchten, wurde er entfernt.

Als Roberts technische Verbesserungen sich endlos hinzuziehen drohten, stürzte auch ich mich in die Schiffsarbeit. Wenn der Captain in Kohle, Öl und Benzin untertauchte und sogar im Schlaf von Verbrennungsraum, Explosionstakt und Zündverstellung sprach, so war der Maat durchaus berechtigt, ganz von Terpentin, Farben und Pinseln in Anspruch genommen zu sein. Ich zog mehrere Overalls an, aber das half nicht viel. Bevor ich die «Triton» von oben bis unten neu gestrichen hatte, wetteiferten meine Haut und meine Haare mit Josephs Rock. Farben, Terpentin und Farbenrührer gehörten bei mir zur Kosmetik.

Meine Malorgie wuchs mir, genau wie dem Captain das Überholen des Motors, über den Kopf. Ursprünglich hatte ich nur die Absicht gehabt, Bobs mit einem Wohnraum zu überraschen, dessen warme Farben im Sonnenlicht mit dem Schimmer des Meeres übereinstimmen sollten. Ihr Quartier benötigte einen frischen Anstrich, da ein nachlässiger Anstreicher Tünche und Lack gemischt hatte. Der Mann hatte uns zehn Dollar im Tag gekostet, dazu noch zwanzig Prozent an die Werkstatt, und als ich ihm vorwarf, er sei kein Anstreicher, bekam ich zur Antwort, daß er einen Ausweis von der Gewerkschaft habe. Nun, ich hatte keinen Ausweis, aber ich fand, daß ich nicht mehr Unheil anrichten konnte als er.

«Versuch es nur», ermunterte mich Robert.

In verschiedenen Malgeschäften setzte ich meine Farbenpläne

auseinander, doch die Verkäufer schüttelten den Kopf und entgegneten, ich sollte ein Muster vorweisen. Da ich die Farbe, die ich wünschte, selbst noch nie gesehen hatte, war das unmöglich. So begann ich meine ersten Mischversuche mit Bleiweiß und einer Reihe Farbentuben. Die besondere Farbe, die mir vorschwebte, weder grau, noch lavendel, noch rosa und doch von allem ein wenig, wurde schließlich in einem jener herrlichen Augenblicke schöpferischer Bemühungen geboren.

«Ich hab's gefunden!» schrie ich Robert zu, der im Maschinenraum tätig war.

Er blickte von seiner Sammlung Maschinenteile auf und fragte, was ich gefunden hätte.

«Was ich seit Tagen zu finden versuche. Komm und schau dir an, wie es im Sonnenlicht schimmert.»

Er kam nicht, aber er bewunderte dann das vollendete Werk: Wände von zarter Farbe, die durch einen rosigen Saum an den Schränken noch betont wurde. Jedermann, der an Bord kam, bewunderte die Kabine. Ich wurde nach der Farbenzusammensetzung gefragt und glaubte sie genau angegeben zu haben, bis die andern Amateur-Anstreicher sich zu beklagen begannen, sie hätten nur Farben verschwendet.

«Der Maat malt, wie er auch kocht: Nach dem Gefühl», sagte der Captain. «Er könnte den gleichen Farbton selbst nicht nochmals schaffen.»

Das stimmte, wie ich bei geheimen Versuchen feststellte. Immerhin hatte ich das rein Handwerkliche gelernt. Nachdem ich hinter die Geheimnisse des Lacks gedrungen war, stieg mein Malfieber. Ich nahm die vorderen Räume in Angriff. Die feuchte Farbe wurde in der Kombüse, auf der Kajütentreppe und in den Badezimmern zu einer Gefahr. Der Captain gewöhnte sich einen Seitwärtsgang wie eine Krabbe an.

Nachdem ich einen berufsmäßigen Pinselschwung erlangt hatte, wagte ich die Arbeit auch in der Öffentlichkeit, an der Außenseite der «Triton». Rumpf, Deck, Reling – alles fiel meinem Eifer zum Opfer. Meine Arbeitsstunden durchbrachen sämtliche Gewerkschaftsregeln, und mein Benehmen stand keineswegs in Einklang mit den überlieferten Allüren eines Yachtbesitzers. Das wurde mir durch eine Bemerkung klar, die an mein Ohr drang, als eine Frau mit einem Begleiter am Landungsplatz vorbeispazierte. Ich schabte gerade die Eisenteile am Vorderdeck.

«Ist das nicht schrecklich?» sagte sie zu ihrem Gefährten.

«Wenn ich genug Geld hätte, um mir ein solches Boot anzuschaffen, könnte mich nichts dazu bringen, einen solchen Anblick zu bieten.»

Sie wußte nicht, daß die halbe Freude am Schiffsbesitz in der Wartung und Pflege besteht. Ich hatte ebensoviel Vergnügen am Malen, wie der Captain in seinem Maschinenraum. Ich sagte es ihm, als wir an jenem Mittag unsere belegten Brote aßen. Wir sahen nicht gerade wie Yachtleute aus. Er war mit Öl verschmiert und ich mit Farbe.

«Und keiner von uns war jemals vergnügter», fügte ich hinzu.

«Das, was du gelernt hast, lohnt das ganze Durcheinander, das du wahrscheinlich angerichtet hast», meinte er. Nachdem er ringsum geschaut hatte, verbesserte er sich rasch: «Aber du hast ja nicht einmal ein Durcheinander angerichtet.»

Holzverkleidungen und Metallteile auf einem Boot sind viel mehr als nur Dekoration. Sie bedeuten Schutz gegen die Unbilden des Wetters und müssen dementsprechend gepflegt werden. Das Anstreichen rings um die Metallteile herum ist am schwierigsten. Doch auch diese Klippe hatte ich mit Kunst und Tücke umschifft. Als der Captain dann noch sagte, daß ich nicht nur eine Arbeit, die mehrere hundert Dollar wert sei, geleistet, sondern in diesem Frühling auch bewiesen hätte, daß wir die Frühjahrs- und Herbst-Anstreicherei selbst besorgen könnten, strahlte ich vor Stolz.

Ich hätte mich nun zufriedengeben sollen, aber ich richtete meinen Ruf als Schiffsdekorateur zugrunde, während wir auf Bobs warteten. Eines Abends sagte Robert beim Nachtessen, er bedauere, daß wir seine Koje nicht hatten neu aufpolstern lassen, bevor wir Seattle verließen.

«Das können wir selbst», erklärte ich. «Ich hab dem Polsterer bei seiner Arbeit auf der «Simba» zugesehen. Siebzehn Dollar im Tag! Jeder kann das.»

Robert hatte Zweifel. Siebzehn Dollar im Tag – das bedeutet Fachkenntnisse. Ich beharrte auf meinem Standpunkt. Er mußte nur die oberen Teile entfernen, dann würde ich die Füllung auflockern, wie es der Polsterer gemacht hatte. Er konnte inzwischen die Federn in Ordnung bringen.

«Bist du sicher, daß du dich darauf verstehst?» fragte Robert, nachdem er sein Lager abmontiert und querschiffs in die Kajüte gelegt hatte.

«In zwei Stunden haben wir die ganze Sache erledigt», erwiderte ich.

Als Überzug und Polsterung abgenommen waren, begann ich die Füllung herauszuziehen und aufzulockern. Robert stand vor einem Rechteck von Nägeln, Schrauben, Bändern und Verstärkungen. Noch sieben solcher Rechtecke, alle Teile in hartes Holz getrieben, fand er, und Mitternacht war vorüber, als er endlich zu den Federn vordrang.

Während dieser ganzen Zeit lockerte ich die Füllung. Was zu Anfang ein kleiner Haufen Roßhaar gewesen war, füllte nun die ganze Kajüte. Es häufte sich in den Ecken auf, überflutete die Hauptkajüte und dehnte sich auch auf die Kombüse aus. Es war überall. Unter Deck konnten wir weder sitzen noch gehen, solange die Roßhaarmassen nicht gebändigt waren.

Robert blickte auf und meinte, daß wir wohl gegen Morgen mit der Arbeit fertig sein würden. Da sah er, was ich angerichtet hatte.

«Um Himmels willen!» rief er. «Jetzt müssen wir dieses ganze Zeug noch an den richtigen Orten versorgen, bevor ich jemals wieder zu Bett gehen kann.»

Wir begannen angestrengt zu arbeiten. Es war zwei Uhr, als wir die Federn in Ordnung gebracht hatten. Roberts Spott wurde immer beißender, je mehr die Nacht fortschritt. Zwischen Lachen und Weinen wurde ich vor Müdigkeit ganz hysterisch, während ich Armevoll von aufgelockertem Roßhaar feststopfte.

Um halb fünf Uhr nagelte Robert den letzten Zipfel des Überzugs fest. Ich brachte ein Tablett voll guter Sachen als Friedensangebot, und ich glaubte schon, er würde es zurückweisen, um mir zu sagen, daß er für immer mit mir fertig wäre. Aber dann brachen wir beide in Gelächter aus. Das Tageslicht schien herein. Wir hatten zehn Stunden an der Koje gearbeitet.

«Und jetzt will ich dir etwas über Polsterer sagen», bemerkte Robert. «Wenn diese Burschen nur siebzehn Dollar bekommen, so sind sie betrogen.»

*

Bobs wurde auf dem Weg nach Norden umgetauft. Der Titel Bootsmann paßte nicht mehr für das selbstbewußte junge Geschöpf, das wir auf der Eisenbahnstation von Nanaimo trafen. Wir hatten den Beginn der Veränderung schon während der Weihnachts- und Osterferien bemerkt. Sie vollführte damals noch immer die Streiche einer Zwölfjährigen. Sie eignete sich unsere Bücher an und ließ sie in der Sonne oder im Regen liegen. Jetzt aber murmelte sie «Verzeihung» wie eine Erwachsene. Ich sah mich mehr in die Rolle einer Gastgeberin als die einer Mutter versetzt.

«In diesem Sommer haben wir eine junge Dame mit an Bord», vertraute Robert mir am Abend des Wiedersehens an.

Ihm gefiel die neue Gefährtin. Mir auch, aber ich vermißte doch das Kind.

Als sie die «Triton» allein durch die Yucluetaws und die Whirlpool Rapids steuerte, ernannte der Captain sie feierlich zum Steuermannsmaat. Auch ihre Kajüte hatte sich verwandelt. Die alten Sammlungen seltsamer Dinge verschwanden; ein Mikroskop, Schlittschuhe und Schreibhefte nahmen ihren Platz ein. Das Mikroskop wurde am Abend hervorgeholt, und Proben von Haaren, Häuten, Seewasser, Plankton und Algen wurden untersucht, während Lua daneben saß und eifersüchtig zu ergründen versuchte, was Bobs so stark beschäftigte. Der Hund spürte, daß er von einer Welt freudiger Begeisterung ausgeschlossen war. Der Abend, an dem Bobs die Teilung einer Amöbe beobachtete, brachte ihr einen großen Triumph, für Lua aber bedeutete er den Gipfel des Schmerzes.

Die Fahrt nach Alert Bay, wo wir die «Simba» treffen sollten, verwirrte Lua, denn die «Krabbe» blieb an Bord. Die Wiederbegegnung war ein doppeltes Fest: Mein Geburtstag und zugleich der Beginn der Alaska-Fahrt. Auch Charlie Drumm stand an Deck der «Simba» und spähte ebenso erwartungsvoll nach uns aus wie Betty und Stewart.

«Meine Woche hat sich ausgedehnt», sagte er, als wir an Bord kamen. Wir hörten, daß Stewart Charlie als Maschinist der «Simba» angestellt hatte, worüber wir uns freuten, wenn wir auch nicht wußten, wie sehr wir diese Tatsache noch begrüßen würden. Das Fest begann sogleich. Wir tauschten die Neuigkeiten von drei Wochen aus. Betty und Stewart staunten über Bobs' verändertes Wesen. Wir tranken Geburtstags-Cocktails. Stewart las ein Gedicht vor, das er auf mich gemacht hatte. Betty brachte mir einen Kuchen, den ich nach dem Essen anschnitt.

Bobs wurde durch die «Simba» geführt und bewunderte sie nach Noten, doch später bekannte sie uns, daß sie noch immer der «Triton» treu sei. Das hatten wir erwartet. Im vergangenen Winter waren wir sehr beunruhigt gewesen, weil eine Freundin Bobs zu einem Tee auf einem großen Schoner eingeladen hatte, der sich auf seiner Jungfernfahrt nach der Arktis befand. Wir befürchteten, daß dieses Schiff die «Triton» ausstechen würde, und sahen ihrem wöchentlichen Brief mit einigem Bangen entgegen. Darin stand dann aber nur, daß die Baderäume des Schoners nicht so hübsch seien wie die der «Triton».

Nachdem die Neuigkeiten, die zurückgekehrte Tochter und das neue Boot durchgesprochen waren, holten die Captains die Karten hervor.

Charlie stand der Mannschaft der «Triton» im Hinblick auf unsere Reisepläne mit beträchtlichem Mißtrauen gegenüber. Winters und sommers war er auf Heilbuttschonern in den Norden hinaufgefahren, immer mit einer großen, zähen Mannschaft, die vor nichts zurückschreckte, und eine Mannschaft, die aus Mann, Frau und Kind bestand, hielt er für eine Alaska-Fahrt nicht stark genug.

«Ich nehme an, daß Sie wissen, wie schwierig die Dixon Entrance ist», sagte er. «Pink wird zwölf Stunden am Steuer stehen müssen, und das bedeutet allerhand.»

ZWEIUNDZWANZIGSTES KAPITEL

Wir erleben Alaska

Jedermann hatte uns gesagt, daß Alaska ein ganz anderes Land sei als British Columbia. Wir waren darauf vorbereitet gewesen, höhere Berge zu finden, breitere Wasserstraßen, eine noch verwirrendere Menge von Inseln, Inlets und Engen und eine noch größere Anzahl von unverzeichneten Riffen und Felsen. Die Südostküste Alaskas ist als eine der schwierigsten Schiffsrouten der Welt bekannt.

Wir hatten jedoch nicht erwartet, daß die Grenze selbst das Landschaftsbild und die Wesensart der Bevölkerung völlig verändern würde. Sogleich nach dem Passieren der Grenze spürten wir, daß wir uns in einem andern Land befanden. In Ketchikan begegneten wir ausgesprochenem Kameradschaftsgeist. Sogar das Aussehen des Ortes verriet den Geist seiner Bewohner. Ein schmaler Landstreifen zwischen den Bergen und dem Meer war zur weithin sichtbaren Stadt gemacht worden, deren Gebäude zumeist auf Pfählen standen. Ein Teil der Wohnhäuser kletterte einen steilen Hügelhang hoch, die Hauptstraße bestand jedoch aus Planken, die von einem Pfahlwerk getragen wurden. Über diese Planken ratterte ein nie abreißender Verkehrsstrom.

Da die meisten Häuser der Stadt an einer einzigen Straße lagen, dehnte Ketchikan sich über mehrere Meilen aus. Jedermann fuhr Auto, und fast sämtliche Autofahrer suchten uns auf. Bevor ein Tag um war, nannte uns die halbe Bevölkerung beim Vornamen.

Diese herzliche, warme Freundlichkeit war um so wohltuender, als wir gerade eine zwölfstündige Schinderei, die Fahrt durch die Dixon Entrance, den letzten der offenen Wasserwege, hinter uns hatten. Es war geradezu ein Trost gewesen, daß wir in Gesellschaft fuhren. Als Watch Island achternaus lag und wir in den Milbanke Sound einbogen, hatte ich auch begriffen, warum Charlie unserem knapp bemannten Schiff mißtraute. Die großen Ozeanwogen folgten uns durch eine enge, felsengespickte Passage, und hier ging mir auf, was Charlie meinte, als er bemerkte, der Pazifik könne ein Boot zur Hölle schicken. Hätten die Wogen uns gegen einen dieser Felsen gedrückt, so hätte unsere Fahrt dort ihr Ende gefunden.

Nachdem die Dixon Entrance hinter uns lag, war meine Angst vergangen. Aber ein gesunder Respekt blieb, und wir verloren ihn nie. Später machte die «Triton» mit Dreiermannschaft diese Fahrt noch oft, sowohl allein als auch in Gesellschaft, doch stets waren wir vorsichtig und achteten auf das Wetter, wie Charlie es uns gelehrt hatte. Diese langen, gefährlichen Stunden, mit denen wir die Sommer in Alaska jeweils zu bezahlen hatten, stellten geradezu eine Schwerarbeit dar.

Auf unserer ersten Reise nach Norden hatten wir viele Häfen erforscht. Diesmal sahen wir das Land zwischen dem Queen Charlotte Sound und Alaska bloß vom Deck der «Triton» aus, und so blieb es auch späterhin. Nur wenn schlechtes Wetter einen Halt erzwang, lagen wir länger als eine Nacht vor Anker, sonst war unser Boot ein «durchgehendes» Fahrzeug, das in Ketchikan zum erstenmal einen Hafen anlief. Auf der Rückfahrt sah ich das Land meist nicht einmal aus der Ferne. Dann saß ich gewöhnlich an der Nähmaschine, um Wäsche herzurichten und zu zeichnen, damit Bobs beim Schulbeginn wohlausgestattet antreten könnte.

Die erste Alaska-Fahrt war Forschungsfahrt, und wir befuhren mehr Wasserwege als jemals wieder. So schöpften wir den Rahm ab. Aber man kann Südostalaska nicht in einem Sommer kennenlernen. Während dieser Zeitspanne erhascht man nur einen Eindruck von der Weite, der Erstaunlichkeit und der Üppigkeit dieses Landes.

Roberts erster Ausgang in Ketchikan galt der Post, wo er nach unserem Lieblingspionier, C. R. Johnston, fragte. Wir kannten ihn noch nicht; doch wie ein roter Faden hatte sich seine Spur durch unsere Seefahrtsjahre gezogen. Zum erstenmal hatten wir sie im Princess Louisa Inlet gekreuzt, wo wir eine alte Blockhütte fanden und uns fragten, wer hier wohl gelebt haben mochte. Zwei Jahre später erhielten wir die Antwort auf diese Frage. Ein Mann, der die Familie Johnston kannte, ließ C. R. Johnston zu einer uns wohlvertrauten Persönlichkeit werden.

Wir waren begeistert von der Geschichte des großen, adleräugigen Kentuckiers, der eines Tages zu Pferd in eine Stadt in Colorado gekommen und vier Tage später wieder hinausgeritten war, hinter sich im Sattel die Tochter des Schullehrers, jetzt seine Frau. Wir kannten die Namen seiner Söhne und Töchter und die wilden Jagdabenteuer der Jungen. Sie zogen in die Berge hinter dem Princess Louisa Inlet, ohne Nahrungsmittel, nur mit Gewehren versehen; barfuß wanderten sie durch die Gegend oberhalb der Baumgrenze. Es galt als Jagdregel, daß man nichts Eßbares mitnehmen und keine Beute teilen durfte. Man schoß sich die Nahrung selbst, oder blieb hungrig, während der Bruder sein Teil verzehrte. Als dreißig Meilen entfernt vom Princess Louisa Inlet ein Holzfällerlager errichtet wurde, fand Johnston, ein moderner Daniel Boone, daß das Land sich zu sehr bevölkerte und zog mit seiner Familie nach Alaska. Roberts Anstrengungen, seinen Lieblingspionier in einem so riesigen Gebiet aufzufinden, erheiterten mich, besonders als der Postmeister berichtete, daß Mr. Johnston nur zweimal im Jahr in Ketchikan bei der Post vorsprach. Ein Mann, der mit einem Postgang alle sechs Monate auskam, mußte fernab aller begangenen Pfade leben.

*

Als die «Simba» und die «Triton» durch den Behm Canal fuhren, lächelte Alaska zu unserem Unternehmen. Das Land lag in hellem Sonnenschein. Die Schneegipfel glitzerten. Das blaue Meer glänzte. Das Grün der bewaldeten Hänge ging an der Baumgrenze in dunklere Töne über. Die nackten Felsen schimmerten rosig, lila, dunkelblau und purpurn. Die Farben des Landes waren ebenso berückend wie seine Größe.

Nicht immer ist Alaska so lieblich. Später entdeckten wir, daß sein Himmel ebenso andauernd regnen kann, wie er oft lächelt. Wochenlange Güsse zwangen uns, Schaftstiefel und Wettermäntel zu tragen, bis das Quietschen der Gummisohlen und das Rascheln der Ölhäute mir als durchaus normale menschliche Geräusche erschienen.

*

An unserem ersten alaskischen Ankerplatz verlebten wir einen herrlichen Tag in einem neuen Gebiet. Das Land war gastlich; wir konnten richtig spazierengehen. Nach all den Sommern an der Küste British Columbias, wo steile Berghänge mit undurchdringlichem Buschwerk eine Schranke gegen das Meer bilden, waren wir ganz begeistert von einem Fluß, der durch ein offenes Tal floß, wie Kinder, die zum erstenmal ein offenes Feld erblicken. Wir planschten durch das seichte Wasser, erforschten das Tal und fanden Spuren von Bibern, Wölfen, Bären und Rotwild. Wir sahen junge Gänse – zum erstenmal waren wir in einem Gebiet, wo Wildgänse nisten. Wir besuchten einen See, ein blaues Juwel, umgeben von hohen Bergen. Wir folgten Wildspuren durch dichte Wälder, wo unsere Füße über einen weichen Nadelteppich schritten.

Sogar die Flußmündung war anders, denn sie war breit und flach. Am Ufer wuchs das Gras fast hüfthoch, und das Blau von

Lupinen sah aus wie der Klecks eines Malers. Als wir wieder ans Meer gelangten, stieß die Flut gegen den Fluß vor, und unsere Ruderboote schwammen weit draußen an langen Tauen.

Betty White fand, daß dies eine der Gelegenheiten war, wo die «Triton» auch einen Gewinn davon haben sollte, daß es an Bord der «Simba» einen Koch gab, eine Einladung, die einen vollkommenen Tag krönte. Bobs, Robert und ich gingen vorher noch rasch an Bord der «Triton», um uns zum Nachtessen herzurichten. Bobs trug jetzt allabendlich lange Hosen und achtete auf den Farbeneinklang von Hemd und Sweater. Sie kümmerte sich auch um die Garderobe des Captains. Ich fand, daß er sich viel besser anzog, seit sie wieder bei uns war. Er band sich an diesem Abend tatsächlich eine Krawatte um, als Bobs in unserer Kajüte erschien.

«Paps wird immer nobler», sagte sie.

«Das muß ich doch, mit zwei Frauen an Bord», erwiderte er. «Na, wie fühlst du dich, Bobs? Gefällt dir die «Triton» besser als die Schule?» – «Natürlich», lautete Bobs' Antwort.

Aber der Captain in seiner gehobenen Stimmung verlangte eine genauere Meinungsäußerung. «In der Schule hatte ich nie Heimweh wie die andern Mädchen», sagte sie. «Aber jetzt, wo ich wieder mit euch und mit Lua und mit Betty und Stewart zusammen bin, und wo ich es so schön habe, jetzt wundere ich mich, wieso ich nie Heimweh hatte.»

Das war eine ungewöhnlich lange Rede für Bobs. Nachdem sie weggegangen war, wandte Robert sich zu mir. «Nett von ihr, daß sie uns gesagt hat, wie sie sich daheim fühlt.»

Mir hätte sie es nicht zu sagen brauchen. Ich hatte es an ihrem Lächeln gemerkt, mit dem sie das Steuerrad ergriff, und an der Art, wie sie die Bootsarbeit besorgte. Sie war ein ebenso eifriger Kupferputzer wie Robert. Ich wußte, daß sie die Fahrten mit der «Triton» liebte. Als wir dann alle auf dem Deck der «Simba» saßen und Cocktails tranken, erwähnte jemand, daß sicher nur wenige Menschen vor uns den Bergsee erblickt hätten, an dem wir ein paar Stunden früher gestanden hatten. Wir waren alle entzückt von dem Tag. Alaska hatte uns schon seinen Tribut entrichtet.

«Verflixt!» sagte Robert. Wir können in einem Sommer nicht einmal einen Zipfel dieses Landes kennenlernen.» Wie immer wenn vom Land gesprochen wurde, holten die beiden Männer ihre Karten hervor, rechneten die Entfernungen aus und machten eine Liste der Buchten mit Flüssen. Sie taten das, als wäre es ihre Pflicht als Captains; doch in Wirklichkeit war es ein Laster.

Eine Woche später erforschten wir noch immer den Behm Canal. Ein Gebiet mit Schneebänken in Höhe des Meeresspiegels, mit mineralischen Quellen, die in der Nähe der Küste aus dem Meer sprudelten, mit heißen Quellen, die neben Schneeflächen dampften, ein solches Gebiet war viel zu fesselnd, als daß man es hätte rasch durcheilen können.

Als wir eines Morgens vor Anker lagen, riefen Betty und Stewart uns zu, daß sie die verschneite Küste erforschen wollten. Bobs entschied, daß Lua in einer Schneehöhle fotografiert werden müßte, und die «Krabbe» gesellte sich zu dem Ruderboot der «Simba». Ich war durch einen Auflauf im Ofen ans Heim gefesselt, und Robert blieb ebenfalls an Bord, um seine Arbeit an der Schreibmaschine zu beenden.

Ich befand mich in der Kombüse, als ich das Geräusch von Ruderdollen vernahm und dann Roberts Stimme auf dem Achterdeck: «Sie sind C. R. Johnston.»

In meiner Aufregung stolperte ich die Kajütentreppe hinauf. Ein großer, breitschultriger, schwarzhaariger Mann stand in einem Ruderboot und blickte voll Verwunderung zu Robert empor.

«Woher wissen Sie das?» fragte er.

Robert behauptete, er könne einen Kentuckier auf den ersten Blick erkennen, doch ich hegte den stillen Verdacht, daß er wahrscheinlich den ganzen Sommer damit verbracht hatte, jedermann für C. R. Johnston zu halten.

Unser Besucher aber war von der Erklärung befriedigt, zumal wir dann nach seinen Kindern fragten, indem wir jedes beim Namen nannten. Er lachte und erzählte, daß seine jüngste Tochter, die vierzehn Jahre alt war, am Tag vorher ihren ersten Bären geschossen hatte. Er war darauf noch viel stolzer als auf die Tat seines ältesten Jungen, der mit acht Jahren einem Berglöwen mit Erfolg zu Leib gerückt war. Offenbar fühlte er sich sehr erleichtert, daß die Familie durch die Verweichlichung des modernen Lebens keinen Schaden litt.

Er lud uns ein, sein Lager am nächsten Wasserarm zu besuchen, und als wir dann vor einer Gruppe Blockhütten, die unter hohen Fichten standen, Anker warfen, bedauerte ich es fast, daß wir ans Ende der Johnston-Spur gelangt waren. Eine Legende vom Mut ist etwas Kostbares. Wenn das Mädchen, das mit dem großen Kentuckier davongeritten war, seinen jähen Entschluß bereute, das Leben in der Wildnis mit diesem Manne zu teilen, so wünschte ich es nicht zu wissen.

Aber ein Blick auf das schöne, kraftvolle Antlitz von Mrs. Johnston überzeugte mich, dass sie ihr Glück gefunden hatte. Der Stolz, der aus ihrem Blick sprach, als sie uns ihre Kinder vorstellte, war nicht zu übersehen. Die Familie bewohnte vier Blockhütten. In einer hausten die Enkel. In der Hütte der Söhne standen Gewehre, Fallen und Schneeschuhe umher. In der Mädchenhütte sahen wir Bücher, Bilder, hübsche Kleider – und gleichfalls Gewehre.

An diesem Nachmittag führten uns die Mädchen zu ihrem bevorzugten Bergsee. Der Pfad stieg steil bergan, und ganz plötzlich standen wir vor einem blauen Spiegel, der von glitzernden Schneefeldern umrahmt und von weißen Gipfeln umgeben war. Ich fragte mich, wie viele weiße Menschen wohl schon am Ufer dieses Sees gestanden haben mochten. Wahrscheinlich kein halbes Dutzend!

«Es ist noch möglich, Pionier zu sein», verkündete ich Robert an Abend beim Zubettgehen. «Man kann sich keine glücklichere und kraftvollere Familie denken.»

Meine Lieblingstheorie hatte sich immer mehr gefestigt, seit wir Alaska erforschten. Hier waren Wasser, Luft und Wälder von Leben erfüllt. Rings um uns pulste es. Wasservögel flogen in Schwärmen vom Ufer auf. Eine Schaufel voll Sand förderte ein Dutzend Muscheln zutage. Im Uferwasser lebten bis fünfundzwanzig Zentimeter lange Krabben, die so fleischig waren, daß wir nur die schönsten Exemplare auszulesen brauchten, wenn wir sie mit dem Netz fischten. Die Flüsse wimmelten von Forellen. Tausende von Rehen streiften durch die Wälder. Beeren und Blumen wuchsen in tropischem Überfluß.

Die Natur hatte den Tisch hier so verschwenderisch gedeckt, daß ich das völlige Fehlen von Menschen bedauerte. Jetzt aber hatte ich eine Familie gefunden, die an dieser Fülle teilnahm.

Und diese Leute waren keineswegs vereinsamt oder überarbeitet. Einer der Söhne war Techniker. Zwei andere betätigten sich wie ihr Vater als Handholzfäller. Ruth, die älteste Tochter, konnte es mit jeder jungen Frau in unserem Bekanntenkreis an weiblichem Reiz und Ausgeglichenheit aufnehmen. Die jüngste, eine wahre Schönheit, schien äußerst glücklich zu sein. Sie war am Abend noch mit uns an Bord gekommen, sie trug ein reizendes rotes Kleid, das allerliebst zu ihrem dunklen Haar und ihrer klaren Haut stand, und hatte sich stundenlang mit Bobs über die Dinge unterhalten, die alle Mädchen beschäftigen – Bücher, Filme und Kleider.

Jeden Winter begab sich die ganze Familie nach Ketchikan, wo sogar C. R. Johnston ins Kino ging. Er bevorzugte vor allem Filme über fremde Länder. Sein Körper mochte seinen Ruheplatz gefunden haben, sein Geist war noch immer unterwegs. Keiner der Familie empfand sein Los als hart, nicht einmal als besonders romantisch.

Die Mutter hatte uns von den ersten Jahren erzählt, und als sie erfuhr, daß auch wir uns seinerzeit ein eigenes Blockhaus gebaut hatten, sagte sie: «Dann wissen Sie ja, wie es ist. Wahrscheinlich war auch bei Ihnen oft Schmalhans Küchenmeister. Aber ein bißchen Nach-der-Decke-Strecken für Mann und Kind hat noch keine Frau unglücklich gemacht.»

All das führte ich Robert gegenüber an. «Und dieses Paar begann mit nicht mehr, als ein Pferd auf dem Rücken tragen kann», schloß ich.

«Aber das Wichtigste der Ladung hast du vergessen», sagte Robert, «das Glück.»

*

Die Wochen vergingen. Wir fuhren auf sonnenbeschienenen, ruhigen Wassern dahin, die majestätischen Berge zur Seite. Wir erlebten aufregende Fahrten bei steifer Brise, wobei die «Triton» rollte und schlingerte. Und wir gondelten durch «ewigen» Regen, erstaunt, daß ein Himmel so viel Wasser niederströmen lassen kann.

Wir schalteten Erkundungstage ein, an denen wir Buchten und Flüsse, Schneefelder und heiße Schwefelquellen erforschten. Wir veranstalteten gemeinsame Festessen an der Küste, wobei es heiße Krabben, auf Eingeborenenart zubereitet, gab. Betty und Stewart stimmten mit Mrs. Cadwallader überein. Und auch hinterher taten wir es den Eingeborenen gleich, indem wir uns im Sonnenschein ausstreckten.

Viele Tage fuhren wir Flüsse hinauf. Jeder war schön, und jeder war anders, doch alle waren Silberfäden, die in die Berge führten. Wir unternahmen Tagesausflüge in den Ruderbooten, die wir verließen, wenn der Fluß nicht mehr schiffbar war. Dann planschten wir zu Fuß durch das Wasser. Schaftstiefel gehörten zur unerläßlichen Ausrüstung. Jeder trug seinen Futtersack. Den Rest des Ausflugstages verbrachte jeder nach seinem Geschmack. Stewart hatte stets Angelgerät und Kamera mit dabei. Betty hatte ein Buch und Angelgerät. Ich nahm nur ein Buch mit, das ich meist gar nicht öffnete. Bobs' Zeitvertreib war Lua, und Lua hatte seine Nase, die Überstunden machte. Manchmal hegte ich den Verdacht, daß er den Fluß, und was damit zusammenhing, besser kennengelernt hatte als wir alle zusammen. Roberts Unterhaltungsrequisiten waren seine Beine, die ihn auf langen Spaziergängen durch die Nadelwälder trugen. Zu zweit oder zu dritt, nach Familie oder Geschlecht gruppiert, gemütlich dahinschlendernd, trafen wir dann alle zur Essenszeit an Strand wieder zusammen. Dort schmausten wir und führten Flußgespräche.

Diese Flußabstecher bildeten eine neue Komplikation unseres Seefahrerlebens. Sie waren so herrlich, daß ich sie nicht mehr missen mochte; aber sie hielten die Mannschaft der «Triton» in Atem. Auf der «Simba» nahm alles seinen Gang, ob die Besitzer an Bord waren oder nicht. Koch und Maschinist verrichteten die Schiffsarbeit, und das Essen stand zur Zeit auf dem Tisch. Auf der «Triton» mußten wir selbst die Kabinen in Ordnung bringen, die Kojen herrichten, das Frühstücksgeschirr abwaschen, das Mittagessen einpacken und das Nachtmahl vorbereiten. Bobs, Robert und ich arbeiteten mit vereinten Kräften, und wir teilten die Arbeit ein, damit alles zur Zeit fertig wurde; doch mitunter geriet ich etwas außer Atem.

Waschtage am Ufer hatte es seit langem überhaupt nicht mehr gegeben. Ich war viel zu sehr mit Erkundungsfahrten beschäftigt, und niemand erlaubte mir, die schmutzige Wäsche zu den Flüssen mitzuschleifen. Dreimal im Laufe des Sommers konnte ich die Wäsche in einer alaskischen Stadt ausgeben; aber die Strümpfe, das Unterzeug und die Hemden türmten sich nur allzu rasch auf. Wir hatten es fertiggebracht, während der Fahrt das Messing zu putzen, die Böden zu wachsen und die ganze Kocherei zu bewältigen. Jetzt hängte ich zum Entsetzen des Captains während der Fahrtzeit auf Achterdeck Wäsche auf.

Schweigend kroch er am ersten Tag unter den baumelnden Strümpfen durch. Als er sich an diesen Anblick gewöhnt hatte, fügte ich andere Kleidungsstücke hinzu. Erfreulicherweise entwickelte sich daraus keine Tragödie; denn als eines Abends Stewart sein gerade fertig gewordenes Wäschelied sang, lachte der Captain der «Triton»:

«Wäsche, Wäsche – wohin sie auch zogen,
bei ruhiger See, bei stürmischen Wogen,
da hängen die Strümpfe, die Hemden, die Hosen,
da baumelt die Wäsche der Triton-Matrosen.

Sie bleicht an der Sonne, wann immer man schaut,
sie flattert im Winde mit knatterndem Laut.
Stets sieht man sie hängen am Abend, am Morgen,
und man staunet darüber und fragt sich voll Sorgen:
Wenn da baumeln die Strümpfe, die Hemden, die Hosen,
was tragen dann nur die Triton-Matrosen?»

*

Wir fanden, daß die alte Handelsstadt Wrangell einen großen Gegensatz zu dem geschäftigen Ketchikan bildete, wo die Heilbutt- und Lachsfischer sich für lange Fahrten rüsteten und mächtige Ladungen löschten. Wrangell döste friedlich in der Sonne. Die Bevölkerung bestand zum Teil aus Weißen, zum Teil aus Eingeborenen. An unserem ersten Abend in der Stadt entdeckten wir ein Kino, bisher hatte der Film keine Rolle in unserem Seefahrerleben gespielt.

Das Kino füllte sich schon sehr früh, und in den ersten zehn Reihen saßen Indianerkinder, die mit großem Ernst das Geschehen auf der Leinwand verfolgten. Als der Held gerade im allerletzten Augenblick dem in schrecklicher Gefahr schwebenden jungen Mädchen zu Hilfe eilte, wurde er mit lautem Trampeln und begeisterten Rufen begrüßt. Die große Begeisterung war für den Streifen zuviel. Er riß jählings ab, mitten im spannendsten Geschehen. Wir saßen im Dunkeln und unterhielten uns darüber, ob das Mädchen wohl noch gerettet werden würde.

Als wir das Kino verließen, war es auch draußen dunkel, und wir waren überrascht, als unsere Wrangeller Freunde uns vorschlugen, einen Spaziergang zum Meer zu machen, um den Sonnenuntergang anzusehen. Einen Kino-Abend mit einem Elf-Uhr-Sonnenuntergang zu krönen, war etwas völlig Neuartiges. Anscheinend war das hier so Sitte, und ich begriff den Grund erst, als wir am Ufer anlangten.

Über den Bergen jenseits des Kanals loderte der Himmel. Bis zum Zenit flammte das Feuer, von Rosenrot zu tiefem Purpur. Und alle Farben wurden von dem ruhigen Wasser der Stikine Strait gespiegelt. Ein lodernder Himmel und ein flammendes Meer, die miteinander zu verschmelzen schienen, so daß wir ganz in Farbe getaucht waren. Es war, als hätte sich eine andere Welt vor uns aufgetan. Ich stand ganz benommen da, hingerissen von diesem einmaligen Glanz. Und da wußte ich plötzlich, daß von allen Sonnenuntergängen, die ich gesehen hatte, und die ich jemals sehen würde, dieser der unvergeßlichste war.

DREIUNDZWANZIGSTES KAPITEL

Gletscher, Eiscreme und Eisberge

Als wir um eine Landspitze in die Wrangell-Engen bogen, brachen wir drei in Gelächter aus. Da wir befürchtet hatten, der zwanzig Meilen lange, sehr schmale und stark gewundene, felsengespickte Kanal könnte nicht deutlich markiert sein, wirkten die vielen Leuchtfeuer, Spieren- und Leuchtbojen, die wir sahen, geradezu verwirrend. An solch eine Führung waren wir nicht gewöhnt. Jahrelang hatten wir eine Küste befahren, wo ein Leuchtfeuer eine Seltenheit und eine Boje ein staunenswerter Anblick war. Diese Überfülle hatte etwas Bestürzendes.

Der verschlungene Kanal liegt zwischen gefährlichen Klippen und Untiefen. Die Gezeitenströmungen sind heftig; die Strömungen treten an beiden Enden ein und begegnen sich in der Mitte. Für Dampfer ist es außerordentlich schwer, die haarscharfen Wendungen zu nehmen, und jedes Schiff, das über drei Meter Tiefgang hat, muß von einem Lotsen geführt werden.

Im Hinblick auf den Tiefgang bot die Durchfahrt für die «Triton» keinerlei Schwierigkeiten; aber der Wirrwarr vor uns machte mich ganz schwindlig. Als der Captain sagte, ich müsse die Bojen ausrufen und unsere jeweilige Position auf der Karte verzeichnen, stöhnte ich.

«Es ist ganz leicht», tröstete er. «Wir vermeiden alle roten Bojen und auch viele an Steuerbord.»

Der Kanal war rot, schwarz und weiß gesprenkelt. Die Leuchtfeuer schienen ganz willkürlich verteilt zu sein.

Bobs kam zum Kartentisch. «Ich weiß, wie man's machen muß, Paps», sagte sie.

Zum erstenmal begegnete man mir mit jener Haltung, die hernach als «wir müssen für Mutter sorgen» in unserer Familie üblich werden sollte. Mir gefiel das, und gleichzeitig bedauerte ich es. Bobs und ich riefen gemeinsam die Bojen aus, während wir durch das Fahrwasser zickzackten. Plötzlich war es dann ganz leicht, den Weg durch den Kanal zu finden, und mit Verwunderung mußte ich zugeben, daß Uncle Sam doch nicht so willkürlich vorgegangen war, wie ich zuerst angenommen hatte.

«Mutter dachte, die Bojen seien so angebracht, wie sie kocht: nach Gefühl», sagte Bobs zu Robert. «Kannst du dir vorstellen, auf welche Weise sie den Weg durch die Engen markiert hätte?»

Wir befanden uns auf der Fahrt zu Gletschern. Der Ausflug begann ganz bescheiden; denn wir nahmen zuerst die «toten» Gletscher in Angriff. Als wir uns zweien von ihnen näherten, dem Baird und dem Patterson, holte ich meine Eismaschine hervor. Ich hatte mich im Hinblick auf die Eisberge mit einer patentierten Erfindung ausgerüstet, einer Eismaschine, die man nicht zu drehen brauchte, und mit der man angeblich in einer Stunde Eiscreme herstellen konnte. Ich trug die Gebrauchsanweisung bei mir, als wir uns zum abendlichen Dominospiel an Bord der «Simba» begaben.

Diese Gebrauchsanweisung klang sehr überzeugend. Betty bewunderte mich wegen meiner Vorsorglichkeit und sie strahlte vor Dankbarkeit, als ich ihr versicherte, daß die Eismaschine für beide Mannschaften groß genug sei. Der Eiscreme-Nachtisch des kommenden Tages wurde bis ins einzelne besprochen, und ich machte die Creme am nächsten Morgen in aller Frühe, ehe wir zum ersten Gletscher aufbrachen.

Auf dem toten Gletscher gab es eine Menge Eis. Trostlos grau erstreckte sich das Gelände, die Berghänge zeigten keine Vegetation. Wolken von Seeschwalben erhoben sich in die Luft, als wir uns näherten, und Scharen von Robben glitten ins Meer. Ein kalter Wind wehte vom Eis her. Schon bevor wir die Ruderboote verließen, waren mein Körper und mein Geist von dem unbarmherzigen Griff der Kälte völlig erstarrt.

Wir schritten über den schmutziggrauen, toten Boden des Gletschers und blickten in eine Spalte. Sie war nicht tief, doch Wind, Kälte, Öde und Einsamkeit hatten meine Einbildungskraft so aufgepeitscht, daß ich davor zurückschreckte, als wäre es ein gefährlicher Abgrund.

Ich fühlte mich wie erlöst, als wir den Rückweg antraten. Robert trug einen dicken Eisklumpen. Gerade jetzt wünschte ich nichts weniger als Eiscreme. Am Meeresufer warf er den Klumpen ins Wasser, um den Schmutz abzuwaschen. Zu meiner Erleichterung versank das Eis. Soeben war es noch da gewesen, und nun war es verschwunden. Die Erde, vielleicht auch das Alter hatten seine Auftriebskraft zerstört. Robert glaubte das nicht; er ging zurück, um ein neues Stück Eis zu holen.

Den zweiten Klumpen ließ er nicht aus den Händen, während er ihn abwusch. Als wir wieder an Bord der «Triton» waren, zerhackte er das Eis und füllte die Stücke in die Eismaschine, mit der Bemerkung, daß wahrscheinlich noch niemand einen Nachtisch mit so altem Eis zubereitet habe. Zwei Stunden später erwies es sich, daß er damit recht hatte. Das tote Eis hatte sich in schmutziges Wasser verwandelt, und die Creme war kaum gefroren. Durchs Megaphon teilten wir der Mannschaft der «Simba» diese betrübliche Tatsache mit.

«Bobs soll herüberkommen und ein paar heiße Pfefferkuchen holen», rief Betty tröstend zurück.

Später, beim Dominospiel, sprach ich keinen Ton von patentierten Eismaschinen; aber alle andern taten es. Stets wurden bei den abendlichen Zusammenkünften die Unglücksfälle des Tages durchgehechelt.

*

In der Le Conte Bay sahen wir die ersten Eisberge. Wir fuhren mit der «Simba» dorthin, ließen das Schiff in Charlies Obhut zurück und beendeten die Fahrt in zwei von Außenbordmotoren getriebenen Booten. Als wir uns der Bucht näherten, schwammen Hunderte von Eisbergen in langen Prozessionen mit der Ebbe heraus. Wie große weiße Wagen kamen sie daher, immer mehr und mehr, bis sie im flachen Wasser strandeten. Beim Gezeitenwechsel wurden sie von der Flut gehoben und trieben zurück.

Wir nahmen unser Mittagessen in einem Schlupfhafen ein, während die Eisberge auf ihrem Rückweg zum Muttergletscher hinter uns vorbeizogen. Dann fuhren wir ihnen in den Booten nach. Zum erstenmal erblickte ich Eisberge nicht vom Deck eines Schiffes, sondern von der Höhe des Wasserstandes aus. Blöcke, so groß wie ein Mietshaus, schwammen an uns vorbei. Da wir wußten, daß nur ein Achtel des Eisbergs aus dem Wasser ragt, schätzten wir, das sie in Wirklichkeit die Größe eines ganzen Häuserblocks hatten. Mich beschäftigte das Verkehrsproblem. Diese großen Massen hatten keine Kapitäne, Pfeifen, Motoren, kannten keine Verkehrsregeln und kippten oftmals ganz plötzlich um.

Wir mochten uns wohl in gefährlicher Nachbarschaft befinden, doch daran dachten wir nicht, denn der Anblick war zu schön. Bobs geriet ganz außer sich. Die Eisberge stimmten mit ihrer Vorstellung von Bildhauerkunst überein. Ihre Formen waren geradezu aufregend, ganz und gar verschieden. Einige waren majestätisch. Andere bildeten große Massen mit strengen, schönen Linien, die Sonne und Wasser modelliert hatten, und denen das Auge mit Vergnügen folgte. Etliche waren schlanke Säulen, und wieder andere sahen aus, als wären sie von einem modernen Künstler gemeißelt worden. Junge Menschen haben eine durchaus natürliche Neigung für zeitgemäße Kunst, und Bobs war so außer sich vor Begeisterung wie sonst nur bei modernen Kunstausstellungen.

Die Farben waren ebenso überwältigend wie die Formen. Sie wechselten von funkelndem Weiß über jede mögliche Tönung von Blau und Grün zu einem tiefen Indigoblau. Jede Schattierung war lebendig und glitzerte. Die Wirkung benahm einem den Atem.

Bobs und ich hätten den ganzen Tag damit verbringen können, von einem Eisberg zum andern zu fahren; aber die Captains fürchteten die Strudel während der Flutzeit. Stewarts Außenbordmotor hatte den Dienst versagt, und das Boot der «Simba» war von uns ins Schlepptau genommen worden. So waren wir nicht gerade sehr beweglich; dazu kam, daß der Ausgang der Bucht langsam von Eisbergen versperrt wurde.

«Wir sollten lieber losfahren, solange es noch möglich ist», rief Stewart uns durch das Geknatter unseres Motors zu.

Wir verhielten uns alle schweigend, während wir zurückfuhren. Wenn man so viel Schönheit gesehen hat, ist man müde und zuinnerst glücklich. Ich war ganz versunken in die Erinnerung an das Erlebte, als mich ein Ausruf Roberts plötzlich aufschreckte. Ich blickte auf und sah die «Simba»; Charlie stand an Deck.

Deckhaus, Reling und der größte Teil des Rumpfes waren von etwas Seltsamem, Schwarzem bedeckt. Mein erster Gedanke war Feuer oder irgendein eigenartiges Unglück mit Farbe. Stewart starrte fassungslos hinüber, und Bettys Stimme klang entsetzt.

«Charlie!» rief sie. «Was ist mit unserem schönen neuen Schiff geschehen?»

Charlie schwang mit matter Gebärde seinen Hut und fegte Tausende von Fliegen von einem Quadratmeter hellen Holzwerks fort. «Den ganzen Nachmittag habe ich damit verbracht, sie fortzuwedeln», sagte er. «Ein paar Millionen dieser Viecher haben sich bei uns niedergelassen.»

Wir haben nie in Erfahrung gebracht, was für Fliegen das waren und woher sie kamen. Wir haben nie mehr ähnliche Tiere in Alaska gesehen. Vielleicht war es ein Besuch aus vergangenen Zeiten, aus einem uralten Gletschergrab.

VIERUNDZWANZIGSTES KAPITEL

Seeversicherung mit dem Himmel

Betty und ich kamen zu dem Schluß, daß der Himmel über sehr netten Menschen besonders gut wachen müsse. Wir entwickelten diese Theorie, als die «Simba» und die «Triton» Dr. de Vighnes kleinem Schiff in das Juneau Inlet folgten. Stewart und Dr. de Vighne hatten einander als junge Offiziere in Frankreich kennengelernt, und jetzt war de Vighne, dessen Gastfreundschaft sich als ebenso groß erwies wie die Berge seines Landes, uns entgegengefahren, um uns nach Juneau zu führen.

Er hatte seine Frau mitgebracht und seine Tochter Dana, die in Bobs' Alter war. Zwei Tagesfahrten von Juneau entfernt traf er uns. Betty und ich sahen seinen Schiffahrtskünsten staunend zu. Die Captains hatten uns davon überzeugt, daß die vielen Klippen und Riffe dieser Gegend zu allerlei unangenehmen Folgen führen konnten. Aber «Doc», wie man Dr. de Vighne allgemein nannte, brachte, allem sorglosen Steuern zum Trotz, seine «Chirikof» unbeschädigt hindurch.

Jedermann in Alaska kannte Doc. Es gab noch andere Ärzte, aber nur einen einzigen «Doc». Vor fünfundzwanzig Jahren hatte er einen Dampfer verlassen, mit nichts anderem versehen als einem sehr neuen Diplom, einer ebenso neuen Frau, einigen wenigen Instrumenten, fünf Cents Bargeld und einem gewinnenden Lächeln. Jetzt war er der Gesundheitskommissar des Landes und seiner sechzigtausend Einwohner, von denen sechzigtausend seine Freunde waren. Als er dem dreitausendsten Erdenbürger auf die Welt half – er begann schon die zweite Generation –, zeigte die Stadt Juneau, sein Amtssitz, sich erkenntlich. Jede andere Stadt hätte Doc als Zeichen der Anerkennung eine goldene Uhr gestiftet. Juneau aber machte ihn zum Direktor des Telefonamtes.

Die drei Boote lagen über Nacht in einem kleinen Hafen vor Anker. Während wir an Bord der «Simba» zur Cocktailstunde auf Doc und Mrs. Doc und ihre Tochter Dana warteten, verteidigten Betty und ich unsere Theorie, daß Doc eine Seeversicherung mit dem Himmel abgeschlossen habe.

Als die drei Schiffe an diesem Nachmittag durch ein trübes Fahrwasser, das sich eine halbe Meile vom Ufer erstreckte, gesteuert waren, hatten wir beim Zurückblicken die «Chirikof» in aller Ruhe auf ein Riff zufahren sehen. Robert stutzte und studierte die Karte. Die «Simba» kam längsseits, und Stewart rief uns zu, daß Doc im Begriff sei, in eine unangenehme Lage zu geraten.

Die «Chirikof» befand sich außer Rufweite. Beide Schiffe nahmen Kurs auf sie. Robert traf Anstalten, ein Rettungsboot hinunterzulassen. Doc bemerkte, daß er im Mittelpunkt der Aufmerksamkeit stand, und winkte freundlich. Es herrschte ungeheure Aufregung an Bord der «Simba» und der «Triton» und nicht die geringste auf Docs Boot. Doc schenkte dem Riff keinen Blick, während die «Chirikof», anscheinend aus eigenem Antrieb, den einzigen Weg nahm, der ihrem Kiel keine Gefahr brachte.

Solch ein Entkommen um Haaresbreite mitanzusehen, war gleichbedeutend, wie wenn einem Alltagsgefährten die Gabe der Wundertätigkeit verliehen worden wäre. Stewart und Robert spotteten über unsere Theorie und erklärten, daß Doc nach fünfundzwanzig Jahren Küstenfahrt in dieser Gegend wahrscheinlich das kleinste Riff kenne. Als die Mannschaft der «Chirikof» sich zu uns gesellte, begann Stewart der Sache nachzugehen. Er bemühte sich, seiner Stimme einen ganz sachlichen Ton zu verleihen.

«Doc», sagte er, «du hast uns ein wenig erschreckt, als du so ohne weiteres auf das Riff zugesteuert bist.»

«Auf das Riff?» erwiderte Doc. «Was für ein Riff?»

Charlie Drumm begab sich nach achtern. «Doc hat beim Fahren seine Hand in Gottes Tasche», murmelte er, als er an mir vorbeischritt.

*

Als wir am Gemeindefloß von Juneau anlegten, merkten wir schon bald, daß die Freundschaft mit Doc uns Sonderrechte verschaffte. Stadtbewohner blieben stehen, um uns die Hand zu schütteln. Man nannte uns beim Vornamen. Taxichauffeure wiesen das Fahrgeld zurück. Die Leute von Juneau geizten nicht mit den Schlüsseln zur Stadt: Sie schenkten uns ihren Ort.

Unsere Boote lagen unter Alaskas größter Goldmine, die Tag und Nacht einen Berg zertrümmerte und einen unaufhörlichen Strom von taubem Gestein ins Meer spuckte. Unser Weg in die Stadt führte durch einige Straßen, in denen nur Frauen, die einen gewissen Beruf ausübten, in kleinen Häusern wohnten. Augenscheinlich herrschte auch hier ein netter Kameradschaftsgeist. Überall saßen Frauen vor den Türen, plaudernd und Deckchen häkelnd. Da und dort schritt eine Frau zum Nachbarhaus, die eine mit einem Tuch verdeckte Schüssel trug. Laster, Häkelarbeit und Geschenke von selbstgemachtem Backwerk bildeten eine erstauliche Einheit.

Während der ersten Tage schauten wir uns die Sehenswürdigkeiten der Stadt an. Wir besuchten den Mendenhall-Gletscher, gingen ins Kino und verbrachten einen Nachmittag im Museum, wo Pater Kashiverof uns eine besondere Alëuten- und Eskimosammlung zeigte. Pater Kashiverof war auf Kodiak Island geboren, hatte sich in Rußland auf die Priesterlaufbahn vorbereitet und war zurückgekehrt, um sich der Kirche in Sitka zu widmen, einem Ort, der früher bei der Zarenfamilie besonders in Gunst stand. Jetzt war der Pater Museumskurator und ein blendender Kenner der Eingeborenenkulturen.

Wir verbrachten auch einen Tag am Taku-Gletscher, um zuzuschauen, wie er kalbte. Dieser Gletscher war geradezu ein Verkehrshindernis. Die meisten Dampfer halten dort, und oft genügt das Dröhnen der Dampfpfeife, daß ein Eisberg losbricht. Kleinere Fahrzeuge müssen warten, bis der Taku sich zu dem Schauspiel bequemt, aber selten enttäuscht der Gletscher sein Publikum.

Es ist sehr aufregend zuzusehen, wie ein Eisberg, so groß wie ein Wolkenkratzer, von einem Gletscher losbricht. Keineswegs ist es ein Ziegelstein, der von einem Dach fällt. Die langsame Bewegung, mit der der mächtige Block sich von den natürlichen Fesseln löst und geruhsam ins Meer sinkt, hat etwas Majestätisches. Eine Wolke von Eisstaub steigt von der Bruchstelle auf, ein Sprühregen stiebt hoch in die Luft, und riesige Wellen fluten gegen die Ufer.

Ich war von diesem Anblick wie gebannt, als Doc an Bord kam und uns allen vorschlug, den Taku River zu einem Waldhaus hinaufzufahren. Er mußte seinem Verwalter Lebensmittelvorräte bringen und einen beschädigten Motor holen. Wenn wir um drei Uhr morgens aufbrachen, konnten wir während der Flutzeit den flachen Fluß hinauffahren, im Waldhaus essen und die nur von wenigen Menschen gesehenen Zwillingsgletscher besuchen. Doc fügte hinzu, daß Pater Kashiverof mitkommen wolle, und daß Dana sich freue, einen ganzen Tag mit Bobs zu verbringen.

Ich nahm sogleich für Bobs und mich an; die «Triton» gab Bobs so selten Gelegenheit, mit gleichaltrigen Mädchen zusammen zu sein. Betty, Stewart und Robert lehnten ab. Ein langer Tag im Motorboot konnte sich nicht mit dem Taku-Gletscher messen. Als Doc gegangen war, erhob Robert einige Einwände gegen unser Mitkommen. Wenn Doc das Motorboot so steuerte wie die «Chirikof», dann waren das Taku Inlet mit seinen zahlreichen treibenden Eisbergen und der Taku River mit seiner raschen Strömung nicht gerade für Gäste geeignet.

Stewart versicherte ihm, es bestehe keine Gefahr, daß wir den Fluß jemals erreichen würden. Wir würden bestimmt nicht um drei Uhr morgens aufbrechen, sondern die Flutzeit versäumen. «Doc behandelt die Gezeiten vermutlich genau so wie die Klippen», setzte er hinzu.

Da die Gezeiten üblicherweise nicht auf uns warteten, sondern wir auf die Gezeiten, nahm niemand unser Vorhaben ernst, als ich den Wecker stellte.

Pünktlich um drei Uhr früh legte Docs Motorboot an dem Floß an, wo Bobs und ich warteten. Ich wußte, daß Stewart und Robert jetzt die Ohren spitzten, und Docs Pünktlichkeit bedeutete für mich gewissermaßen einen persönlichen Triumph.

Als wir den Gastineau Canal, einen langen, schmalen Schlauch zwischen hohen Bergen, hinunterfuhren, warf die aufgehende Sonne ein rosiges Licht über die schneebedeckten Gipfel. Doc nahm Kurs aufs Ufer und erklärte, daß wir erst Ballast aufnehmen müßten.

Aus diesem unvorhergesehenen Zwischenspiel machten wir sechs eine fröhliche Angelegenheit. Niemand übereilte sich. Mrs. Doc bot aus einer Thermosflasche heißen Kaffee an. Die Mädchen wetteiferten im Tragen großer Steine, und der wachsende Ballasthaufen im Boot wurde mehr eine Sache persönlicher Tüchtigkeit als zweckmäßiger Beladung.

In einer Pause brachte ich die Rede auf die Flut im Taku River.

«Wir haben die Fahrt noch nie gemacht», klärte mich Mrs. Doc auf. «Bis jetzt hat der Verwalter die Vorräte immer selbst geholt. Aber im ganzen Taku River gibt es keinen Felsen, an dem man Schiffbruch erleiden könnte.»

Wieder an Bord, untersuchten wir den Motor, ein ehemaliger Autoantrieb, auf einige Seltsamkeiten hin. Während der Inspektion vernahmen wir ein metallisches Klirren, und Bobs und Dana sprangen zurück. Bobs sah ziemlich verstört aus, denn sie war in der Vorstellung aufgewachsen, daß jeglicher Mechanismus etwas Unantastbares sei.

«Je, die Mädchen haben den Kühlerverschluß in die Bilge fallen lassen!» rief Mrs. Doc. «So heißt doch der fehlende Teil, nicht wahr?»

Doc bemerkte, daß tatsächlich etwas zu fehlen schien, daß es aber wahrscheinlich unwichtig sei.

Augenscheinlich war das fehlende Stück wirklich nicht von Wichtigkeit, denn der Motor sprang sofort an. Als er weiterlief, stimmten Mr. und Mrs. Doc darin überein, daß die Mädchen seine Leistung sogar verbessert hatten. Noch niemals war er eine volle Stunde ohne jede Aufsässigkeit gelaufen. Aber kurz darauf bemerkte jemand, daß der Motor rauchte.

«Er muß heiß geworden sein», stellte Pater Kashiverof weise fest.

Doc stimmte dieser Diagnose zu. Er schickte sich an, einen Eimer Wasser über den rauchenden Motor auszugießen, als mein Schrei ihm Einhalt gebot. «Sie machen ja die Zylinder kaputt!» warnte ich ihn.

Dieser Ausspruch stempelte mich zum Motoren-Fachmann. Doc bedankte sich bei mir. Die mir dargebrachte Huldigung war um so berauschender, als ich auf der «Triton» keineswegs als technisches Genie galt. Doch als der Motor dann stehenblieb und ich um ein Gutachten gebeten wurde, merkte ich, daß ich mich zu weit vorgewagt hatte. Glücklicherweise entdeckte Doc, daß er durch Umherhüpfen den Motor wieder in Gang bringen konnte. Das Gelächter über dieses Schauspiel bewirkte, daß die Anwesenheit eines Fachmanns vergessen wurde.

Der Motor wurde früher als wir des Scherzes müde. Nach einem halben Dutzend höflicher Antworten stand er mit Entschiedenheit still. Das geschah gerade zu dem Zeitpunkt, als wir seine Antriebskraft dringend benötigten. Der Gezeitenwechsel war eingetreten, und eine Flut von Eisbergen kam vom Taku-Gletscher auf uns zu. Wenn wir ihnen ausweichen wollten, mußte rasch gehandelt werden.

Doc wandte sich ratsuchend an mich.

«Wenn ein Motor aussetzt, ist meist die Zündung daran schuld», erklärte ich.

Ich wußte, daß meine Bemerkung nicht ganz zutraf, weil es auch mit der Benzinzufuhr hapern konnte. Aber sie festigte meine Autorität. Alle nickten und warteten darauf, daß ich fortfahren würde. Ich fragte nach der Zündspule und dem Verteiler. Bei den stundenlangen Gesprächen zwischen Vic und Robert hatte ich diese Ausdrücke aufgeschnappt und erfahren, daß sie mit der Zündung zusammenhingen. Offensichtlich war ich die einzige an Bord, die das wußte, denn Doc bat mich, ihm bei der Suche behilflich zu sein. Wir fanden die Zündspule. Auf Grund von Schlußfolgerungen stellten wir auch fest, wo sich der Verteiler befand. Der Unterbrecher erregte unsere Aufmerksamkeit, denn er schien an einem wichtigen Fleck zu sitzen.

«Hier wird die Zündspannung erzeugt», entschied ich.

Die begeisterten Hochrufe, mit denen diese Bemerkung beantwortet wurde, stiegen mir völlig zu Kopf. Auf einem Gebiet Beifall zu ernten, auf dem man stets als Dummkopf gegolten hat, das ist wie ein berauschendes Gift. Es wäre geradezu unmenschlich gewesen, wenn ich jetzt meine Unfähigkeit, den Fehler zu beheben, zugegeben hätte. Mir war nur bekannt, daß die Einstellung der Unterbrecherfeder sehr schwierig ist und sowohl Geschicklichkeit als auch Erfahrung erfordert, andererseits ahnte ich nicht einmal, warum dem so ist.

Immerhin hatte es auch sein Gutes, daß ich nicht mit allzuviel Wissen belastet war, denn ich zog die Spannschraube der Unterbrecherfeder so ruhig und nachdrücklich an, als handelte es sich darum, die Spannung eines Nähmaschinenfadens zu regulieren. Doc, sein Boot und die gesamte Besatzung müssen bestimmt unter göttlichem Schutz gestanden haben.

Der Motor sprang an und surrte brav weiter. Ich sank zurück, der Mittelpunkt der Bewunderung, aber ich erhaschte einen verdächtigen Glanz in Bobs' Augen. Sie gedachte mich keineswegs zu verraten, doch hatte ich ihr nichts vormachen können. Jahrelang hatte sie beobachtet, daß Robert mir nicht einmal die einfachsten technischen Aufgaben anvertraute. Meist durfte ich auch keine Konservenbüchse öffnen.

Mit Hilfe der Motorkraft suchten wir nun unseren Weg zwischen den schwimmenden Eisbergen. Pater Kashiverof wies darauf hin, daß nur ein kleiner Teil der Eisberge aus dem Wasser ragte. Unter gewöhnlichen Umständen hätte mich der Gedanke, daß wir uns auf einem Boot mit unzuverlässigem Motor zwischen diesen Eismassen befanden, geängstigt, aber ich wußte, daß Docs Schiff unantastbar war. Die unruhigsten Eisberge würden durch seine Anwesenheit gezähmt werden.

Als wir das Fahrwasser im Fluß suchten, versagte die Kühlung, die den fehlenden Teil nicht länger entbehren wollte, den Dienst. Der Auspufftopf, der an ein horizontales Auspuffrohr geschweißt war, schmolz ab und hinterließ ein gähnendes Loch, aus dem bei jeder Explosion Flammenzungen stießen. Jemand murmelte etwas von der Möglichkeit von Benzindämpfen in der Kajüte, doch blieb unser Wortwechsel über die Feuersgefahr rein akademisch. Niemand erinnerte sich genügend an den Physikunterricht, um die Entzündungsverhältnisse eines Benzin-Luft-Gemisches genau zu kennen. Doc bezweifelte die Möglichkeit, daß wir eine entzündbare Mischung zustande brächten. Ich zweifelte nicht nur daran, sondern war meiner Sache durchaus sicher. Auf der «Simba» oder auf der «Triton» hätte es unbedingt eine Feuersbrunst gegeben. Doc aber hatte seinen Schutzengel.

Wir konnten den Fahrkanal in dem undurchsichtigen Eiswasser nicht erkennen. Zur Flutzeit, wenn das Meer gegen das Land vordrang, hätten wir über die Untiefen fahren können, aber jetzt war der Fluß auf seine eigenen mageren Quellen angewiesen. Wir unternahmen einige Vorstöße, obwohl wir gelegentlich auf schlammigen Grund gerieten. Der Himmel hätte das Problem zweifellos für uns gelöst, aber plötzlich wurde Doc aktiv und energisch und erinnerte sich an den Steinballast.

Wir warfen die Steine über Bord, und es gelang uns daraufhin, ein paar Meter vorzudringen. Dann saßen wir fest. Doc zog hohe Schaftstiefel an und planschte davon, um eine Erkundung vorzunehmen. Bei seiner Rückkehr berichtete er, daß das Wasser in ungefähr fünfzehn Metern Entfernung tiefer sei, und wir machten uns sogleich daran, die Richtung festzulegen. Wir gingen dabei sehr genau vor, doch schien sich niemand darüber Rechenschaft abzulegen, daß zwischen uns und dem fahrbaren Wasser lauter hemmende Untiefen lagen.

Da ich mich auf Docs Boot befand, erwartete ich gewissermaßen, daß es Flügel ausbreiten und über die seichten Stellen fliegen würde. Vielleicht wäre dieses Wunder auch wirklich geschehen, wenn Doc nicht jene unglückselige Tüchtigkeit entfaltet und den Ballast entfernt hätte, der nun rings um das Boot im Wasser lag. Der Kiel scharrte, daß man Ohrenschmerzen bekam. Alle zeigten sich leicht überrascht, denn nach Docs Versicherung war der Taku River vollkommen felsenlos. Diesmal unternahm es Pater Kashiverof, ins Wasser zu steigen und Erkundungen vorzunehmen; er teilte uns mit, daß wir auf die Steine aufgelaufen waren, die wir selbst vom Juneau Inlet mitgebracht hatten.

Diese Feststellung erübrigte alle Erörterungen über die Art und Weise, wie wir das tiefe Wasser erreichen könnten. Ich tat meine Meinung kund, daß wir sechs durchaus von der Gnade des Himmels abhingen, und schlug vor, auszusteigen und zu versuchen, das Boot über die Untiefe hinwegzuziehen. Doch Doc wollte nicht, daß die Frauen naß und schmutzig wurden. Außerdem fand er, daß man der Vorsehung nicht allzuviel zumuten dürfe. Wir saßen ja so bequem an Bord. «Wenn die Flut zurückkommt, haben wir mehr Wasser, als wir brauchen», meinte Doc.

Damit spielte er auf die Flut an, während der wir uns eigentlich auf dem Heimweg hätten befinden sollen. Niemand machte den Vorschlag, den Besuch des Waldhauses aufzugeben. Mrs. Doc glaubte, daß Oscar, der Verwalter, in dem Boot, das zum Waldhaus gehörte und «Mud Hen» hieß, uns entgegenkommen würde. Ich hegte einige Zweifel, ob Oscar tatsächlich die Gabe des zweiten Gesichts besaß, die Mrs. Doc ohne weiteres voraussetzte. Davon abgesehen würde sein Erscheinen den Wasserstand nicht heben.

Während des Wartens reparierten wir den Auspufftopf. Ich hatte einmal zugesehen, wie Vic einen Asbestbrei mischte, um ein heißes Rohr zu «verbinden». Der Werkzeugkasten enthielt eine Packung Asbest, aber kein Stückchen Leinwand. Dana, Bobs und ich trugen lange Hosen und konnten kein Kleidungsstück entbehren, so bot Mrs. Doc ihr Unterkleid an. Wir mischten Asbest und Wasser, dann machte Doc eine kunstgerechte Bandage. Dazu benötigte er die Hilfe des Himmels nicht. Auf diese Weise wurde der Auspufftopf wieder am Auspuffrohr befestigt. Es schien uns allen plötzlich höchst wertvoll, einen tüchtigen Arzt an Bord zu haben.

Die ganze Zeit über warteten wir auf die «Mud Hen» mit Oscar. Die Gefühle, mit denen wir sechs seiner Ankunft entgegensahen, waren gemischt. Pater Kashiverof, Bobs und ich versprachen uns viel von seinem Kommen. Mrs. Doc, Dana und Doc fürchteten sich, ihm Erklärungen darüber abgeben zu müssen, wieso wir auf Grund saßen. Als er tatsächlich auftauchte, begann die Familie Doc sich eine Geschichte auszudenken, die unsere Anwesenheit auf dem Fluß zur Ebbezeit verständlich machte. Ihre Furcht vor diesem Oscar ließ mich ein wildes Individuum erwarten.

Wir saßen wie verängstigte Kinder da, während die «Mud Hen» sich drohend näherte. Ganz plötzlich hielt das Boot an. Mrs. Doc und Doc brachen in freudiges Geschrei aus. «Dem Himmel sei Dank!» riefen sie. «Jetzt ist er auch aufgefahren und kann uns keine Vorwürfe mehr machen!»

Oscar versuchte sich mit der Stange abzustoßen. Seine vergeblichen Bemühungen erregten bei uns noch herzlicheres Gelächter. Er verließ sein Boot und watete vorsichtig auf uns zu. Doc versicherte ihm, daß er ganz ungefährdet zu uns herüberkommen könne. Aber Oscar hatte offensichtlich keine Seeversicherung mit dem Himmel abgeschlossen, denn im nächsten Augenblick versank er in eisige Tiefen. Seine Haare sträubten sich, und als er untertauchte, erinnerte er an einen verärgerten Sonnenuntergang.

«Schaut nur!» schrie Mrs. Doc. «Oscar hat den Kanal gefunden!»

Ich freute mich, zu hören, daß der gesuchte Kanal wirklich vorhanden war. Oscar bewies diese Tatsache, indem er ihn durchschwamm. Nach dieser Heldentat traf niemand mehr Anstalten, ihn wegen der Felsen zu beschwindeln. Er fand die Geschichte nicht so komisch wie wir.

Als die Flut uns endlich von unserem Ballast hochhob, stießen die Männer das Motorboot mit Stangen zum Kanal, nahmen die «Mud Hen» ins Schlepptau und steuerten den Kanal hinauf. Oscar bestand darauf, in seinem eigenen Boot zu bleiben. Er hätte unserem Fahrzeug gar nicht zu mißtrauen brauchen, denn es erwies sich wenige Augenblicke später als äußerst seetüchtig.

Wir hatten uns am Heck zusammengeschart und berichteten Oscar, der im andern Boot saß, unsere Abenteuer, als er plötzlich nicht mehr zuhörte. Er zählte die Anwesenden.

«Wer ist eigentlich am Steuer?» fragte er.

Niemand war dort. Aber Docs Boot hatte seine Selbständigkeit wahrscheinlich schon oft beweisen müssen, es folgte den Windungen des Kanals wie unter der Führung eines Steuermanns.

Jetzt wußte ich genau, daß der Himmel auf unserer Seite war, und daß Bobs und ich sicher zur «Triton» zurückkehren würden. Ich stellte mich darauf ein, die Ereignisse des Tages zu genießen.

Zehn Minuten später explodierte das bandagierte Auspuffrohr unter einem Schneesturm von Asbestfetzen. Der ganze Schneesturm flog Oscar ins Gesicht. Er erkundigte sich nicht einmal nach der Ursache dieses Geschehens. Ein Jahr in Docs Diensten hatte genügt, um ihm das Staunen abzugewöhnen. Wir bürsteten uns ab, aber die kleineren Fetzen hingen überall in unseren Haaren, an unseren Brauen und Wollsachen, so daß wir wie etwas mißgestaltete sagenhafte Vögel aussahen.

Schließlich erreichten wir das Waldhaus, ein großes Blockhaus am Ufer des Taku River. Wir nahmen ein nachmittägliches Mittagessen zu uns. Dann besichtigten wir Oscars Fallenspur und die Zwillingsgletscher. Oscar setzte uns Pfannkuchen vor, die mit einem zwölf Jahre alten Sauerteig zubereitet waren, und entschuldigte sich wegen der Frische des Teiges. Er bedauerte, daß er sich nicht an einen Nachbar gewandt hatte, dessen Sauerteig zwanzig Lenze zählte. Ich war froh drum, denn ich hätte mich kaum getraut, ein derart historisches Gebäck zu mir zu nehmen.

Oscars Pfannkuchen, die weiß waren und süß schmeckten, bewiesen mir, wie sehr ich zum besten gehalten worden war, als Robert mir vor mehreren Jahren in einem Blockhaus im Norden angeblich die gleichen Sauerteigpfannkuchen zu kosten gegeben hatte. Ich nahm eine Probe des Sauerteigs mit, um Robert zur Rechenschaft zu ziehen.

Gegen Abend zeigte Oscar seine große Sorge, daß wir abermals eine Flutzeit verpassen könnten, und so verabschiedeten wir uns. Kaum hatten wir das Boot bestiegen und einige Meter zurückgelegt, da beschrieb das Motorboot einen vollkommenen Kreis. Doc stellte den Motor ab, während wir das Phänomen besprachen und zu der Überzeugung gelangten, daß es mit der raschen Strömung zusammenhing. Wir fuhren abermals los und beschrieben einen Kreis. Diesmal gerieten wir in die Nähe des Ufers, und als es klar ersichtlich war, daß wir auffahren würden, rannte Pater Kashiverof zum Bug, um uns mit einer spitzen Stange aufzuhalten. Gerade als wir anprallten, stieß er die Stange in den Grund ... und vollführte den anmutigsten Stabsprung, den ich jemals gesehen habe. Er schien einen neuen Rekord im Stabweitsprung aufzustellen. Wir sahen ihn durch die Luft segeln, dann war er plötzlich im Gebüsch verschwunden.

«Finden Sie nicht auch, daß das großartig war für einen Mann in Pater Kashiverofs Alter?» fragte Mrs. Doc.

Ich glaubte, sie meinte den unfreiwilligen Stabsprung, aber ihre Worte bezogen sich auf seinen raschen Lauf zum Bug.

Die geräuschvolle Rückkehr des Paters, der sich den Weg durchs Gebüsch bahnte, verriet uns, daß er noch lebte. Während wir auf ihn warteten, gab Doc seiner Vermutung Ausdruck, daß irgend etwas mit dem Steuerruder nicht stimmte. Diese Ansicht wurde durch Dana und Bobs erhärtet, die uns mitteilten, daß der schadhafte Motor, den uns Oscar mitgegeben hatte, quer vor dem Steuerruder läge. Offenbar trug Oscar daran die Schuld: er hatte den Motor aufs Achterdeck geschafft. Doc erklärte, daß er es um der Symmetrie willen getan habe.

Daß wir auf der Fahrt flußabwärts nochmals aufliefen, war zu erwarten gewesen. Glücklicherweise hatten wir erst eine Biegung hinter uns, so daß wir Oscar herbeipfeifen konnten, obwohl Mrs. Doc erklärte, sie würde lieber bis zur nächsten Flut festsitzen, als anhören zu müssen, was Oscar von uns hielt. Ich dagegen zog Oscars Bemerkungen einer Nacht auf dem Fluß vor.

Wir brauchten weder das eine noch das andere durchzumachen. Vielleicht verbrachte Oscar die Nacht auf dem Fluß. Wir haben es nie erfahren. Als er die «Mud Hen» durch die Untiefen auf uns zusteuerte, lief er ebenfalls auf. Unser Gelächter schien ihn nicht gerade freundlich zu stimmen, und er sah noch vergrämter aus, als es uns gelang, unser Boot mit der Stange in tieferes Wasser zu stoßen, und wir fröhlich den Kanal hinuntergondelten, unseren festgefahrenen Retter auf dem trockenen zurücklassend. Daß wir ihn so zurückließen, hielt ich als einen Beweis dafür, daß selbst die Besten von uns Fehler machen. Oscars Einstellung zu Fahrkanälen, Sandbänken und Gezeiten glich der Stewarts und Roberts. Der Himmel läßt offensichtlich die Tüchtigen im Stich, damit sie sich selbst helfen.

Im Waldhaus hatten die Männer den Auspufftopf mit einem Stück Brennholz gestützt. Der Auspufftopf verschloß das Loch im Auspuffrohr aber nicht vollständig, und bei zunehmender Dunkelheit wurden die Flammenzungen am Ende des Auspuffs immer deutlicher sichtbar. Ich schaute mich in der Kabine nach einem Feuerlöscher um. Ein frischer Farbfleck unter einem Metallhalter deutete darauf hin, daß hier ein Feuerlöscher erst kürzlich entfernt worden war. Auf die Gefahr hin, übereifrig zu sein, flüsterte ich Doc eine diesbezügliche Frage zu.

«Ich habe ihn versteckt, da ich fürchtete, er könnte Sie und Ihre Tochter beunruhigen», erwiderte er.

Doc war vernünftig. Er ließ es zu, daß ich den Feuerlöscher aus seinem Versteck im Vorderdeck hervorholte und wieder in den Halter spannte, falls ich ihn nicht für einen schreckeneinflößenden Gegenstand hielt.

Unsere nächste Aufregung galt Pater Kashiverof. Jemand bemerkte, daß er fehlte, und leitete eine vorsichtige Nachforschung ein.

«Wo ist Pater Kashiverof?» ging es flüsternd von Mund zu Mund. Wir saßen aufgereiht zu beiden Seiten der Kajüte. Es war wie ein Spiel, das ich in meiner Kindheit gespielt hatte, bei dem jeder dem neben ihm Sitzenden etwas zuflüstern mußte.

Jetzt blickten alle rundum, durchforschten den ganzen Raum und erklärten ernst, daß Pater Kashiverof nicht zu sehen sei, obwohl sich nicht einmal eine Mücke in dem Boot hätte verbergen können. Mrs. Doc hob die Vorhänge am Heck hoch und sagte, daß sie den Pater auch auf dem Achterdeck nicht sehe. Es herrschte keine Panik und keine Bestürzung. Wir suchten in aller Ruhe weiter, während das Boot uns flußabwärts durch die Dunkelheit trug. Ich war, ebenso wie die andern, überzeugt, daß Pater Kashiverof nicht über Bord gefallen sei. Das konnte auf Docs Boot nicht geschehen.

Wir schauten unter jede Sitzgelegenheit. Wir rückten alle beweglichen Gegenstände vom Fleck. Der Werkzeugschrank war der einzige Platz, den wir noch nicht durchsucht hatten, als Pater Kashiverof zwischen den Heckvorhängen auftauchte und fragte, ob man ihn gerufen habe.

Er hatte es sich auf einem gepolsterten Kasten im Heck bequem gemacht und war eingeschlafen. Nun kehrte er dorthin zurück, um den unterbrochenen Schlummer zu beenden, obwohl Mrs. Doc ihren Mann daran erinnerte, daß er selbst gesagt habe, das dünne Holz könne nicht einmal Danas Gewicht tragen.

«Pater Kashiverof ist müde und hat ein Nickerchen nötig», sagte Doc gemütlich.

Ein Captain, der das Wagnis krachenden Holzwerks um des Wohles seiner Gäste willen auf sich nahm, bedeutete für mich etwas Neues. Man hatte mich gelehrt, daß das Schiff vor allem Menschlichen komme.

Als wir uns dem Taku Inlet näherten, schaltete Doc den Scheinwerfer ein und aus. Es war ihm eingefallen, daß er das letztemal, als man in die eisberggespickte Bucht gefahren war, nicht funktioniert hatte. Als er mit seinen Versuchen gar nicht mehr aufhörte, entschieden wir, daß er ihn brennen lassen sollte. Bobs und Dana wurden streng ermahnt, ja nicht über das Stück Holz zu stolpern, das den Auspufftopf stützte, oder sich der Stelle am Vorderdeck zu nähern, wo der Scheinwerferschalter etwas unsicher befestigt war.

Einen Augenblick später stieß Mrs. Doc daran, und das Licht ging aus.

Doc legte den Scheinwerfer gelassen beiseite. «Schade», sagte er. «Die Eisberge sehen in der Scheinwerferbeleuchtung so hübsch aus.»

Meine Gedanken kreisten mehr um unsere Sicherheit als um szenische Wirkungen. Ich bemühte mich mit allen Kräften, an die himmlische Führung zu glauben, aber ich befürchtete ein wenig, daß meine eigenen Rückfälle in den Arbeitseifer unseren Schutzgeist vertrieben haben könnten. Wir bedurften der Vorsehung, während wir uns zwischen den Eisbergen hindurchschlängelten. Mrs. Doc hielt eine Taschenlampe in der Hand. Doc ergriff das Steuerrad. Wir alle schrien ihm Anleitungen zu.

«Geradeaus! Nach Steuerbord! Nein! Nein! Nicht dorthin! Ich meine, nach Backbord! An dem sind wir gerade noch vorbei. Da kommt wieder einer!»

Docs Gleichmut war bewundernswert. Während die Eisberge wie große graue Gespenster an uns vorbeiglitten, hörte er nicht einer Frau, sondern vier Frauen zu, die zu keiner Zeit darin übereinstimmten, welcher zwei Stockwerk hohe Eisklumpen die größte Gefahr darstellte. Niemand schien in Betracht zu ziehen, daß wir zwischen zwei Eisbergen eingeklemmt und wie eine Eierschale zermalmt werden könnten. Ein Zusammenstoß bot schon genügend Anlaß zu Besorgnis, und während all dem bewahrte Doc eine heitere Ruhe. Stewart und Robert wären nicht nur nervös geworden, sondern geradezu in die Luft gegangen. Später wiesen sie diese Anschuldigung zurück, indem sie versicherten, daß sie schon deshalb gar keine Veranlassung hätten, in die Luft zu gehen, weil sie niemals in eine ähnliche Lage gerieten.

Als die Eisberge vorbei waren, fuhren wir gemächlich längs der Küste dahin. Der Motor lief, stotterte, drohte stillzustehen, doch tat er es nicht. Doc diagnostizierte seinen Krankheitsbefund als «zuviel von irgend etwas», aber um sicher zu sein, fügte er rasch hinzu: «Vielleicht auch zu wenig.» Bobs und Dana schliefen. Auch Mrs. Doc schlummerte. Ich saß neben dem hämmernden Motor, zu meiner Seite Pater Kashiverof, der mir Geschichten aus seiner Jugendzeit in dem farbenfrohen russischen Sitka erzählte. Doc machte ein kleines Nickerchen, während der Pater das Steuerrad übernahm. Dieses Nickerchen war unser Verderben, denn Doc erwachte wieder voll Tatkraft. Er gab plötzlich Vollgas, woraufhin der Motor stillstand, als wollte er sagen, daß er geradesogut seine Tätigkeit einstellen könnte, wenn das, was er seit Stunden leistete, uns nicht genügte.

Doc entschied, daß wir kein Benzin mehr hätten. Das klang einleuchtend. Es war das einzige Mißgeschick, das noch ausstand. Doc nahm die Ruder zur Hand. Bei einer Stundengeschwindigkeit von einer Meile würden wir fünf Stunden brauchen, um heimzugelangen, aber wir beschleunigten die Fahrt, indem wir voll Hoffnung ein Schmugglerboot um eine Landspitze verfolgten. Das Schmugglerboot zog sich in eine tiefe Bucht zurück, um festzustellen, ob wir Freund oder Feind wären. Doc war ein Freund und brauchte Hilfe. Wir befanden uns weit in der Bucht, als es Doc in den Sinn kam, daß doch niemand wußte, wo sich der Tank befand und wie man ihn füllte. So setzten wir als Ruderboot unsere Fahrt nach Juneau fort.

Es war vier Uhr morgens, als Bobs und ich in das Deckhaus der «Triton» krochen. Robert war in der Kombüse und bereitete Kaffee; er war gerade im Begriff gewesen, sich auf die Suche nach uns zu machen.

Die Geschichte unserer Erlebnisse war zu lang, als daß ich sie gleich hätte erzählen können. Wenn ich gescheit gewesen wäre, hätte ich erklärt, es gäbe überhaupt keine Geschichte. Robert weckte mich um neun Uhr, um Einzelheiten zu erfahren, doch kaum hatte ich mit meinem Bericht begonnen, so unterbrach er mich.

«Nimm deinen Kaffee und komm zur 'Simba' hinüber», forderte er mich auf. «Betty und Stewart dürfen das nicht versäumen.»

Alle Sorge, daß die «Simba» und die «Triton» sich um uns geängstigt haben und sich auf eine Rettungsexpedition begeben haben könnten, war hinfällig. Ich befand mich wieder in der Welt der Tüchtigkeit. Die beiden Captains bestritten, daß sie auch nur an eine Rettung gedacht hätten.

«Was?!» riefen sie. «Es gibt gar nicht genug Frauen und Kinder auf der Erde, deretwegen wir uns in der Dunkelheit mit unseren Schiffen unter die Eisberge begeben würden!»

Ich erzählte gerade die letzten Geschehnisse, als ein Mechaniker erschien, um Docs Boot in Ordnung zu bringen. Stewart und Robert fuhren hinüber. Sie kehrten bald zurück, wobei sie sich vor Lachen krümmten.

«Während Doc stundenlang ruderte», sagten sie, «hatte er die ganze Zeit fünfundzwanzig Liter Benzin an Bord!»

FÜNFUNDZWANZIGSTES KAPITEL

Lua gerät beim Fischen außer sich

Die alaskischen Flüsse entschädigen für die übermäßigen Regenfälle in diesem Land. Ohne diese Unmengen an Regen und Schnee gäbe es viele der prächtigen Flüsse überhaupt nicht. Von Anfang an waren wir Anhänger der Flüsse. Im Laufe der Jahre erkoren wir unsere besonderen Lieblinge, die wir Sommer für Sommer aufsuchten. Selbst in unserem letzten Sommer entdeckten wir noch neue Flüsse.

Ich bildete mich geradezu zum Flußkenner aus. Die andern spotteten darüber, daß ich mich so nannte, denn ich wanderte nie sehr weit und kam selten bis ins Quellgebiet eines Flusses. Die Wasserläufe selbst waren meine Leidenschaft, und ich freute mich an ihnen, wie man ein Bild genießt, indem man die einzelnen Teile ganz genau studiert.

Lange Stunden verbrachte ich am Ufer kristallklarer Gewässer, wo Moose und hohe Farne wuchsen. Ich hielt auf meinen Wanderungen an, um das Spiel der Lichter und Schatten auf schneeigen Berghängen zu beobachten. Mitunter erblickte ich beim Umherschlendern einen Nerz, der sich auf seinem Beutezug befand. Oder eine Ente machte verzweifelte Anstrengungen, durch geräuschvolles Geflatter meine Aufmerksamkeit von ihren Küken abzulenken, um dann zu ihnen zurückzukehren und sie vor mir zu warnen.

Die Flüsse Alaskas sind ganz verschiedenartig. Sie fließen nicht so gezähmt und ordentlich zwischen Bäumen und Rasenufern dahin wie ihre Brüder in New England. Sie haben nichts von der milden Strenge der Flüsse in den mittelwestlichen Prärien. Wie Alaska selbst sind sie urwüchsig, rauh und heftig. Das Ufer wird von Berghängen mit riesigen Bäumen gebildet, engen, spärlich bewachsenen Tälern oder breiten Kiesflächen. Stets sieht man Narben vom Frühlingshochwasser, und immer sind die Flüsse geräuschvoll, lustig und glitzernd. Wenn ihnen der Weg hier versperrt wird, so bahnen sie ihn sich dort. Doch unablässig eilen sie weiter.

Die Verschiedenartigkeit der alaskischen Flüsse macht ihren größten Reiz aus. Etliche laufen über herausragende Felsen, krümmen sich um mächtige Steinschranken, vertiefen sich ohne jegliche vorherige Warnung, um dann zu funkelnden Schneewasserflächen zu werden. Etliche verzweigen sich in lauter Arme, wo großblättrige Pflanzen im Überfluß gedeihen. Wieder andere winden sich zwischen holunderbewachsenen Ufern dahin. Auf vielen hat sich ein dichtes Flechtwerk von Fichtenstämmen gebildet, Opfer der Frühjahrsstürme, die eine Flußwanderung zur reinsten Seiltänzerei machen. Manche Flüsse eröffnen die Aussicht auf Täler und ferne Berggipfel. Auch gibt es etliche, die über Klippen hinunterspringen oder sich in eine Felsenschlucht hinabstürzen, so daß der Wanderer vom Flußbett abweichen und eine beschwerliche Kletterei unternehmen muß.

An solchen Flüssen konnte ich mich, ohne wie die andern weitergetrieben zu werden, am Ufer oder auf einem Inselchen niederlassen. Dann döste ich vor mich hin, eingelullt vom Rauschen des Wassers, oder aber ich las. Mitunter sah ich einen Adler, einen Otter oder einen Bären. Doch immer hatte ich das Gefühl tiefsten Friedens.

Robert wollte stets erforschen, wie der Fluß eine Meile weiter oben aussah, selbst wenn er wußte, daß er dort gar nicht lieblicher sein konnte. Bobs und Lua waren sich oft unschlüssig, was sie unternehmen sollten. Wenn der Weitermarsch nicht allzu beschwerlich war, folgten sie Robert, doch konnte es geradesogut geschehen, daß sie sich bei mir niederließen und «erfahrene Kenner» mimten.

Die Forellenmengen in den alaskischen Flüssen sind unglaublich. Manchmal liegen die Forellen dicht nebeneinander wie in Kolonnen marschierende Soldaten. Eines Nachmittags, als Stewart alle Forellen, die wir überhaupt essen konnten, gefangen hatte und noch etliche dazu, die er ins Wasser zurückwarf, machte er sich mit Robert daran, die Zahl der Forellen an der betreffenden Flußstelle herauszufinden. Die Berechnung ergab zweitausend, eine so verblüffende Zahl, daß sie sie rasch halbierten. Doch auch danach wagten sie sie nicht laut auszusprechen. Später fanden wir eine Stelle, wo sich doppelt so viele Forellen aufhielten.

Die alaskischen Flüsse machten meinem Interesse am Fischen mit der künstlichen Fliege für immer ein Ende. Diese Unmengen von Forellen nahmen dem Angelsport jegliche Spannung. Ich wagte das niemals offen einzugestehen, bis ich eines Tages einen Mann traf, der Fliegenanglerferien im Staat Washington plante. Ich schaute ihn überrascht an.

«Unsere Forellengewässer kenne ich in- und auswendig», sagte er. «Ich möchte mir einmal eine Forelle verdienen.»

Ein Mitglied unserer Familie glich unsere Gleichgültigkeit dem Forellenfischen gegenüber aus, indem es sich voll Eifer diesem Sport widmete. Lua wurde ein leidenschaftlicher Fischer. Das Geräusch einer Angelrolle war Musik für seine Ohren, und zitternd vor Aufregung saß er neben dem Fischer, wenn eine Forelle anbiß. Schmeichlerisch blickte er dann auf, wie um zu sagen: «Laß mich sie jetzt haben.» Beim ersten zustimmenden Nicken stürzte er sich in das eisige Wasser, tauchte, schnappte nach dem Fisch und legte ihn aufs Ufer nieder. Keine einzige Schuppe ging dabei verloren, und die Haut blieb unverletzt. Hierauf war sein Interesse an der Beute erlahmt, und er kehrte zu dem Fischer zurück, um auf das nächste Opfer zu warten.

Lua ernannte sich selbst zu Stewarts Gehilfen. Das geschah an dem Tag, als Charlie Drumm seine ersten Angelversuche anstellte. Lua hörte das Geräusch der Rolle und stürzte los, um sich neben Charlie zu setzen. Er mochte Charlie gern und verzieh es ihm großmütig, als ihm die erste Beute verlorenging. Er wedelte sogar ermutigend: «Laß dich's nicht verdrießen, alter Freund. Fehlschläge gehören dazu.» Als aber auch die nächste Forelle ihre Freiheit wiedererlangte, blickte Lua höchst vorwurfsvoll zu Charlie auf und verließ ihn, um sich neben Stewart zu setzen.

Irische Terrier sind ausgezeichnete Jagdhunde, aber nach Luas erstem Fisch mußte alles Jagdbare Schuppen haben und durch Schwimmen zu erreichen sein. Rotwild blickte er nur verwundert an. Er grub auch nicht mehr nach Backenhörnchen und bellte keinem Tier am Ufer mehr Neuigkeiten zu. Eine Ratte vermochte in ihm keinerlei Erinnerungen an die Instinkte seiner Rasse zu wecken. Gewehre ließen ihn völlig gleichgültig, doch um so aufgeregter wurde er beim Anblick einer Angelrute. Ein Fisch an der Leine versetzte ihn in zitternde Erregung, und wenn er im Wasser eine Forelle hochschnellen sah, bat er den nächsten Fischer, die Angel auszuwerfen.

Als aber die Lachse zum Laichen die Flüsse hinaufzuziehen begannen und das Wasser von Tausenden von Fischen aufgewühlt wurde, steigerte sich Luas Erregung zu Raserei. Er wartete gar nicht mehr auf eine Angelrute. Er verlegte sich selbst aufs Fischen. Die Lachse kamen in Scharen und warfen ihn um. Mit einer dreipfündigen Forelle konnte er noch fertigwerden, aber ein fünfzehnpfündiger Lachs legte ihn mit Leichtigkeit auf den Rücken. Doch niemals gab er seine Versuche auf.

Er planschte und pladderte durch das Gedränge der Fischleiber, wobei er nach jedem Sturz noch verblüffter, rasender, zerzauster aussah. Wir kugelten uns am Ufer vor Lachen, und unser Gelächter steigerte seine Besessenheit.

Seine letzte Lachsjagd dauerte mehrere Stunden und bildete den Höhepunkt aller Flußtage. Als wir ihn aus dem eisigen Wasser riefen, schaute er stromabwärts, wo gerade ein neuer Zug Lachse auftauchte, wedelte mit dem Schwanz und blickte flehend zu uns herüber. «Laßt es mich noch einmal versuchen», sagten seine Augen. «Bei dieser Jagd gibt es irgend einen Trick, aber ich krieg' ihn bestimmt noch heraus.»

Nach dieser Bitte um Entschuldigung für seine Unfolgsamkeit sauste er den heranschwimmenden Fischen entgegen, die ihn umwarfen und nach allen Seiten rollten, während er schnappte, pladderte und vor Wut quietschte.

Bobs hatte größtes Erbarmen mit ihm, als er am Abend vor Kälte zitterte. Sie hüllte ihn in eine Decke, legte eine Wärmeflasche neben ihn und machte uns dafür verantwortlich, wenn er Lungenentzündung oder Rheumatismus bekäme.

Zugleich erinnerte sie uns an eine frühere Tragödie, als ein ihr gehöriger Hund an Fischvergiftung gestorben war. Der Tierarzt hatte damals festgestellt, daß ein Rest Konservenfische in einem nachbarlichen Abfallkübel den Tod herbeigeführt hatte.

«Ihr wißt doch, wie gefährlich Fischvergiftung ist!» rief sie. «Einen Hund habe ich dadurch schon verloren. Und ich will Lua nicht auch verlieren!»

Das ernüchterte uns. Die Flußufer waren bedeckt mit toten und verwesenden Fischen. Wir beschlossen, daß Luas Kampf mit den Lachsen zu Ende sein sollte. Von nun an wurde er während der Laichzeit der Lachse an der Leine gehalten.

Der Captain entschädigte ihn teilweise dafür. Immer wenn wir einen Heilbuttschoner sahen, hielten wir an, um frische Fische zu kaufen, und eines Tages nahm Robert Lua mit an Bord. Mit einer Winde wurde hier eine zwei Meilen lange Leine eingeholt, an der alle paar Meter ein Fisch hing. Lua platzte beinahe vor Erregung. Dorsche, riesengroße Schnäpel und Butte bis zu sechzig Pfund Gewicht kamen in endloser Folge über Bord und flogen aufs Deck. Lua sprach noch eine Stunde lang davon, als er wieder daheim war. Die ganze Nacht schlief er unruhig.

Noch ein anderes Ventil hatte Lua für seine Fischleidenschaft. Jedes Jahr fischte er im Frühling und im Herbst mit mir in den Yucluetaws nach Lachsen, wobei seine Spannung und Aufmerksamkeit noch größer waren als meine. Da wir fürchteten, daß er sich im Haken verfangen könnte, erzogen wir ihn dazu, sich von dem Fisch fernzuhalten, wenn er im Boot landete, und er befolgte, jeder Zoll ein Gentleman, diese Regel.

Doch als Bobs ihren ersten Lachs, einen Achtundzwanzigpfünder, fing, beschloß Lua, daß seiner Herrin dieser Fisch nicht aus dem Boot hüpfen sollte, solange er es verhindern konnte. So sprang er darauf, und Leine, Blei, Hund und Fisch bildeten im nächsten Augenblick ein einziges Durcheinander. Aber Bobs und Lua waren glücklich.

Lua verlebte seine alten Tage an einem Gartenteich, in dem ein einzelner einsamer Goldfisch schwamm. Stundenlang lag er daneben und folgte dem kleinen gelben Ding mit den Blicken. Ich bin sicher, daß der Goldfisch in seinen Augen ein großer, feuriger Lachs war.

*

Jeder Ankerplatz in Alaska bot Neues. An einer so ausgedehnten und vielfach verwinkelten Küste konnten wir nicht alle Buchten und Häfen kennenlernen. Von den Inlets British Columbias hatten wir schon vorher gehört und dann festgestellt, daß ihre Schönheit ihrem Ruf entsprach. Die Alaska-Fahrt aber war eine echte Forschungsreise. Wir standen, ohne es vorher zu wissen, vor atemraubender Schönheit, und die Entdeckerfreude erhöhte noch das Vergnügen daran.

Niemand hatte uns von der Red Bluff Bay erzählt, die dem Princess Louisa Inlet an Pracht unbedingt die Waage hielt, und die wir durch einen Zufall fanden. Da wir nicht alle schmalen Einkerbungen in der herrlichen Küste von Baranof Island befahren konnten, hatten die Captains entschieden, daß wir nur jede dritte Bucht besuchen sollten.

«Dabei können wir nichts verlieren», hatte Stewart hinzugefügt.

Der Zeiger des Glücksrads hielt bei der Red Bluff Bay, und die «Simba» und die «Triton» bogen in den schönsten Hafen ein, der uns jemals vor Augen gekommen war. Die steilen Felswände, die die Bucht umschlossen, waren tiefrot. Acht Wasserfälle stürzten über die hohen Felsen herab. Im Hintergrund sah man einen kegelförmigen Berg inmitten eines breiten Tals, gekrönt von dem klaren Blau eines Gletschers.

Das war ein herrlicher Fleck, um alle möglichen Arbeiten auszuführen. Auf einem Schiff gibt es stets allerhand zu tun, und wir hatten ja Heim und Schriftstellerei zusammengekoppelt. Zudem mußte die «Triton» jeden Sommer neu gestrichen werden, täglich gab es zu kochen, die Kabinen waren sauber zu machen, die Fußböden zu bohnern, das Deck zu scheuern, die Wasser- und die Elektrizitätsanlage instandzuhalten, drei Benzinmotoren zu warten.

In der Red Bluff Bay bemächtigte sich der gesamten Mannschaft wie auf Befehl plötzlicher Arbeitseifer. Bobs ergriff den Staubsauger und verschwand damit in ihrer Kabine. Zu unserem Erstaunen hatten wir festgestellt, daß es auch an Bord eines Schiffes Staub gibt, und Bobs und Lua fügten noch Sand, Hundehaare, Brösel von Hundekuchen, allerlei Algen, Muschelschalen und dergleichen zu dem üblichen Staub der Decken und Wollsachen hinzu. Ein Reinigungstag im Achterquartier war deshalb gar nicht so unangebracht.

Betty und ich füllten die täglich benutzen Vorratsschränke auf und kontrollierten die Hauptvorräte. Mit dem fortschreitenden Sommer wurde es immer schwieriger, Lieblingsgerichte auf den Tisch zu bringen. Als wir unseren Bestand an Vorräten notiert hatten, organisierten wir einen Tauschhandel. Die «Triton» tauschte konservierte Bataten gegen die Ananaskonserven der «Simba» ein, auch frischte ich meinen Bestand an Maismehl auf.

Stewart und Charlie scheuerten das Deck und wuschen sogar den Rumpf. Die «Simba» blitzte so sehr vor Sauberkeit, daß ich ein übriges tat und das Holzwerk des Vorderdecks lackierte. Robert beendete die Abschrift eines Manuskripts, das am nächsten Postbüro aufgegeben werden sollte, dann lud er die Mannschaft der «Simba» zu einem von ihm selbst zubereiteten Nachtessen ein. Meine Bemerkungen über Oscars Sauerteig hatten seinen Stolz verletzt. Er beschwindelte mich ein wenig, indem er mich fragte, wie man eine Muschelsuppe macht, doch waren seine Sauerteig-Pfannkuchen nachher so leicht und wohlschmeckend, wie er sich gerühmt hatte sie herstellen zu können.

Betty nahm eine Probe davon mit, um sie dem chinesischen Koch der «Simba», der den alten Sauerteig mit Mißtrauen betrachtet hatte, kosten zu lassen. Der Koch überraschte uns daraufhin ein paar Tage später mit Zimtstengeln, die ihn zum Sauerteig-Fachmann stempelten. In China war der Sauerteig bis dahin vielleicht unbekannt, dieser Chinese jedoch hatte ihn in Alaska kennengelernt.

SECHSUNDZWANZIGSTES KAPITEL

Der «vierundzwanzigste» Bär

Im Laufe der Zeit verringerten sich unsere Spielplätze in Alaska. Wir hatten Lieblingsflüsse und Lieblingshäfen und wählten bestimmte Wege in dem Labyrinth von Wasserstraßen und Meeresarmen, die alle herrlich waren. Die zackigen Berge von Südost-Alaska beschränken das Meer auf schmale Bänder, die sich zwischen nackten Felsen dahinwinden. Manchmal begegnen sich diese Bänder in einem prächtigen Wettlauf, und dann eröffnet sich den Augen nach allen Seiten ein wunderbares Bild.

Mit der Zeit lernten wir auch einige Berge ganz besonders lieben, obwohl ich nie geglaubt hätte, daß ich bei Bergen Unterschiede machen würde. Nach Tagen, Wochen, Monaten der Seefahrt unter majestätischen Gipfeln wirkten einige ganz besonders eindrucksvoll. Das galt vor allem für die glitzernden Bergwälle an der Ostküste von Baranof Island. In meinen Augen stachen sie alle andern an kühner Großartigkeit aus.

Die Gegend der drei großen Inseln – Admiralty, Chichagof und Baranof – waren unsere Hauptfahrgebiete. Wir besuchten sie, wenn die Lachse zum Laichen zu Berg schwammen, denn um diese Zeit verlassen die großen Braunbären, die es in Südost-Alaska nur auf diesen drei Inseln gibt, das Gebirge und kommen zu den Flüssen, um zu fischen. Überall kann man dann an den Wasserläufen einen Bären beim Mittagessen überraschen.

Anfangs kümmerten wir uns um die Bären überhaupt nicht. Wir strolchten einzeln und in Gruppen umher. Betty und ich hielten unser Mittagsschläfchen in der Nähe frischer Bärenspuren. Lua und Bobs streiften durch den dichten Busch. Wir benahmen uns, als ob die Theorie, daß Bären Begegnungen mit Menschen meiden, auch auf die Brownies von Alaska zuträfe.

Ein Forstmann klärte die Captains über diesen Irrtum auf. Sie kehrten von ihrem Besuch bei ihm mit haarsträubenden Geschichten über den alaskischen Braunbär zurück.

Besonders eindrucksvoll war die Theorie vom vierundzwanzigsten Bären. Dreiundzwanzig Bären mögen fortlaufen, aber das Betragen des vierundzwanzigsten ist nicht vorauszusehen. Er kann launisch sein. Er kann dem Menschen infolge einer früheren unliebsamen Begegnung feindlich gesinnt sein. Er kann krank oder nervös sein, vielleicht auch überängstlich. Er kann das Opfer einer Psychose sein und selbst nicht wissen, warum er den Zweibeiner verabscheut. Die Gründe sind unwichtig im Vergleich zu der Tatsache, daß er barbarische Gelüste fühlt.

Die Sache mit dem vierundzwanzigsten Bären wäre höchst einfach, wenn er wie ein Fußballspieler eine Nummer tragen würde. Aber das tut er nicht. Er ist nur daran zu erkennen, daß er gewalttätig wird. Und der Braunbär von Alaska ist ein riesiger Allesfresser, der bis zu achthundert Kilo wiegt, er ist auch imstande, sogleich zum Angriff überzugehen, und entwickelt dann eine erstaunliche Geschwindigkeit. Überdies ist er auch noch intelligent, denn er vollführt gelegentlich ein Manöver, das man «Angelhaken auswerfen» nennt, wobei er entweder einen Angriff von hinten unternimmt, oder neben dem Pfad auf seinen Gegner wartet.

Und jeder Braunbär an sämtlichen Flüssen kann der «Vierundzwanzigste» sein.

Die beiden Captains erläuterten uns diese Tatsachen und beendeten sie mit eindringlichen neuen Verhaltungsmaßregeln. Bettys und meine Vorliebe für Spaziergänge auf Bärenwechseln und Mittagsschläfchen in ihrer Nähe mußten unverzüglich eingestellt werden. Lua durfte nicht mehr ohne Aufsicht umherlaufen, da sonst die Gefahr bestand, daß er einen friedlichen Teddy in einen barbarischen Vierundzwanzigsten verwandelte. Niemand durfte die andern verlassen und auch nur einen Augenblick außer Sichtweite geraten. Und auf jedem Ausflug sollte ein «Bärentöter», eine schwere Kugelbüchse, mitgeführt werden.

Nachdem uns diese Regeln eingetrichtert worden waren, begannen wir Braunbären anzupirschen. Die ersten, die wir zu Gesicht bekamen, sahen uns nicht. Einer war augenscheinlich ein Pfadfinder, der erkunden sollte, ob die Fischsaison schon begonnen hatte. Er kam einen Berg herab, überquerte das weite Gelände vor dem Fluß, betrachtete das Wasser, kehrte um und ging den Weg zurück, den er gekommen war. Sein Gehabe verriet geschäftige Eile. Er hatte etwas zu erledigen und ahnte nicht, daß er beobachtet wurde.

Ein anderer Bär schwamm an einem warmen Tag in einem Fluß. Er fischte nicht. Er kühlte sich nur ab. Robert, der unseren Gänsemarsch anführte, winkte. Betty, Bobs und ich schlossen auf, um zuzuschauen, wie der Bär sich behaglich im Wasser tummelte. Stewart schlich näher und fotografierte ihn. Der Bär schwamm stromaufwärts, ohne jemals zu erfahren, daß er im Bild festgehalten worden war.

Eines Tages wanderten wir einen Fluß hinauf, der zwischen hohen Felsen dahinfloß. Ungefähr neun Meter über dem Wasserspiegel lag quer über dem Flußbett ein mächtiger Fichtenstamm, dessen beide Enden im Wald verankert waren. Das sah wie eine romantische Theaterdekoration aus, und wir bewunderten sie, wenn auch die Darsteller fehlten. Auf einmal betrat ein einjähriger Teddy die Bühne. Sein Fell glänzte. Stolz schritt er über die natürliche Brücke und verschwand in den grünen Kulissen auf der andern Seite, ohne sein bewunderndes Publikum auch nur zu bemerken.

Einem andern Bären begegneten wir auf einem Ufergelände, als wir gerade im Begriff waren, zu den Ruderbooten zurückzukehren. Das Sumpfgras war hüfthoch, und er tauchte ganz plötzlich fünfzehn Meter vor uns auf. Auf den Hinterbeinen aufgerichtet stand er da, fast drei Meter hoch. Er äugte zu uns herüber, drehte sich dann um und schlenderte auf allen vieren in den Wald. Der Anblick der riesigen Pranken und des mächtigen Kopfes mit den langen Reißzähnen hatte mir genügt: ich war bereit, von nun an alle Bärenregeln genau zu befolgen.

Im Gänsemarsch wanderten wir, Stewart mit seiner Kamera, Robert mit einem Gewehr, Betty, Bobs und ich zwischen den beiden Männern, so vorsichtig wie möglich viele Flußläufe hinauf. Und wir sahen viele Bären. Die Aufregung, wenn wir plötzlich nach einer Flußbiegung auf einen Bären stießen oder eine ganze Bärenfamilie beim Fischen überraschten, war immer gleich groß.

Das dichte Buschwerk am Ufer wird von Bärenwechseln durchschnitten, denn jeder Bär und jede Bärenfamilie legt sich einen eigenen Pfad zum Fluß an. Manche dieser Wechsel sind gerade und liegen offen da, so daß ein sich nähernder Bär von weitem gesehen werden kann; vor ihnen hatte ich keine Scheu. Andere Wechsel sind gewunden, von Gebüsch überdacht oder von einem Baumstamm verdeckt, und das Bewußtsein, daß hier jeden Augenblick ein Bär auftauchen könnte, um sich zu dem seichten Fluß zu begeben, ließ mich angstvolle Blicke nach hinten werfen. Meist fand ich mich dann plötzlich mitten im Fluß stehen.

Ein fischender Browny bietet oft einen komischen Anblick. Mit seinen wilden Sprüngen nach einem Lachs, seinem Kummer, wenn er ihn verfehlt, seiner betrüblichen Miene, wenn er einem Fisch nachschaut, der ihm entwischt ist, erinnert er so ganz und gar nicht an einen gewaltigen Jäger. Ich habe einen großen Bären sich ein halbes Dutzend Mal in dem seichten Wasser mit einem Was-hat-das-Ganze-für-einen-Sinn-Ausdruck aufs Hinterteil setzen sehen. Selbst wenn er schließlich einen Lachs erhascht und mit der Beute im Maul uferwärts zieht, macht er einen ganz anderen Eindruck, als er wahrscheinlich selbst glaubt.

Wenn ein Braunbär einen Menschen angreift, schlägt er ihn nieder und beißt ihn dann. Hält er den Gegner für tot, so verläßt er ihn, kehrt aber sogleich zurück, wenn der Totgeglaubte sich bewegt. Dieses Verfahren ist wohlbekannt, und manch ein Opfer hat sich schon dadurch gerettet, daß es regungslos liegenblieb und sich tot stellte. Das ist wahrscheinlich sehr schwer, aber es gibt Leute, die es fertiggebracht haben. Ein Bergmann, der von einem Bären angefallen worden war, lag einen ganzen Tag da, während der Bär ihn beobachtete. Als das Tier abzog, erhob sich der Mann und begab sich in die Stadt, wo seine sechzig Wunden behandelt wurden. Er blieb am Leben.

Dr. de Vighne erzählte uns, daß er einen Mann verarztet hatte, der zweiundneunzig Verletzungen aufwies. Eine Frau rettete sich wahrscheinlich dadurch vom Tod, daß sie prompt in Ohnmacht fiel, als sie beim Erwachen von einem Mittagsschläfchen einen Braunbären vor sich sah. Aus den Spuren war zu ersehen, daß es ein großer Bär gewesen war. Sie mußte zwei Jahre in einem Sanatorium verbringen, weil sie einen Nervenschock erlitten hatte.

Bobs lauschte allen diesen Geschichten und bereitete sich dann auf eine mögliche Bärenbegegnung vor, indem sie das Totstellen übte, während sie gequält wurde. Die schlimmste Qual, die sie sich vorstellen konnte, war, gekitzelt zu werden. Wir mußten sie alle der Reihe nach kitzeln. Als sie es in der Kunst der Selbstbeherrschung so weit gebracht hatte, daß sie nicht einmal mehr zwinkerte, während sie gekitzelt wurde, glaubte sie gegen jeglichen Bärenangriff gewappnet zu sein.

Nur ein einziges Mal gerieten wir auf unseren Pirschgängen in wirkliche Gefahr, wenigstens soweit wir es wußten. Dieser Bär trug die Nummer dreiundzwanzigeinhalb, er hatte sich noch nicht ganz zum Vierundzwanzigsten entschlossen. Betty, Bobs, Robert und ich befanden uns mit einem Flußwächter, einem Mann, der darüber zu wachen hat, daß kein Unberechtigter Lachse fischt, auf einem Fluß. Der Wächter trug eine schwere Winchester-Büchse. Als wir um eine Biegung kamen, erblickten wir plötzlich einen prächtigen Browny. Wir hatten schon größere Exemplare gesehen, aber keines mit so wundervollem Fell. Es war ungewöhnlich dunkel, und jedes Haar glänzte im Sonnenlicht. Es fand sich kein Zipfelchen des Winterfells darin, wodurch die Bären im Sommer oft so mottenzerfressen aussehen. Daß er die Störung seiner Tätigkeit übel vermerkte, war klar ersichtlich. Er stand etwa zwölf Meter von uns entfernt und beäugte uns. Sein Rückzug zu seinem Privatweg ließ uns glauben, daß er uns vergeben hatte. Aber dann besann er sich anders, denn einen Augenblick später kam er wieder zum Vorschein. Wir standen regungslos. Er ebenfalls. Aber mit zwei Sprüngen hätte er die zwölf Meter seichten Wassers überqueren können.

Als er seine Oberlippe zurückzog, die Zähne entblößte und ein mißgelauntes Gebrumm ausstieß, hörte ich, wie der Flußwächter den Sicherungsriegel seiner Büchse umlegte, und sah, daß der Lauf sich hob.

«Nicht schießen!» flüsterte Robert.

So angsterfüllt ich auch war, diese Worte freuten mich. Der Bär war ein viel zu schönes Exemplar, um zu sterben, nur weil er einen Komplex hatte, der sich auf menschliche Wesen bezog.

Offensichtlich war der Komplex noch nicht fixiert. Der Browny zog sich ins Unterholz zurück, blieb einen Augenblick stehen und erschien zur abermaligen Prüfung. Wir hatten uns nicht gerührt. Wir gedachten uns auch nicht zu rühren, bis dieser Bär seine Unentschlossenheit abgestreift hätte. Ebensowenig hatten wir gesprochen. Diesmal schien der Bär uns weniger feindselig gesinnt zu sein. Er brummte nicht und machte den Eindruck, als ob er reiflich überlegte.

Ich fühlte mich wie ausgelöscht. Ich starrte nur den Bären an und wartete darauf, daß er zum Angriff übergehen würde. Er starrte uns an. Dann neigte er, jeder Zoll ein Gentleman, den Kopf wie zu einer Verbeugung. Diese Gebärde sagte klar und deutlich: «Der Fluß gehört euch.»

Sein Abgang war keineswegs überhastet, aber durchaus entschieden. Wir blieben noch mehrere Minuten wie angewurzelt stehen. Dann ließ der Flußwächter seine Büchse sinken.

«Die geringste Bewegung, und ich hätte geschossen», sagte er. «Für ein Zuwarten wäre keine Zeit mehr gewesen.»

SIEBENUNDZWANZIGSTES KAPITEL

Das Wetter ist, wie man's findet

In Alaska waren wir immer auf Sturm, Nebel, Regen und schwere See vorbereitet, die wir dann auch oft erlebten. Aber es wurden uns auch viele schöne Tage mit glattem Wasser beschieden, und in manchen Jahren gab es Sonne in Hülle und Fülle. Das Wetter ist nie vorher zu bestimmen, doch auf das Wetter in Alaska trifft dies in besonderem Maße zu. Wochenlang konnte es tröpfeln und rieseln, dann kamen Tage, an denen die weißen Gipfel sich von einem wolkenlosen Himmel abhoben.

Die lange Fahrt nach Südost-Alaska ist ein Glücksspiel, das man nur genießen kann, wenn man sich's nicht verdrießen läßt, schon beim Aufstehen Gummistiefel anziehen und bei jedem Gang an Deck in einen Regenmantel schlüpfen zu müssen. Die Mannschaft der «Triton» war dazu bereit. Es kam vor, daß wir über den wochenlangen Regen murrten, doch ließen wir uns dadurch in unserer Tätigkeit nicht stören. Wir fuhren umher, erforschten Flüsse und setzten unser gewohntes Leben im schwimmenden Heim fort.

Auch die Temperatur ist in Alaska sehr unterschiedlich. Ich sprach schon von kalten und warmen Sommern. Es gab Tage, an denen wir Sonnenbäder nahmen, und solche, an denen wir nur deshalb keinen weiteren Pullover überzogen, weil wir schon sämtliche Kleidungsstücke, die wir besaßen, am Leibe trugen. Stewart war unser Champion im Pullovertragen. Als Betty und ich eines Abends über die Kälte jammerten, erklärte er ruhig, daß wir gar nicht frieren würden, wenn wir uns warm genug anzögen. Wir schauten ihn an. Er war so ausgestopft, daß wir uns fragten, ob er überhaupt noch durch eine Tür gehen konnte. Tatsächlich trug er sechs Lagen von Mänteln, Pullovern und Lederjacken.

Entscheidend ist allerdings die Kälte des Meerwassers. Wir stellten fest, daß es an der Küste, wo dauernd ungeheure Massen geschmolzenen Schnees dazukamen, im allgemeinen eine Temperatur von zehn Grad hatte. Wir maßen die Temperatur des Meerwassers häufig, nicht weil wir schwimmen wollten, sondern um unseren Entschluß, es nicht zu tun, gewissermaßen begründen zu können.

Bobs schwamm immer, sogar im Schneewasser. Obwohl sie versicherte, daß diese kalten Bäder ihr gut täten, sah sie danach blaß aus. Worauf wir mit ihr ebenso energisch wurden wie sie mit Lua. Ich hegte den Verdacht, daß diese elterliche Gewaltmaßnahme sie ein wenig erleichterte, denn ich hatte ganz und gar nicht den Eindruck, daß diese Schwimmerei ihr wirklich Spaß machte.

Abgesehen von den vier Städten in Süd-Alaska und den Konservenfabriken ist das Land sozusagen unbewohnt. Oft vergingen Tage und Wochen, ohne daß ein Boot in unserer Nähe ankerte, oder daß wir an der Küste ein Wohnhaus erblickten.

Meine chronische Pionierbegeisterung steigerte sich zu tatendurstigem Fieber. Ich fühlte mich versucht, sogleich mit dem Kolonisieren zu beginnen, bis der Captain mich daran erinnerte, daß es heutzutage nur noch wenige Menschen gibt, die sich mit einem Dach über dem Kopf und der einfachsten Nahrung begnügen. «Wie sollen sich deine prächtigen Siedler Mehl, Zucker, Tabak und Lektüre verschaffen, ganz zu schweigen von einem gelegentlichen Gläschen oder von Benzin?» fragte er.

Er hatte recht, und ich sah es ein. Die Männer mit Fellmützen und Lederröcken, die westwärts zogen und sich unterwegs ihre Nahrung schossen, gehörten einer vergangenen Zeit an. Ich, die ich in einem behaglich ausgestatteten Schiff mit elektrischem Licht saß, mit fließendem Wasser, konservierten Nahrungsmitteln aus aller Welt, Leintüchern, weichen Betten und Büchern, durfte wirklich nicht klagen, daß es die Menschen nicht mehr gab, die bereit waren, auf alles das zu verzichten.

«Aber die richtigen Leute könnten sich hier ihr Leben aufbauen», widersprach ich hartnäckig.

«Gewiß», gab Robert zu. «Solche Menschen finden hier alles, was sie brauchen.»

«Wenn wir jemals am Ende sind, würde ich dieses Land wählen», sagte ich. «Dann würden wir Muscheln graben, Krabben und Forellen fangen, Wild schießen und einen Garten anlegen.»

«Und was würdest du tun, um Geld zu beschaffen?» fragte er.

Ich konnte nur antworten, daß sich immer irgendein Weg findet, um ein bißchen Geld zu verdienen. Und dann schloß ich die Diskussion mit der fröhlichen Feststellung, daß es auf jeden Fall schön war, zu wissen, daß es dieses Land gab.

Es war ein herrliches Land, in Wind, Regen oder Sonnenschein. Alle drei konnten zu gleicher Zeit kommen, aber am eindrücklichsten war die Verbindung von zweien. Eine Verbindung war unvermeidlich: Wenn der Südwestwind tobte, öffnete der Himmel seine Schleusen.

Um dieser Verbindung willen verbrachten wir einmal sechs aufeinanderfolgende Tage hinter Mary Island. In der Dixon Entrance herrschte Aufruhr. Ununterbrochen strömte der Regen hernieder, aber nicht in Tropfen, sondern in langen Wasserfäden. Zweimal im Tag mußten wie die Ruderboote ausschöpfen. Bei den paar Ruderschlägen von einem verankerten Schiff zum andern wurden wir völlig durchnäßt. Wir spielten Domino, Poker und andere Kartenspiele. Wir lasen. Wir luden uns gegenseitig zum Essen ein. Diejenigen, die das Wetter hinnahmen, wie es war, blieben gelassen und heiter. Diejenigen, die das nicht taten – zu ihnen gehörte ich –, blickten verdrossen in unsere graue Welt, klopften am Barometer herum, lauschten dem Rauschen des Regens und dem Heulen des Windes und murrten.

Als der Sturm vorüber war und wir eine unserer schönsten Fahrten durch die Dixon Entrance machten, vergaßen wir sogleich unsere Entrüstung über unsere unfreiwillige Gefangenschaft. Daß man das unverzeihliche Betragen des Meeres so rasch vergißt, gehört mit zu den ewigen Wundern der Seefahrt.

Ein zweites Wunder ist die Fähigkeit des Meeres, Überraschungen zu bereiten. An Stellen, die für ihre Bösartigkeit bekannt sind, fährt man mitunter ganz sanft und unbehelligt dahin, hingegen wird das Meer oft tückisch, wenn man es am wenigsten erwartet. So ist es keineswegs erstaunlich, daß die See so vielen Männern zur faszinierenden Geliebten wurde, deren Verhalten nie vorauszusagen ist, keinen Tag und keine Nacht.

Als die «Simba» und die «Triton» einmal im Spätsommer nach dem Verlassen der alaskischen Gewässer den dauernd drohenden Stürmen und Nebeln entronnen waren und geruhsam durch die Strait of Georgia schwammen, erlebten wir unsere tollste Schiffswache vor Anker. Das geschah in der Sicherheit eines geschützten Hafens, der Boot Cove hieß. Der schmale Eingang öffnete sich zu einem stiefelförmigen Schlupfwinkel, so geschützt, wie man ihn sich nur vorstellen konnte.

Wir fanden, daß dieser Hafen eine wirkliche Entdeckung war, und die Captains wunderten sich, daß wir hier noch nie Anker geworfen hatten. Nachdem wir vom abendlichen Kartenspiel an Bord der «Simba» heimgerudert waren, bedeutete der letzte Rundgang eine reine Formsache. Wir hatten nur den leichten Warpanker abgelassen. Den schweren Buganker mit seiner langen Kette in diesem schmucken, behaglichen Hafen auszuwerfen, wäre ebenso sinnlos gewesen, wie wenn man sich in einer Badewanne vertäuen wollte.

Um Mitternacht hörte ich Robert von seinem Lager aufspringen. «Wir schleifen!» rief er, während er davonstürzte.

Ich schlüpfte rasch in die Trainingshosen und rannte zum Steuerhäuschen. Robert verließ sich darauf, daß ich am Steuerrad stand, während er den Motor startete, und ich wußte, daß er vorher kein Signal gab. Als ich das Deck erreichte, sah ich, daß die «Triton» schon nicht mehr schleifte. In einem Sechzig-Meilen-Sturm fuhr sie geradewegs auf die «Simba» los. Robert brauchte weniger als eine Minute, um den Motor anzulassen, aber wir mußten in einer halben Minute zusammenstoßen. Ich schrie nach Charlie, der im Steuerhaus der «Simba» schlief.

«Raus aus den Federn!» brüllte ich. «Wir kommen!»

«Warten sie einen Moment, bis ich meine Hosen anhabe», antwortete Charlies verschlafene Stimme.

Doch weder der Sturm noch die «Triton» warteten auf Förmlichkeiten. Um Haaresbreite sausten wir an der «Simba» vorbei. Ich sah Charlies erstauntes Gesicht im Steuerhaus, als wir vorüberglitten. Dann knatterte unser Motor los, und wir fuhren gegen den Wind zurück, ohne uns die Mühe zu nehmen, den Warpanker zu lichten. Als er wieder Grund gefaßt hatte, ließ der Captain auch den schweren Buganker fallen.

Noch nie in all unseren Seefahrtsjahren hatten uns die mächtigen Arme des Bugankers im Stich gelassen, und wir gingen beruhigt, mit dem Gefühl völliger Sicherheit, hinunter. Aber wir schliefen nicht. Das ist nicht möglich, wenn ein Sechzig-Meilen-Sturm das Schiff zum Krängen bringt. Der Schlupfhafen war ein schwarzes Loch unter einem Berg, der Wind peitschte die Wellen auf, und das Wasser der Bucht schimmerte hell.

Wir waren noch immer wach, als die «Simba» losging. Charlie hatte gespürt, daß der Anker sich löste, und diesmal schenkte er seinen Hosen keinen einzigen Gedanken.

«Als ich das Achterdeck erreichte, um den Alten zu rufen», erzählte Charlie uns später, «hätte ich mit einem Schritt ans Ufer gelangen können.»

Er ließ den Motor laufen und rückte die Kupplung ein, ohne sich zu vergewissern, ob Stewart überhaupt am Steuerrad stand. Wenn Stewart nicht dort war, würde das Schiff gegen das Ufer prallen. Aber Stewart befand sich an seinem Platz, und die «Simba» fuhr dahin, ohne irgendwo anzustoßen.

Als wir hinausschauten, stand Stewart an Deck, Betty desgleichen und ebenso der chinesische Koch. Alle Lichter an Bord waren angezündet, auf Deck, im Steuerhaus, in den Kabinen.

Die würdige «Simba» sah so keck und unternehmungslustig aus wie ein Vergnügungsdampfer, während sie im Kreis um uns herumfuhr. Dieser seltsame Kurs ließ uns an Deck laufen.

«Heiliger Bimbam!» murmelte Robert, als die «Simba» abermals einen ihrer verrückten Kreise beschrieb.

Währenddessen ergriff der Sturmwind alle beweglichen Gegenstände auf dem Deck. Ein Kissen flog in die Dunkelheit. Eine Bambustischplatte rollte anmutig übers Deck und verschwand im Wasser. Betty und der Koch banden Liegestühle fest und jagten hinter allen möglichen entfesselten Sachen her. Stewarts Aufmerksamkeit war auf die Kreise gerichtet.

Und dann sahen wir Charlie, der jetzt glücklich seine Hosen anhatte, wie er sich über den Bug beugte und sich damit abmühte, mit einem Bootshaken etwas zu entfernen, das am Anker hing und wie eine halbe Tonne Heu aussah. Armevoll von dem Zeug wirbelten im Wind umher.

«Aalgras», sagte Robert.

Die Erklärung der Erscheinung trug nicht gerade zu unserem Seelenfrieden bei. Wir hatten unseren schweren Anker noch nie auf einer Aalgraswiese erprobt.

Nachdem wir über tausend Meilen in schwierigstem Fahrwasser zurückgelegt und an den verzwicktesten Ankerstellen sicher gelegen hatten, waren wir in den sanften Bananengürtel – so nannten wir den unteren Teil der Strait of Georgia – gekommen, um hier unsere längste Schiffswache vor Anker zu erleben. Stundenlang noch ließ uns jede jähe Bewegung der «Triton» befürchten, unser Buganker könnte sich in eine Heugabel verwandelt haben, und wir trieben nun in die Dunkelheit hinaus.

*

Ihre schlimmste Niederlage erlitt die «Triton» jedoch in einem Spätherbststurm außerhalb der Deception Passage. Bobs befand sich wieder in ihrer Schule, und ihre Abwesenheit ließ das Schiff leer erscheinen. Wir planten einen einwöchigen Aufenthalt im Yachtklub von Seattle, da wir allerhand in der Stadt zu erledigen hatten. In der Strait of Juan de Fuca blies der Wind der Flut mit Macht entgegen, doch glaubten wir hinübergelangen zu können. Ich richtete in den Kabinen und der Kombüse alles für schlechtes Wetter her und traf alle jene Vorsichtsmaßregeln, die uns gewöhnlich heil durch einen Sturm brachten.

Aber bei dieser Fahrt, als Tonnen von Wasser gegen den

Rumpf der «Triton» klatschten, bewegten sich Gegenstände, die sich vorher niemals gerührt hatten. Bücher polterten hinter ihren Leisten hervor, obwohl ich sie mit Hand- und Tischtüchern festgestopft hatte. Töpfe hüpften von den Haken, an denen sie hingen. Das festverankerte Geschirr führte einen Tanz auf. Als ich mein kostbares Mokkaservice klirren hörte, machte ich, alles andere außer acht lassend, einen Sprung zur Kajütentreppe.

«Dableiben!» bellte der Captain.

«Aber mein Geschirr!»

«Zum Teufel mit dem Geschirr!»

Das Deckhaus lag so schräg, daß man auf der Seitenwand hätte stehen können. Während ich über den geneigten Boden kroch, um mich auf den Sitz hinter dem Captain niederzulassen, bangte ich um meine Mokkatassen, aber ich war gerührt, daß er mich in der Stunde der Gefahr brauchte. Im nächsten Augenblick spie der Kartentisch fünfzig Pfund Karten aus, die die Kajütentreppe hinunterpurzelten. Sie rutschten von einer Wand zur anderen, zusammen mit Büchern, Kissen, einem Tablett, einem Stuhl und sämtlichen Bestecken, die aus einer Anrichte ausgebrochen waren. Wieder machte ich eine Bewegung zur Kajütentreppe, nur um abermals angebellt zu werden.

Als wir das offene Meer hinter uns hatten und in geschützteres Wasser gelangten, erkundigte ich mich kühl, was dieses befehlshaberische Auftreten an Bord der «Triton» zu bedeuten habe.

Da sah ich, daß Roberts Gesicht schneeweiß war.

«Gerade als wir uns in der schlimmsten Welle befanden, war das Steuerruder eingeklemmt», sagte er. «Ich wollte nicht, daß du dich unten aufhieltest, falls wir kenterten.»

ACHTUNDZWANZIGSTES KAPITEL

Das schreibende Boot

Seit dem Frühling, in dem wir die «Triton» umgebaut hatten, dehnten sich unsere Seereisen allmählich über einen immer größeren Zeitraum aus. Jetzt fand der Aufbruch nicht mehr im April, sondern schon im März statt. Die Rückkehr hatte sich vom November auf den Dezember verschoben. Schließlich wurde aus unserem Neunmonatsheim ein ganzjähriges. Nachdem wir zum erstenmal den ganzen Winter über an Bord geblieben waren, sagte ich zu Robert, daß wir nun wirklich häuslich geworden seien.

Er zeigte sich höchst befriedigt von dieser Bezeichnung für ein Paar, das seine Zeit damit verbrachte, von einem Hafen zum anderen zu fahren. Aber ich meinte es ernst. Statt ein Sommerhaus abzuschließen und fortzureisen, blieben wir am eigenen Herd. Denn ein eigener Herd war die «Triton» für mich geworden, und ich hatte keineswegs mehr das Gefühl, daß wir Wanderer seien.

Unser Herbst-, Winter- und Frühjahrsleben zur See unterschied sich wesentlich von den Sommerfahrten nach Alaska. Wenn Betty und Stewart die «Simba» zur Überwinterung in die Werft gebracht hatten und Bobs wieder ihre Schule besuchte, begannen wir ein ruhiges, häusliches Dasein.

Wir unternahmen keine langen Fahrten und wechselten selten den Ankerplatz. Eine Woche, zwei Wochen, manchmal noch länger blieben wir im gleichen Hafen. Wir verbrachten die Tage mit Schreiben, langen Spaziergängen an der Küste und Ausflügen im Ruderboot innerhalb der Bucht.

Alle möglichen tollkühnen Pläne in bezug auf die Schiffsüberholung wurden verwirklicht. Ich verfertigte abstreifbare Überzüge für sämtliche Kojen. Ganze Berge von Roßhaar aus den Matratzen füllten die Kajüte, und der elektrische Strom wurde von der Nähmaschine über Gebühr beansprucht. Aber ich übertraf mich selbst als Polsterer: Die aufgefrischten Matratzen mit den neuen Überzügen konnten sich in ihrer fehlerlosen Schönheit sehen lassen, und Robert hörte auf, mich an unsere berüchtigte Polsterer-Nacht zu erinnern.

Doch kaum war diese Erinnerung verblaßt, da gab es einen neuen Schrecken. Die Auffrischung der Möbel in der Hauptkajüte begann ganz ähnlich wie damals die Polsterarbeit. Eines Abends bemängelte ich das Aussehen des lackierten dunklen Holzes, das meiner Meinung nach durch eine Wachspolitur gewinnen würde. Angetan von diesem Vorschlag holte Robert ein Lackentfernungsmittel. Ich nahm als selbstverständlich an, daß er das Verfahren erst einmal in einem dunklen Winkel erproben würde, aber er begann sogleich mit der Tür der großen Anrichte. Als lauter Blasen entstanden, so daß es aussah, als ob die Türe eine schreckliche Hautkrankheit hätte, kicherte ich. Nun mußte er fortfahren.

«Du Scheusal!» sagte er. «Du reitest mich immer in etwas hinein. Schau dir einmal die Fasern dieses Holzes an!»

Damit verschwand er, um den Abend außerhalb unseres Heimes zuzubringen. Wir wußten nicht, was wir da angefangen hatten. Hunderte von Stunden brachten wir damit zu, Türen, Möbel und Geländer zu entlacken und zu wachsen. Doch lange bevor wir mit der Arbeit fertig wurden, war Robert ein noch begeisterter Holzpolierer als ich geworden. Die Hauptkajüte sah prächtig aus, und wir hatten eine neue und fesselnde Beschäftigung entdeckt.

*

Während der langen Jahre zur See lernten wir auch den besonderen Reiz der verschiedenen Jahreszeiten kennen.

Der Sommer war die Zeit der Fahrten, des glitzernden Wassers und der langen Abende an Deck, der Frühherbst die Zeit der Küstenwanderungen, der buntblättrigen Hügel, der roten Sonnenuntergänge und frischen Nächte. Dann lagen wir immer an den Inseln der Strait of Georgia vor Anker, und gelegentlich verbrachte Bobs mit einer Schulfreundin zusammen das Wochenende bei uns.

Später, wenn es kälter wurde, das Deck am Morgen vereist und die Luft scharf war, heizten wir Tag und Nacht. Grau und ruhig lag nun das Meer zwischen dunklen Hügeln. Jetzt bereiteten wir die Fahrt nach südlicheren Gefilden vor.

Mitten im Winter, wenn es regnete, was sehr oft der Fall war, genoß ich es, behaglich in der Kajüte zu sitzen und zuzuhören, wie der Regen aufs Deck prasselte. In einem Haus hatte ich das Regenwetter nie leiden mögen und mich immer eingesperrt gefühlt. Auf der «Triton» ging ich ins Steuerhaus, betrachtete den grauen Vorhang ringsum, lauschte dem scharfen Gepladder und freute mich in dem Gedanken an unser schönes, geschütztes Heim, aus dem ich mich nicht hinauszuwagen brauchte. Unbehagen ist nicht nur etwas Relatives sondern auch Auffassungssache.

Robert erging es genau wie mir. Er begab sich zum letzten Rundgang an Deck, wenn die «Triton» im Hafen vor Anker lag, während der Wind brauste. Kam er dann herunter, so schloß er die Luken und bemerkte mit Behagen, daß das Meer ein sicherer Aufenthaltsort während eines Sturmes sei. An der Küste rissen die Telegrafendrähte, krachten Bäume zu Boden, waren Menschenleben in Gefahr. Uns konnte der Sturm nichts anhaben. Auch das war Auffassungssache. Aber so empfanden wir es nun einmal.

War der Winter zu Ende, so begannen wir, während die Frühjahrssonne das Deck wärmte, die unterhaltsame Arbeit der Vorbereitungen zur Sommerfahrt. Das war die Zeit der Wartung und der Erwartung.

Schließlich richtete die «Triton», seeklar und mit allem Notwendigen versehen, den Bug gen Norden. Der Captain hatte seine Freude an dem gut ausgerüsteten, soliden Schiff. Wir konnten ins Weite fahren, den Läden und Tankstationen eine lange Nase drehen, waren unabhängig von all den Dingen, auf die Landratten angewiesen sind.

Meine größte Frühlingsfreude bestand darin, in einem sonnenbeschienenen Hafen aufzuwachen und die Lichterkringel auf dem Wasser tanzen zu sehen. Dann wußte ich, daß ich nun monatelang beim Erwachen diese Verheißung eines glückhaften Tages erleben würde. Die Morgensonne kann man überall sehen, doch nur auf einem Schiff erblickt man den glitzernden Morgengruß der Wellen durch eine Luke.

Nun begannen wieder alles Entzücken und alle Spannung der Sommerseefahrt.

*

Während der Sommer dahinging und die «Triton» diesseits und jenseits der Grenze in kleinen Schlupfhäfen vor Anker lag, frischten wir unsere Bekanntschaften auf. Es war jedesmal ein Heimkommen, wenn wir in einen Hafen einfuhren, ob wir nun einen Wasserfall und Robben zu Nachbarn hatten oder einem Haus oder einem Fahrzeug an der Küste zuwinkten.

Mit der Zeit lernte ich die Gefühle der Seeleute immer besser verstehen. Ich liebte es, an Land zu gehen und nachzusehen, wie die neuen Obstbäume trugen, einen neuen Tennisplatz zu bewundern, zu hören, welches Boot am Cape Flattery den größten Fang gemacht hatte, und wie es den Kindern in der neu gegründeten High School erging. Ich wußte, wie sehr ein Boot einen Hafen ziert, denn ich hatte selbst am Hafen gewohnt. Ein Hafen ohne Schiffe ist gar kein Hafen. Ich empfand ein seltsam warmes Gefühl für Boote, deren Deck ich nie betreten hatte. Ich beobachtete, wie ein Captain an der gleichen Stelle Anker warf wie schon früher, und es war mir, als hätte sich ein Freund zu mir gesellt.

Ich verstand den alten Seebären, der eines Tages zu uns herüberruderte, als wir in einen uns fremden Hafen einfuhren. Er strahlte, als er längsseits kam. «Ich habe immer gehofft, daß ihr Leutchen irgendwann einmal hier auftauchen würdet», sagte er. «Ihr seid das schreibende Boot, nicht wahr?»

Das wurde zum geflügelten Wort bei uns. Schreibendes Boot – der richtige Ausdruck für Freunde des Meeres, denen es das Bücherschreiben ermöglichte, zur See zu fahren.

Ein Zahnarzt hatte ein kleines Schiff als Behandlungsraum eingerichtet und solchen Erfolg damit gehabt, daß er sich darüber beklagte, an wie vielen Häfen er haltmachen mußte, um Leute zu behandeln. Ein Fotograf, der ebenfalls ein leidenschaftlicher Seefahrer war, hatte insofern mehr Glück, als seine Kunden ihn weniger in Anspruch nahmen, doch dafür gelang es ihm oft nur unter Schwierigkeiten, sich frisches Süßwasser zu beschaffen. Ein reisender Verkäufer, der Kurzwaren in seinem Boot mitführte, hatte seinen Beruf jahrelang längs der Küste ausgeübt, doch zwangen ihn seine regelmäßigen Kunden, stets die gleiche Strecke zu fahren. Ein Altwarenhändler, der mit seinem Boot leere Flaschen und altes Eisen sammelte, mußte sich stets in der Nähe von Vancouver halten, wenn die Fahrt sich lohnen sollte.

«Worin besteht unser Berufskummer?» fragte ich den Captain.

Er lachte. «In der Schiffsarbeit», gab er zurück. «Wir täten besser daran, die «Triton» zu scheuern und anzustreichen, als auf die Schreibmaschinen zu hämmern.»

*

Im Dezember unseres sechsten Jahres zur See gingen wir für drei Wintermonate an Land, um nach fünfhundertzweiundzwanzig an Bord der «Triton» verbrachten Nächten wieder einmal auf festem Boden zu schlafen.

Wir mieteten ein möbliertes Landhaus in Victoria, weil Robert wegen seiner Arbeit in der Nähe einer Bibliothek sein mußte. Wir gewöhnten uns nicht leicht an das Landleben. Eine Woche lang bewegten wir uns wie Fremdlinge in der Wohnung, sorgsam alle Gegenstände in die Mitte der Tische schiebend. Im Geschirrschrank stellte ich alle Gegenstände weiter zurück, bis mir bewußt wurde, daß diese Vorsichtsmaßregel völlig überflüssig war. Nur durch ein Erdbeben konnten sie verrutschen. Robert lachte mich aus, aber ich merkte, daß zwei chinesische Vasen, Lieblingsstücke des Hausbesitzers, die unbefestigt auf dem Kaminsims standen, ihn ebenso beunruhigten wie mich.

Die ganzen drei Monate hindurch vermißten wir den kurzen Doppelschlag unserer Schiffsuhr. Der tiefdröhnende Klang einer Standuhr ging uns auf die Nerven. Der Ablauf der Schiffsuhren ist so folgerichtig und zweckdienlich. Die unsere war im Steuerhaus untergebracht, und wir konnten die halben und vollen Stunden überall in Hörweite zählen. Landuhren schlagen dummerweise nur einmal, wenn der große Zeiger auf halb steht. An Bord der «Triton» gab es nicht einmal in der Nacht einen Zweifel, ob es nun gerade halb eins oder halb zwei Uhr war.

Das Glasen der Schiffsuhr hat sich aus der Gepflogenheit der vierstündigen Schiffswache entwickelt, und zwar schon zu der Zeit, als Sanduhren benutzt wurden, die nach Ablauf einer halben Stunde umgedreht werden mußten. Auch an Land weiß jedermann, ob es Morgen oder Nachmittag, früher Abend oder nach Mitternacht ist. Doch einzig die Schiffsuhr belehrt einen mit ihrer Stimme, wie viele der acht halben Stunden zwischen diesen Zeitabschnitten verstrichen sind.

NEUNUNDZWANZIGSTES KAPITEL
Im Norden und im Süden

Im Juni des nächsten Jahres machten wir die Fahrt nach Alaska ohne Bobs, weil sie durch Schulprüfungen abgehalten war. Wir trafen uns dann in Ketchikan, wohin sie mit dem Dampfer kam. Das junge Mädchen, dessen Koffer der Captain trug, hatte nichts mehr mit dem kleinen Ding gemein, das vor sieben Jahren zum erstenmal mit uns im Boot ausgefahren war. Der blonde Schopf, einst nur unter Zwang gebürstet, war jetzt in Wellen gelegt. Bobs überragte Betty um zehn Zentimeter und hatte fast meine Größe erreicht. Die Kinderschuhe waren abgestreift.

Das erkannten alle außer Lua, der mit Bobs noch immer auf der Basis völliger Gleichartigkeit und Gleichberechtigung verkehrte. Die «Krabbe» betrachtete er als ihr gemeinsames Eigentum, und er saß wie ein würdiger Admiral im Heck. Für ihn war es genau wie in den alten Zeiten, wo Bobs kaum einen anderen Gedanken gehabt hatte als seine Auslaufstunden, doch ich hörte einen nachsichtig-überlegenen Ton aus ihrer Stimme heraus, wenn sie ihn zum Uferspaziergang aufforderte.

Robert und ich hatten die Verwandlung kommen sehen. In früheren Jahren war jeder Hafen gut genug gewesen, um ein kleines Fest zu veranstalten, an dem Bobs und ihre Bootsgäste nur die eine Sorge gehabt hatten, ob es auch genug zu essen gab. Im vergangenen Mai aber hatten die Mädchen den Captain aufgefordert, sich an einer Regatta zu beteiligen. Bei der Abschiedsparty hatte ich mit Verwunderung bemerkt, daß Bobs mit denselben Kavalieren tanzte wie ich.

Diese junge Dame schien mir nicht mehr für eine mühsame und arbeitsreiche Alaskafahrt geschaffen, obwohl sie jahrelang Braunbären, Forellenbäche, Berge, Gletscher und verzauberte Schlupfhäfen genossen hatte. Ich sprach mit Robert darüber.

«Bobs' Schulfreundinnen müssen uns für vollkommen abgebrannt halten», sagte ich.

«Gut», erwiderte er. «Wir fahren bald nach Süden und werden richtige Yachtleute.»

Es gab noch andere Veränderungen. Betty und Stewart besaßen jetzt ein fünfundzwanzig Meter langes Boot, die «Kuru». Charlie Drumm bediente den Motor, und in der Kombüse waltete Oscar, der schon auf Heilbuttschonern Koch gewesen war und sogar einmal eine Meisterprüfung gemacht hatte. Robert freundete sich mit Oscar an: Viele Stunden saßen die beiden in der Kombüse der «Kuru» beisammen und tranken Kaffee, während sie in Gedanken auf Heilbuttschonern westwärts segelten und reiche Beute machten.

Robert und ich hatten manchmal etwas von Fahrten gemurmelt, die wir machen könnten, wenn wir eine richtige Mannschaft hätten. Aber eine richtige Mannschaft bedeutete ein größeres Schiff. Niemand scheint gegen die heimtückische Vorstellung eines «größeren Bootes» gefeit zu sein. Als wir eines Nachmittags einen Kanal hinabfuhren, sprachen wir ernsthaft darüber. So viele Fragen hatten wir schon im Steuerhäuschen durchgehechelt, während wir unterwegs waren.

«Mit einem Mann an Bord könnten wir westwärts hinaus fahren», meinte Robert.

Westwärts hinaus – darunter verstehen die Alasker Südwest-Alaska. Schon das Wort ist aufregend. Es schließt Kodiak Island, die Shumagins, das Cook Inlet, die Aleuten und Dutch Harbor ein, dazu höhere Berge, größere Gletscher und Stürme, die selbst die Heilbuttfänger Orkane nennen.

Wir holten die Karten hervor und lasen die Höhe der Gipfel ab, die sich wie eine Perlenschnur an der Küste hinziehen.

Die sechshundert Meilen offenen Wassers konnten von einer Besatzung, die aus einem Mann und zwei Frauen bestand, nicht bezwungen werden. Robert murmelte etwas von einem Heilbuttschoner mit Dieselmotor, umgebaut für unsere Bedürfnisse. Im nächsten Augenblick schon zeichneten wir Entwürfe.

«Das wäre ein Schiffsheim!» sagte Robert. «Im Winter Kalifornien, im Sommer westwärts hinaus. Mit einem tüchtigen Mann könnten wir's schaffen.»

Rein gefühlsmäßig waren wir durchaus bereit, unser Seefahrtsgebiet zu vergrößern. Langsam und allmählich waren wir weitergeschritten. Erst die «Yakima», dann die «Triton», dann die umgebaute «Triton». Erst nur Sommerfahrten, dann ein Ganzjahrheim. Erst die Inlets von British Columbia, dann Südost-Alaska. Jetzt aber hatten unsere Einbildungskraft und unsere Wünsche sowohl unser Bankguthaben als auch unsere Möglichkeiten als Familie weit überflügelt.

«Dir würde es wohl ebensowenig gefallen wie mir, wenn uns zweitausend Meilen Ozean von Bobs trennten», sagte ich.

«Schließlich muß sie etwas lernen, damit sie mehr wird als ein guter Steuermann.»

Robert lächelte still und gab mir recht.

*

Docs Familie traf uns mit der «Chirikof» in Sitka. Das ist der Lieblingshafen aller, die ihn jemals gesehen haben. Dampferkapitäne behaupten, es sei der schönste Hafen der Welt. Mit lauter kleinen Inseln verziert, mit dem kegelförmigen Mount Edgecombe als Hintergrund im Westen und der majestätischen Baranof-Kette im Osten, wirkt der Hafen geradezu verblüffend.

Doc, der in der russischen Geschichte wohlbewandert war und jeden Menschen und jeden Hund der Gegend kannte, führte uns. Die ersten russischen Kolonisten in Sitka wurden im Jahre 1799 von den Indianern vertrieben. Fünf Jahre später kehrten die Russen unter Alexander Baranov, nach dem Baranof Island benannt wurde, zurück, der Sitka zum wichtigsten Handelsplatz nördlich von Mexico machte. Schiffe aus aller Welt ankerten im Hafen. Die Glocken der kalifornischen Missionen wurden seinerzeit in einer Gießerei in Sitka hergestellt, und die Kirche von Sitka, die die Zarenfamilie besonders schätzte, erhielt kostenlos den prächtigsten Altarschmuck: kostbare Stickereien, Schnitzwerk, Bilder und prachtvolle, juwelenbesetzte Ikonen. Alle diese Schätze wurden noch jetzt in einer kleinen weißen Holzkirche aufbewahrt, in der Baranov, der erste Gouverneur von Russisch-Alaska, einst gebetet hatte.

Doc liebte den Ort und die Bewohner, und die Leute liebten ihn. Als die Mannschaft der «Kuru» und der «Triton» den Pier verließ, blieb ein Mann aus der Stadt stehen, um uns zu begrüßen. Voll Dankbarkeit schüttelte er uns die Hand.

«Sie sind also die Leutchen, die in diesem Sommer auf Doc aufpassen», sagte er. «Das ist bestens!»

In der Stadt herrschte allerorts lebhaftes Treiben. Der Tauschhandel machte sich überall bemerkbar. Indianerinnen breiteten am Kai ihre Waren aus, und vor den Eingeborenenhütten lagen Wolldecken, Mokassins und Miniaturtotempfähle. Die spürbare Aufregung erklärte sich durch die bevorstehende Ankunft eines Dampfers. Kaum hatte das Schiff angelegt, so schwärmten die Passagiere an Land, um das Eingeborenenleben zu «studieren».

Ein kleiner Indianerbub sauste die Straße hinunter. «Mama, Mama!» rief er. «Die Anschauer kommen!» Ich hatte mir schon oft gewünscht, eine nette Bezeichnung für Touristen zu kennen.

Der vierte Juli wurde mit einem Wasser-Baseball-Spiel gefeiert, zweifellos das einzige, das jemals jenseits von Admiralty Island gespielt worden ist. Zu unseren Schiffen hatte sich die «Katinka» gesellt, bemannt von Mrs. und Mr. Hibbs. Dadurch waren wir dreizehn an der Zahl, und die Ebbe verschaffte uns ein Spielfeld. Stewart führte die «Bären» an und Robert die «Robben».

Doc machte dann eines seiner sogenannten Freundschaftsfeuer, bei dem mehrere Klafter Treibholz in Flammen aufgingen. Weniger wäre in Docs Augen nur ein Feuerchen gewesen.

Wir stellten uns in einiger Entfernung auf und tauschten mit den Hibbs die Neuigkeiten eines Jahres aus. Wir hatten sie seinerzeit in Seattle kennengelernt, wo sie Besorgungen machten. Die Jagd nach einem Paar Schuhe, Sehnsucht nach einem Theaterbesuch oder auch gar kein Grund, all das rechtfertigt die Tausendmeilen-Seereise nach den Staaten.

Im Augenblick befand sich die «Katinka» auf einer Dienstreise, gewissermaßen als Oberaufsicht, denn es galt, die Aufseher der Fischfallen zu kontrollieren, ob nicht etwa die Fische statt an die Konservenfabrik an Unberechtigte verkauft wurden. Die Hibbs lebten das ganze Jahr in den alaskischen Gewässern. Als ich zum erstenmal von ihren Erlebnissen in Winterstürmen hörte, blickte ich Mrs. Hibbs ganz entsetzt an. Sie war alles andere als stämmig, das Gegenteil eines geschulten Freiluftmenschen.

«Hatten Sie keine Angst?» fragte ich.

«Nein», erwiderte sie. «Aber ich fror ganz erbärmlich.»

Ihre Antwort bewies mir, daß ich niemals ein richtiger Erster Maat werden würde.

*

Als ich erfuhr, daß wir zum Kootznahoo Inlet fahren würden, hoffte ich inbrünstig, daß Docs himmlische Seeversicherung ein Blankoschutz für alle drei Boote wäre. Dieses Inlet ist ein Gewirr von schmalen Passagen, die bis zur Mitte von Admiralty Island vordringen, und Doc erzählte uns, daß vor zwanzig Jahren die Indianer den Weißen die Durchfahrt verwehrt hatten. Da diese Indianer dem Stamm angehörten, der einst die Russen aus Sitka vertrieben hatte, war die Angelegenheit von den Weißen nicht weiter verfolgt worden.

Die Natur hat den Indianern hier eine «natürliche» Verteidigungsanlage ihres Gebietes gegeben. Noch nie hatten wir ein schlimmeres Durcheinander von Felsen und Riffen gesehen und so enge und gewundene Kanäle, durch die die Strömung mit ungeheurer Heftigkeit brauste. Aber die Fahrt lohnte sich so sehr, daß wir das Kootznahoo Inlet sogar ein zweitesmal aufsuchten.

Sehr stark empfanden wir das Gefühl der Einsamkeit und Abgeschlossenheit tief drinnen in Hundred Miles Island. Die Flüsse wimmelten von Forellen, und auf dem sumpfigen Gelände gab es unzählige Wildgänse. Wir entdeckten eine Bucht, die voll Flundern war. Rotwild kam in erstaunlicher Menge vor; die Tiere waren so zahm, daß sie sich niederlegten und schliefen, während wir mit knatterndem Außenbordmotor vorbeifuhren. Wir folgten einem großen Fluß weit ins Land hinein. Zur Ebbezeit ergoß sich das Wasser an der Mündung über eine Felswand, und während der Flut strömte das Meer in der entgegengesetzten Richtung darüber hin. Die sprudelnde Mischung von Salzwasser und Süßwasser erzeugte eine unglaubliche Masse von Schaum. Das weiße Gewölk war sechzig Zentimeter hoch, kroch das Ufer herauf und begrub die Ruderboote.

*

Nachdem wir dieses entlegene Paradies drei Tage lang erforscht hatten, beschlossen wir, zur Rodmann Bay zu fahren, um dort als Abschiedsfeier ein Krabbenpicknick zu veranstalten, da die «Chirikof» sich von uns trennte. Das Wasser wimmelte von Krabben. Betty, Stewart und ich stießen sogar auf eine ganze Kolonie vom Kampfkrabben, und da wir kein Netz bei uns hatten, machten wir aus ihrem Fang ein sportliches Ereignis. Ich steuerte zwei Schulterriemen bei, und Betty förderte aus ihren Taschen einen Nagel zutage. Stewart stellte ein Fangseil her, und unter viel Gelächter machten wir uns an den Fang.

Das war der Beginn zu allen möglichen Jagdeinfällen. Stewart mußte sich zur Wehr setzen, damit die Forellen nicht zu seinem Köder drängten. Daraufhin machte Robert sich ans Werk, tausend Forellen wie eine Viehherde vor sich hin zu treiben. Wie Lua auf der Lachsjagd watete er ins Wasser, planschte und pladderte und blickte ebenso enttäuscht um sich. Jedesmal, wenn er seine Herde verloren hatte, mußte er feststellen, daß die Forellen um seine Füße herum geschwommen waren und sich an den früheren Ort zurückbegeben hatten.

Die «Chirikof» sollte früh am Morgen in See stechen. Kurz nach Mitternacht kam ein Südwestwind auf, der bei Tagesanbruch stürmisch heulte. Schlaftrunken murmelte ich, daß es angenehm sei, in so einem schönen Hafen zu liegen, wenn der Sturm tobte. Der Captain stimmte mir durchaus zu und meinte, kein Schiff würde an solch einem Tag in See stechen. Betty und Stewart äußerten sich fast mit genau gleichen Worten.

Zur üblichen Stunde gingen wir an Deck, um höchst erstaunt auf die Stelle zu blicken, wo die «Chirikof» geankert hatte. Sie war fort.

«Heiliger Bimbam!» rief Stewart. «Doc ist losgefahren!»

Das war eine jener unglaubhaften Tatsachen, die man in Worten ausdrücken muß, damit man sie erfaßt, und die selbst dann noch unmöglich scheinen. Charlie berichtete, daß er gehört habe, wie der Motor angelassen wurde, und Stewart fragte ihn, warum er nicht eingeschritten sei.

«Weshalb hätte ich mich einmischen sollen?» gab Charlie zurück. «Doc hat sich in einen besseren Schutz begeben, als ich ihm bieten kann.»

*

Der Muir-Gletscher war der nördlichste Punkt, den wir aufsuchten. Hier ist das Land noch ganz unberührt. Sogar außerhalb der Gletscherbucht spürt man das. Wir hörten keine Vögel und sahen keine Tiere. Stewart und Robert, die einen Fluß erforschten, berichteten, daß sie nur eine einzige Bärenfährte gesehen hätten, und daß dieser Bär sehr rasch gelaufen sei, wohl um so bald wie möglich aus dem verlassenen Landstrich zu kommen. An Bäumen gab es an der Küste bloß windgekrümmte Weiden, zu jung, um gerade zu stehen, außerdem fanden sich, seltsam genug, Walderdbeeren.

Vor hundertfünfzig Jahren hatte Captain Vancouver den Gletscher an der Icy Strait als einen meilenhohen, glitzernden Wall geschildert. Auf den Karten von heute ist er als großes Hufeisen eingezeichnet, das vierzig Meter zurück im Muir Inlet liegt. Wir fanden den Gletscher noch fünf Meilen weiter entfernt, zu einem Eisfluß zusammengeschrumpft. Sonst gab es nichts anderes als große Schlammhänge und nackte, graue Felsberge.

Wir sammelten einige Stücke torfähnlicher Erde, die Jahrtausende hindurch unter dem Gletschereis begraben gewesen und von ihm zusammengedrückt worden war. Als wir diesen Torf in ein Glas Wasser fallen ließen, entfaltete er sich wie die japanischen Wasserblumen und wurde zu Stielen und Blättern. Es war faszinierend sich vorzustellen, daß wir Pflanzen sahen und fühlten, die der Vor-Eiszeit angehörten.

Aber das unberührte Land, die Unbelebtheit und Stille wirkten auf mich ebenso niederdrückend wie auf den Bären. Gleich ihm wollte ich so rasch wie möglich wieder fort.

Am Abend, als wir in der Gletscherbucht vor Anker lagen, fochten wir unser härtestes Kartenwettspiel aus. Der Wettkampf hatte sich bis zur Verbissenheit gesteigert, seit Betty eine offizielle Kartenspielflagge hergestellt hatte, eine rote, im Angriff befindliche Krabbe auf weißem Grund. Das Gewinnerboot sollte den Wimpel am Mast hissen, und wir wollten ihn für die Rückfahrt erkämpfen. Dann würden die Yachtleute im Süden das Signalbuch wälzen, um die Bedeutung des Wimpels zu ergründen.

«Bis zum Nordpol muß man hören, daß die 'Triton' die Flagge gewonnen hat», sagte Charlie, als der Captain der «Kuru» dem Captain der «Triton» die Flagge feierlich übergab. Manchmal war unsere Schiffsetikette tadellos.

*

Im Mittsommer trennten wir uns von der «Kuru» und fuhren südwärts, um ein richtiges Yachtleben zu führen. Lua sah vertraute Häfen wieder. Wir wußten nicht, wie er die Erinnerungen an die Gerüche der über zweihundert Buchten, in denen die «Triton» Anker geworfen hatte, katalogisierte, aber er kannte sie alle, und deutlich entsann er sich, ob sie ihm gefallen hatten oder nicht. Wenn der Motor langsamer ging, wachte er auf und sprang zum Vorderdeck. Dort saß er dann mit geschlossenen Augen und geblähten Nüstern, zurückblickend auf die Zeit, die er früher hier verbracht hatte.

War die Erinnerung vergnüglicher Art, hatte er also seinerzeit Flüsse erforscht und an Land gespielt, so wartete er fieberhaft darauf, im Ruderboot übergesetzt zu werden. Er tänzelte bellend um uns herum, um uns kundzutun, wie sehr er unsere Wahl billigte. Hatte er sich jedoch gelangweilt, oder waren seine Erinnerungen sonstwie getrübt, so gingen Ohren und Schwanz auf Halbmast, und wenn der frühere Besuch gar mit unliebsamen Geschehnissen zusammenhing, senkte er niedergeschlagen den Kopf und verzog sich unter Deck.

Der letzte Teil dieses Sommers fand Luas unbegrenzten Beifall. Er liebte es, Leute und Betrieb um sich zu sehen. Wir ankerten neben Yachten, wo ebenfalls Hunde an Bord waren. Junge Mädchen waren unsere Schiffsgäste. Auf dem Vorderdeck wurde Tee getrunken, und in jedem Liegestuhl sonnte sich ein Schwimmer in nassem Badeanzug. Täglich gab es Schwimmveranstaltungen, bei denen das Dach des Steuerhäuschens als Sprungbrett diente. Die Springer und Taucher bespritzten Holzwerk und Fensterscheiben zum größten Mißvergnügen des Captains. Aber Lua machte das so großen Spaß, daß auch er häufig vom Sprungbrett hinuntersprang.

Lua zeigte sich im besten Licht und wurde allgemein bewundert. Wir gingen an Land und besuchten die Familien von Bobs' Schulfreundinnen und auch die Hunde der Schulfreundinnen. Lua stürzte sich mit solcher Begeisterung in den Freundschaftsrummel, daß wir uns unwillkürlich fragten, ob wir ihn etwa um die Hauptfreuden seines Hundelebens betrogen hatten.

Gelegentlich gingen wir bei einem Yachtklub vor Anker, und der Captain trug dann weiße Hosen und seine Yachtklubmütze. Wir besuchten Tanzveranstaltungen. Bobs spielte Tennis und beteiligte sich an Segelfahrten. Sie begleitete mich bei Tagesexpeditionen nach Victoria, wo wir Kleider einkauften und Besuche machten. Als alle diese Vergnügungen vorüber waren, kehrte Bobs in ihre Schule zurück, eine junge Dame mit Größe zweiundvierzig.

Wir mieteten uns zum voraus eine Winterwohnung und begaben uns auf die Herbstfahrt. Die September- und Oktobertage waren schön und so warm, daß wir das ganze Holzwerk des Oberdecks mit einem neuen Anstrich versehen konnten. Ich strich auch den Maschinenraum des Captains frisch an und verwandelte den grauen Motor in einen hellgrünen.

«Das ist ausgezeichnet», sagte der Captain. «Das Schiff kommt in einem so schönen Zustand auf die Werft, daß wir im Frühjahr nicht mehr viel zu tun haben.»

DREISSIGSTES KAPITEL

Sieben Jahre

Bei unserer spätsommerlichen Fahrt im Süden hatten unsere Abschiedsworte in jedem Hafen, bei allen Leuten stets «Auf Wiedersehen im nächsten Frühling» gelautet. Wir zweifelten nicht daran, daß wir sie alle wiedersehen würden. Diese Häfen und diese Freunde waren in das Gewebe unseres Lebens eingeflochten.

Als Bobs anfangs November zu uns in die Ferien kam, wartete die «Triton» wie gewöhnlich auf sie. Wir lagen in der Nähe einiger Schulfreundinnen vor Anker, und Bobs verbrachte drei Tage mit Badminton-Spielen. Abends kamen Gäste zu uns an Bord, oder wir machten Landbesuche. Am letzten Ferientag fuhren wir zu einem kleinen Hafen von Vancouver Island, wo stets ein Taxi auf Bobs wartete, das sie zur Schule brachte. Das Taxi hupte, und wir ruderten zur Küste. Es war wie bei so vielen Abschieden – Bobs in ihrem Schulkleid, Robert, Lua und ich blickten ihr nach.

Anfangs Dezember, als der Schnee bis zum Wasser reichte und das Deck vereiste, fuhren wir nach Seattle, um die «Triton» während unseres kurzen Aufenthalts in Victoria unter Dach zu bringen. In der zum Union Lake führenden Schleuse hielt ich den Bug geradeaus gerichtet, der Gewalt des Wassers entgegen, das rings um uns kochte, während der Wasserspiegel der Schleusenkammer auf die Höhe des Seespiegels gebracht wurde. Auf so vielen Heimfahrten hatte ich auf dem Vorderdeck unseres Schiffes gestanden und zugesehen, wie das Obertor der Schleuse aufschwang. Niemals bezweifelte ich, daß ich das noch auf vielen weiteren Heimfahrten tun würde.

Auch als wir die «Triton» auf der Werft verließen, war es, als ob man den Schlüssel in der Haustür eines Heims umdreht, das man nur für kurze Zeit verläßt.

Auf diese Weise soll man einem Boot Lebewohl sagen. Wir wußten das damals noch nicht, doch später erkannten wir, daß es so richtig ist.

Nach den Weihnachtsferien besprachen wir die Sommerfahrt. Ich erklärte, daß wir nicht so hoch in den Norden hinauf fahren könnten, weil wir im August nach San Francisco reisen mußten. Bobs sollte sich dort an einer Hochschule einschreiben, und da gab es allerlei Vorbereitungen zu treffen.

«Das bedeutet eine kurze Seereise», sagte Robert.

Wir berieten uns, wohin wir fahren sollten, vielleicht reichte es doch für einen raschen Rutsch nach Südost-Alaska. Und wie immer, wenn Seefahrtspläne durchgesprochen wurden, holte Robert die Karten hervor. Darauf waren die vielen Fahrten der «Triton» mit einer kühnen schwarzen Linie eingetragen, die den Inlets folgte, um Inseln herumführte und kreuz und quer durch viele Kanäle lief.

Aber keine Linie führte «westwärts hinaus». Jetzt studierten wir diese entfernten Gewässer, obschon wir genau wußten, daß wir sie in diesem Jahr gar nicht aufsuchen konnten. Wahrscheinlich würden wir es niemals können. Doch das Verlangen, sie kennenzulernen, nahm den Plänen einer kürzeren Sommerfahrt allen Reiz. Nie vorher hatte Robert die erste Besprechung über die Sommerreise mit dem Aufrollen der Karten beendet, ohne den Kurs bestimmt zu haben. Der Entwurf des umgebauten Heilbuttschoners hatte mehr bedeutet, als wir an jenem Nachmittag, als wir über größere Fahrten sprachen, ahnten.

Ich deutete an, daß wir allmählich Gewohnheitsmenschen geworden seien, weil wir Jahr für Jahr so ziemlich den gleichen alten Kurs nahmen. Roberts heftiger Widerspruch war ein unfreiwilliges Bekenntnis, daß er dieselbe Befürchtung hegte. Eine Woche lang vermieden wir es, von der Sommerfahrt zu sprechen. Keiner wollte laut werden lassen, was er dachte.

Ein Boot unterscheidet sich von einer Wohnung auf dem festen Land. Ein Landheim reift gewissermaßen, verschmilzt mehr und mehr mit seiner Umgebung. Aber ein Boot lebt nur, wenn es sich bewegt. Es bleibt nur jung, wenn sein Bug stets neue Gewässer berührt.

Wie alle Erkenntnisse, die unser Dasein grundlegend beeinflußt hatten, wurde uns diese Wahrheit ganz plötzlich bewußt. Solche Erkenntnisse kommen einem auch nur, wenn man gefühlsmäßig offen dafür ist. Sie erfüllen den Menschen meist mit Bestürzung, auch wenn man von ihrer Richtigkeit überzeugt ist. Wir erkannten jetzt, daß ein Sommer, in dem die «Triton» nichts Neues mehr erlebte, die mit ihr verknüpften Erinnerungen trüben würde.

So gaben wir schließlich zu, daß unsere Seefahrerzeit beendet war.

Robert war ganz unglücklich. «Ich kann mir ein Leben ohne die 'Triton' gar nicht vorstellen», sagte er.

Wir hatten uns ihr mit jeder Faser verschrieben, alle unsere

Kraft, unser ganzes Sein auf sie verwandt, doch niemals unsere Hingabe bereut.

«Und niemals werden wir eine bessere Kapitalanlage machen», erklärte Robert.

Er hatte recht. Wir hatten in diesen sieben Jahren mit unserer aufopfernden Anhänglichkeit an das Schiff etwas erworben. Und wir hatten diese Jahre wirklich gehabt, während wir sie genossen. Vielleicht würden wir nie mehr frei und jung genug sein, um das Meerland zu durchstreifen.

Allerdings wußten wir damals noch nicht, wie wahr Robert sprach, als er unsere gute Kapitalanlage rühmte, denn vom finanziellen Standpunkt aus schien genau das Gegenteil richtig zu sein. Überholen, Umbau und Verbesserungen, Instandhalten und das Fahren selbst hatten unseren ganzen Verdienst der guten Jahre aufgezehrt, während die seßhaften Leute in diesen guten Jahren das Geld gespart und in Wertpapieren angelegt hatten. Erst viel später hörten wir, daß ein Teil der so angehäuften Reichtümer schon wieder zerronnen war, doch erst als wir uns in San Francisco befanden und die Geschichte der wohlhabenden Leute vernahmen, erkannten wir das gewaltige Ausmaß dieser Geldverflüchtigung.

Die Stubenhocker besaßen Aktien und Obligationen, die teilweise überhaupt nichts mehr wert waren. Wir besaßen vollbeschriebene Bordbücher, die ein Kapital bedeuteten. Das war ein Triumph der reinen Torheit.

Aber von all dem wußten wir noch nichts, als wir an einem Frühjahrsmorgen am Pier des Yachtklubs standen und zuschauten, wie ein Fremder das Steuerrad der «Triton» ergriff und das Schiff ins Fahrwasser steuerte, um nach Alaska zu fahren. Schließlich sah ich das Heck der «Triton» nur noch durch einen Tränenschleier. Und wie der erste Besitzer des Schiffes wandten wir uns rasch ab und schritten davon.

Am Klubhaus angelangt, blickten wir zurück – das Fahrwasser war leer. Die «Triton» war verschwunden.

Nach einer Weile sagte Robert: «Immerhin, die sieben Jahre hat der Neue nicht gekauft.»